# ESSAI

D'UNE

# BIBLIOGRAPHIE GÉNÉRALE

## DES BEAUX-ARTS

PAR

## GEORGES DUPLESSIS

BIOGRAPHIES INDIVIDUELLES

MONOGRAPHIES

BIOGRAPHIES GÉNÉRALES

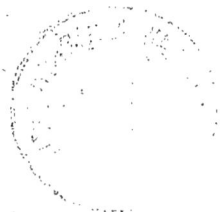

PARIS

RAPILLY, LIBRAIRE ET MARCHAND D'ESTAMPES

5, QUAI MALAQUAIS, 5

1866

# ESSAI

D'UNE

# BIBLIOGRAPHIE GÉNÉRALE

## DES BEAUX-ARTS

PAR

## GEORGES DUPLESSIS

BIOGRAPHIES INDIVIDUELLES

MONOGRAPHIES

BIOGRAPHIES GÉNÉRALES

## PARIS

RAPILLY, LIBRAIRE ET MARCHAND D'ESTAMPES

5, QUAI MALAQUAIS, 5

—

1866

Cette brochure est destinée aux hommes d'étude, réduits souvent à chercher dans les ouvrages généraux les matériaux d'une biographie qu'ils veulent entreprendre; elle pourra paraître aux bibliographes de profession fort incomplète; elle l'est en effet. Telle qu'elle est cependant, elle pourra épargner quelques recherches aux travailleurs, et le but que nous nous sommes proposé, en la mettant au jour, serait atteint, si les hommes qui consacrent leur existence à écrire l'histoire des artistes, peintres, sculpteurs, architectes ou graveurs, trouvaient dans la liste des ouvrages cités par nous, la mention de quelques volumes ou plaquettes qui leur fussent inconnus jusque-là· Pour éviter autant que possible les omissions, nous avons eu recours aux travaux de MM. J. C. Brunet[1], Lowndes[2], Œttinger[3], Weigel[4], et Cicognara[5], nous avons dépouillé le catalogue des livres imprimés de

[1] Manuel du libraire et de l'amateur de livres. Paris, 1860-1865. 6 vol. in-8.

[2] The bibliographer's manual of english literature..... London, 1857-1864 onze parties formant 6 vol. in-8.

[3] Bibliographie biographique ou Dictionnaire des ouvrages relatifs à l'histoire de la vie publique et privée des personnages célèbres de tous les pays et de toutes les nations .. . Bruxelles, 1854. 2 vol. in-8.

[4] Rudolph's Weigel Kunst-Catalog. Leipzig, 1854-1865. 34 parties in-8.

[5] Catalogo ragionato dei libri d'arte è d'antichita posseduti dal conte L.Cicognara. Pisa, 1821. 2 vol. in-8.

la Bibliothèque impériale, nous avons consulté avec fruit les notes nombreuses recueillies par M. Bellier de la Chavignerie et confiées obligeamment par leur possesseur à tous ceux qu'elles peuvent intéresser ; enfin, après avoir mis à profit notre modeste collection, nous avons demandé à tous nos amis de nous fournir l'aide de leurs lumières, et ils s'y sont prêtés avec une générosité dont nous ne saurions trop les remercier.

Quel que soit l'accueil que l'on voudra faire à cet essai, nous avons conscience d'avoir apporté dans l'accomplissement de notre travail du soin et de la persévérance. Nous aurions voulu ajouter à cette nomenclature déjà bien longue le dépouillement des articles relatifs aux beaux-arts, insérés et quelquefois perdus dans les recueils périodiques, dans les journaux ou dans les traités accidentellement consacrés à ces questions spéciales. Ce dépouillement, commencé par nous depuis longtemps déjà nous eût entraîné fort loin et eût donné à cette brochure des proportions trop considérables. Un jour peut-être, si le public et les travailleurs qui sont le véritable public auquel s'adresse ce genre de livres nous le permettent, nous ne désespérons pas de publier cette seconde partie de notre tâche, complément indispensable pour faire bien connaître les travaux auxquels ont donné lieu les artistes de tous les pays et de tous les temps.

# ESSAI

# BIBLIOGRAPHIE GÉNÉRALE

## DES BEAUX-ARTS

———————

## I

### BIOGRAPHIES INDIVIDUELLES
### MONOGRAPHIES

1. Della vita e delle opere di Bart.
Schedoni e Ercole **Abati** pittore Mo-
denese. Memoria e Cenni di Ces. Gal-
vani e del conte Mar. Valdrighi.
Modena, 1826. In-fol.
   Estratti delle opere di G. Mazzoni ed
Ant. Bezarelli, etc., pubbl. negli anni
1825 e seguenti.

2. Niccolò dell' **Abbate**. — Étude par
M. Frédéric Reiset. Paris, 1859. In-8
fig.
   Extr. de la *Gazette des Beaux-Arts.*
   **Abbati** (Niccolò). Voyez **Tibaldi**
(Pellegrino).

3. Neujahrsblatt der Künstlergesellschaft in Zürich für 1853, enthaltend
das Leben des Johannes **Aberli** von
Winterthur, Médailleur, Stein und
Stempelschneider. Zurich, 1853. In-
fol
   **Abraham** (frère). Voyez **Gilson**.

4. Biondi (Luigi). Ragionamento intorno a due ritratti dipinti da Filippo
**Agricola**. Roma, 1827. In-fol.

5. Institut impérial de France. — Académie des Beaux-Arts. Discours de
M. Beulé... prononcé aux funérailles
de M. **Alaux**. Paris, 1864. In-4.

6. Catalogue de dessins et études
peintes d'après nature, par M. **Alaux**,
peintre d'histoire... Vente à Paris, le
15 avril 1863. In-8.

7. Catalogue des tableaux, objets d'art
et curiosités composant le cabinet de
M. J. P. **Alaux**, ancien directeur
de l'école de dessin de la ville de
Bordeaux... Vente à Paris, le 1er juillet 1858. In-8.

8. Molini (Carlo). Lacrime di Parnasso
in morte di G. **Albanese**, insigne
statuario. Vicenza, 1633. In-8.

9. **L'Albane**, peintre né à Bologne en
1578, par C. Lecarpentier, s. l. n. d.
(Rouen, 1818.) In-8.

10. Vita del celebre Pittore Francesco
**Albani**, scritta dal marchese Antonio
Bolognini Amorini. Bologna, 1837.
In-8.

1

11. Vita di **A. Alberti**, pittore. Venezia, 1844. In-8.

12. Pozzetti (Pompilio). L. B. **Alberti** laudatus, accedit commentarius italicus, quo vita ejusdem et scripta compluribus adhuc ineditis monumentis illustrantur. Florence, 1789. In-4 port.

13. Elogio di L. B. **Alberti**, composto da Giov. Bat. Niccolini. Firenze, 1819. In-8.

14. Heinrich **Aldegrever**, Goldsmiedt, Maler, Kupferstecher und Prägschneider Biographisch und Kunsthistorisch, dargestellt von D' F. J. Gehrken. Munster, 1841. In-8.

**ALLEGRI (ANT.).**

15. Ratti (Carlo Giuseppe). Notizie storiche sincere intorno la vita e le opere del celebre pittore A. **Allegri** da Correggio. Finale, 1781. In-8. port.

16. Ragionamento del padre Ireneo Affò, regio bibliotecario.... sopra una stanza dipinta dal celeberrimo Antonio **Allegri** da Correggio nel monasterio di S. Paolo in Parma. Parma, 1794. In-8.

17. Catalogue raisonné ou description exacte de plusieurs excellents tableaux des plus célèbres écoles de peinture d'Italie, de Flandre, etc., qui existent dans un recueil appartenant à M. le marquis Alphonse Tacoli Canacci de Parme, à Florence (par Jér. Bocalosi... Discours sur le caractère original de Correggio pour la peinture, catalogue historique des tableaux de l'école Toscane depuis l'année 1200 jusqu'à 1600...). Parme, 1796. In-4.

18. Pitture di Antonio **Allegri**, detto il Correggio esistenti in Parma nel monasterio di San Paolo. Parma, 1800. In-fol. fig.

Texte italien et français. Quelques exemplaires ont été tirés in-4.

19. Sopra un quadro di Antonio **Allegri** detto il Correggio scoperto non ha guari in Milano ed ora posseduto dal signor dottore Carlo Frigeri, Lettera di Giovanni de Brignoli al nobil uomo sig. marchese Antaldo Antaldi-Santinelli, patrizio Urbinate. Milano, 1815. In-8.

20. Memorie istoriche di Antonio **Allegri**, detto il Correggio (par Pungileoni). Parma, 1817-1821. 3 vol. in-8.

C'est l'ouvrage le meilleur et le plus complet qui ait paru jusqu'à ce jour sur Corrége.

21. Correggio. Trauerspiel von A. Oehlenschläger. Stuttgart. 1820. In-8.

22. Sketches of the lives of Correggio and Parmegiano (by. W. Coxe). London, 1823. In-8, port.

M. P. Deschamps (cat. de vente, mai 1864, n° 172) attribue cet ouvrage à J. W. Brown.

23. Comte George van Buquoy. Worte der Begeisterung von der Nacht der Correggio. Prague, 1825. In-8.

24. Madonna di Antonio **Allegri**, il Correggio (di Carlo Marin). S. l. n. d. In-8.

Estratto dal *Poligrafo*, Octobre 1850.

25. Biondelli (Bern.). Sopra un dipinto del Coreggio. Milano, 1851. In-8.

26. Lettera dell' abate Severino Fabriani al padre Luigi Pungileoni sopra un autografo di Antonio **Allegri** riguardante la famosa tavola della Notte. Modena, 1833. In-8.

27. Notizie intorno a due pitture di Antonio **Allegri**, rappresentanti S. Giovanni Battista e la Sacra Famiglia. Bologne, 1841. In-8.

Extrait de la deuxième série des *Memorie originali italiani risgua danti le Belle arti, di M.A. Gualandi.*

28. Pitture di Antonio **Allegri** da Correggio illustrate dal cav. prof. Michele Leoni, Modena, 1841. In-8

29. Descrizione di una pittura di Antonio **Allegri**, detto il Correggio. S. l. n. d. In-32 de 46 pag.

30. La Guerre des amours. Tableau original du Corrége, peint sur toile. S. l. n. d. (Batignolles, 1853). In-4 de 4 pag.

L'auteur de cette notice, M. Cottini, a fait graver au trait par M. Massard neveu le tableau en question.

31. Mantoani (Jacopo). Elogio di Pomponio **Amalteo**. San Vito, 1838. In-8, port.

32. Michel-Ange **Amerighi**, dit le Caravage,... par C. Lecarpentier. (Rouen) 1811. In-8.

33. Jobst **Amman** Zeichner und Formschneider Kupferätzer und Stecher von C. Becker. Leipzig, 1854. In-4, fig.

34. Neujahrsblatt der Künstlergesellschaft in Zurich für 1850, Enthaltend das Leben und die Werke von S. **Amsler**, Kupferstecher. Zurich, 1850. In-4, port.

35. Les **Androuet du Cerceau** et leur maison du Pré aux Clercs, par Adolphe Berty. Paris, 1857. In-8.

36 The Life of Giovanni **Angelico** da Fiesole, translated from the Italian of Vasari by Giovanni Aubrey Bezzi. London, 1850. In-4.
   Publication de l'*Arundel Society*.

37. San Marco Convento dei padri Predicatori in Firenze, illustrato e inciso principalmente nei dipinti del B. Giovanni **Angelico** con la vita dello stesso pittore, e un sunto storico del convento medesimo del Padre Vincenzo Marchese, Domenicano. Firenze, 1853. In-fol.

38. Vie de Frà **Angelico** de Fiésole,... par E. Cartier. Paris, 1857. In-8.

39. Leben und Werke der Frà Giovanni **Angelico** da Fiesole. Eine Monographie von Dr Ernst Förster. Regensburg, 1859. In-8, port.

40. Goodwin (Rév. T.). Life of **Angelico** da Fiesole. (Rivington) 1801. In-8.

41. Tableaux, estampes, planches gravées provenant du cabinet de M. **Anselin**, graveur. Vente à Paris, le 15 juin 1823. In-8.

42. Catalogue de tableaux, dessins, estampes... garnissant l'atelier de M. J. J. **Ansiaux**, peintre d'histoire. Vente à Paris, le 23 novembre 1840. In-8.

43. Notice historique sur défunt Jacques-Denis **Antoine**, architecte, par le citoyen Lussault. Paris, 1801. In-8.

44. Notice des ouvrages et de la vie du citoyen **Antoine**, architecte, par le citoyen Renou,... lue à la séance du 9 nivôse de la Société libre des sciences, lettres et arts. S. l. n. d. In-8.

45. Hommage rendu au citoyen **Antoine**, architecte et membre de l'Institut national, et de la Société des sciences, lettres et arts de Paris, mis au bas de son buste, qui doit être incessamment placé dans le plus grand salon de la Monnaie,... par le cit. Barjouville. S. l. n. d. In-4.

46. Memorie istorico-critiche di Antonello degli **Antonj**, pittore Messinese. compilate dal cav. Tommaso Puccini. Firenze, 1809. In-8.

47. Notice historique sur **Antonello** de Messine, traduite de l'italien (de Tom. Puccini), augmentée de notes et de la description d'un tableau de ce peintre, par L. de Bast. Gand, 1825. In-8.

48. Descrizione dei dipinti a buon fresco eseguitti dal signor cavaliere Andrea **Appiani** nella sala del trono del real palazzo di Milano, del cavalier Luigi Lamberti. Milano, 1809. In-8.

49. Descrizione dei dipinti a buon fresco eseguiti da Andrea **Appiani** nella sala dei principi del regio palazzo di Milano Milano, 1810. In-8.

50. Allocuzione di Giovanni Berchet nei funerali del pittore Andrea **Appiani**, celebrati nella chiesa della Passione il giorno 10 di novembre 1817. Milano, 1817. In-8.

51. Longhi (Giuseppe). Elogio storico di A. **Appiani**. Milano, 1826. In-folio.

52. Gentiluomo (Filippo). Cenno necrologico di G. **Arifo**. Messine, 1842. In-12.

53. Voisin (Auguste). Notice sur H. van **Assche**. Gand, 1841. In-8.
   *Extr. du Messager des sciences historiques de Belgique.*

54. Eloge historique de M. Augustin **Aubert**, par M. Paul Autran...Marseille, 1858. In-8.

Extrait des *Mémoires de l'Académie de Marseille.*

55. Goetghebuer (Pierre-Joseph). Notice sur le graveur F. **Aubertin**. S. l. n. d. In-8.

56. Notice de quelques tableaux et dessins formant le cabinet de M. **Aubry**, peintre en miniature. Vente à Paris, le 16 mars 1840. In-8.

57. Auguste Galimard.—Les grands Artistes contemporains. — **Aubry-Lecomte**... Paris, 1859. In-8.

58. — 2ª édition. Paris, 1860. In-8.

59. — 3ª éditʀon, augmentée du Catalogue des dessins. Paris, 1860. In-8.

60. Catalogue des estampes provenant des fonds de planches des sieurs Girard, Benoît, Jean et Louis Audran, graveurs ordinaires du Roi et qui se trouvent présentement à Paris chez Benoît **Audran**, graveur. Paris, 1757. In-4.

61. — Nouvelle édition. Paris, 1763. In-4.

62. Catalogue des planches gravées, tableaux, dessins... et autres objets de curiosité de feu M. Benoist Audran, graveur, par F. C. Joullain fils. Vente à Paris, le 30 mars 1772. In-12.

63. Catalogue des estampes qui se vendent chez Gérard **Audran**, graveur ordinaire du Roi, à Paris, rue Saint-Jacques, aux deux piliers d'or,... S. l. n. d. In-8.

64. Catalogue des estampes qui se vendent chez la veuve de M. feu Gérard **Audran**, graveur ordinaire du Roi. S. l. n. d. In-8.

65. Catalogue des estampes provenant des fonds de planches des sieurs Gérard **Audran** et François Chereau, graveurs ordinaires du Roi. Paris, 1742. In-4.

66. — Nouvelle édition. 1757. In-4.

67. Catalogue des estampes de feu Gérard **Audran**, qui se trouvent chez Michel Audran, son petit-neveu... S. l. n. d. In-4.

68. Notice sur Gérard **Audran**, par Vivant Denon. S. l. n. d. In-folio, fig.

69. Notice sur Gérard **Audran**. Signé Z. (Passeron), s. l. (Lyon) n. d. (1825). In-8.

Extr. des *Archives historiques et statistiques du département du Rhône.*

70. Considérations sur la gravure en taille-douce et sur Gérard **Audran**, par M. Gatteaux. (Paris), 25 octobre 1850. In-4.

71. Notice sur la vie et les travaux de Gérard **Audran**, par Georges Duplessis. Lyon, 1858. In-8.

72. Mémoire pour Jean **Audran**, graveur ordinaire du Roy, demeurant à l'hôtel des Gobelins, subrogé au lieu et place de Jacques Hutreau et du sieur Néret, à la poursuite et vente par décret, des immeubles saisis réellement par Jean-Baptiste Heuré, intimé appelant ;

Contre François Cellier, maître tapissier à Paris, beau-frère et prête-nom de Jacques Hutreau, marchand brasseur à Paris, appelant. Paris, s. d. (après le 18 janvier 1731). In-folio.

73. Catalogue de planches gravées, dessins, estampes et tableaux, après le décès de Michel **Audran**,... par P. Remy. Vente à Paris, le 16 juillet 1771. In-12.

74. Weber (Paul). Leichpredigt auf Herrn Johann-Paul **Auer**, Kunstberühmten Maler. Nuremberg, 1687. In-4.

75. Catalogue d'une collection d'objets d'art et de curiosités composant le cabinet de feu M. **Auguste**, ancien pensionnaire de Rome.... Vente à Paris, le 31 mai 1850. In-8.

76. Catalogue de tableaux anciens et modernes,... de miniatures et émaux peints, par M. **Augustin**; le tout provenant de son cabinet. Vente à Paris, le 19 décembre 1839. In-8.

77. Catalogue raisonné des tableaux d'Italie, des Pays-Bas et de France, figures de bronze, figures et bustes de marbre, porcelaines et autres effets qui composent le cabinet de feu M. **Aved**, peintre du Roi et de son Académie. Vente à Paris, le 24 novembre 1766. In-12.

78. Catalogue d'une jolie collection de tableaux des écoles italiennes,.... dessins et études dont la vente aura lieu après décès de M. **Avisse**, peintre de Douai... Vente à Paris, le 29 novembre 1847. In-8.

79. Une nouvelle Poterie d'**Avisseau**. Notice sur cette famille, par C. de Sourdeval. Tours, 1859. In-8.

   **Avisseau** voyez **Lobin**.

80. Vente de planches gravées, impressions, provenant du fonds et du cabinet de feu M. J. J. **Avril**, graveur d'histoire. Vente à Paris, le 15 décembre 1851. In-8.

81. Catalogue de bons tableaux, planches gravées, dessins sur pierre lithographique... après le décès de M. J. J. **Avril** fils, graveur d'histoire. Vente à Paris, le 21 mars 1836. In-12.

82. Notice sur quelques tableaux et dessins, estampes en feuilles... après le décès de M. **Baader**, peintre.... Vente à Paris, le 14 février 1793. In-8.

83. Cecil (Richard). Memoirs of J. **Bacon**. esq. royal artist and sculptor. London, 1801. In-8.

   Cette notice a été réimprimée dans le premier volume des œuvres de R. Cecil, publiées à Londres en 1811 par Josiah Pratt.

84. Vita e poesie del giovanetto A. **Bal**, Torinese, alunno delle scuole pie in Carraro... Torino, 1846. In-8.

85 Éloge de **Balechou**, par M. Palissot de Montenoy. (Paris, 1776.) In-12.

   Extr. du *Nécrologe des hommes célèbres*. 1776. p. 229.

86. Société académique d'architecture de Lyon. Éloge historique de M. **Baltard**, président honoraire... prononcé dans la séance du 4 avril 1846, par M. J. M. Dalgabio Lyon, 1846. In-8.

87. Notice biographique lue à la Société libre des beaux-arts, dans la séance du 20 octobre 1846,... sur Louis-Pierre **Baltard**, par M. Auguste Galimard. Paris, 1846. In-8.

88. Société centrale des architectes... Funérailles de M. **Baltard** père. Paris, 1846. In-8.

89. Bodel-Nyenhuis (J. T.). Over de Nederlandsche landmeters en Kaartgraveurs F. **Balthazar** en zijne drie zonen, onbekend aan de levensbeschrijvers. S. l. n. d. (Amsterdam, 1846). In-8.

90. Notice sur les fresques de Raphaël et de Michel-Ange, dont les copies (exécutées par MM. Paul et Raymond **Balze**), sont exposées au Panthéon. Paris, 1847. In-8.

91. Paul **Balze** et la peinture d'émail, par Amédée Pichot. S. l. n. d. (Paris, 1863). In-8.

   Extrait de la *Revue Britannique*. Mai 1863.

92. Notice sur **Bance** aîné, ancien éditeur, marchand d'estampes. S. l. n. d. (Paris, 1847.) In-8, port.

93. Catalogue du fonds de planches gravées, impressions, estampes, recueils.... après le décès de Pierre **Baquoy**, graveur d'histoire. Vente à Paris, le 9 novembre 1829. In-8.

94. Discorsi letti nella R. Veneta Academia di belle arti per la distribuzione de premii, il di IV agosto MDCCCXI. —Elogio di Giorgione (**Barbarelli**), del sig. cavaliere Leopoldo Cicognara, presidente della R. Academia. Venezia, 1811. In-8.

95. Essai sur le Giorgion (**Barbarelli**), par le Dr Rigollot. Amiens, 1852. In-8.

96. Jacobo de **Barbari**, dit le maître au Caducée, par Émile Galichon. Paris, 1861. In-8, fig.

   Extr. de la *Gazette des beaux-arts*.

97. Catalogue de tableaux, gouaches, miniatures, dessins et estampes encadrées,...provenant du cabinet de feu M. **Barbier**, peintre de l'Académie

de saint Luc. Vente à Paris, le 19 juillet 1779. In-8.

98. Gennari (Lorenzo). Diverse composizioni in lode della Didone di Giov. Francesco **Barbieri** Centense, da lui dedicate a Monsig. Furietti. Bologna. 1632. In-4.

99. Notizie della vita e delle opere del cavaliere Giov. Francesco **Barbieri**, detto il Guercino da Cento, celebre pittore (di Jacq. Aless. Calvi). Bologna, 1808. In-4.

100. — Seconde édition. Bologna, 1842. In-8.

101. Vita di Francesco **Barbieri** detto il Guercino, scritta dal marchese Antonio Bolognini Amorini. Bologna, 1839. In-8.

102. Memorie intorno alla Vita di Giovan. Francesco **Barbieri** detto il Guercino da Cento (di M. A. Gualandi). Bologna, 1839. In-8, port.

103. Vite di Benvenuto Tisio da Garofalo e di Giov. Fr. **Barbieri**, detto il Guercino da Cento. (Ed. p. Dom. Cer. Mora.) Venezia, 1842. In-8.

104. Gaëtano Atti. Commento intorno alla vita ed alle opere di Giov. Francesco **Barbieri**, detto il Guercino da Cento. Roma, 1862. In-8.

105. Chaudruc de Crazannes (Jean-César-Marie-Alexandre). Notice sur la vie et les ouvrages de M. **Bardin**. Orléans, 1809. In-8.

106. La Deposizione della Croce, quadro di Federico **Barocci** di Urbino nella cattedrale di Perugia, descritto in ottava rima da Ant. Mezzanotte, con una Lettera storica-critica di G. B. Vermiglioli. Perugia, 1818. In-folio, fig.

107. Notizie intorno al pittore Gaspar Antonio **Baroni**, cavalcabo di Sacco. Verona, 1781. In-8.

108. Sur la statue de Guttemberg, par M. **Barre**. (Signé Eugène G.) Rennes (1861). In-8.

109. Notice historique et biographique sur la vie et les œuvres de sir Charles **Barry**, architecte anglais, par M. Hittorff,... lue à la séance publique des cinq Académies, le 14 août 1860. Paris, 1860. In-4.

110. A Description of the series of pictures, painted by James **Barry**, esq. and preserved in the great room of the Society institution at London for the encouragement of arts... London, 1803. In-8.

111. The Works of James **Barry**, esq. historical painter... To which is prefixed, some account of the Life and Writings of the author. London, 1809. 2 vol. in-4.

112. Vialart Saint Morys. Notice sur J. **Barry**, peintre. S. l. n. d. In-8.

113. Alle Arti. Canzone di Cesare Scartabelli.—Versi a Lorenzo **Bartolini**. Luigi Tonti. Firenze, 1836. In-8.

114. La Carità e la fiducia in Dio, statue di Lorenzo **Bartolini**. Ode di Giunio Carbone ed altre poesie di diversi autori. Firenze, 1836. In-8.

115. Per la fiducia in Dio, statua di Lorenzo **Bartolini**. Ode di Luigi. Tonti. Firenze, 1836. In-8.

116. Il Monumento di Niccolò Demidoff scolpito da Lorenzo **Bartolini**. Poema di Giunio Carbone. Firenze, 1837. In-12.

117. Dell'arte secondo la mente di Lorenzo **Bartolini**. Discorso del prof. cav. Francesco Bonaini. Firenze, 1852. In-8.

118. Sculpteurs modernes. — Lorenzo **Bartolini**, par Henri Delaborde. Paris, 15 septembre 1855. In-8.
*Extr. de la Revue des Deux Mondes.*

119. A Catalogue of the valuable and extensive productions of that celebrated artist Francis **Bartolozzi**, R. A. abounding in beautiful proofs, etchings and rare variations, many of them unique, the property of the late M. Anthony Molteno, of Pall Mall, Sold by auction, 26 avril 1824. London, 1824. In-8

120. Catalogue des estampes de J. Adam de **Bartsch**, par Frédéric de Bartsch. Vienne, 1818. In-8, port.

121. Les Sculpteurs d'animaux. —
M. **Barye**, par Emile Lamé. S. l. n.
d. (Paris, 1856.) In-8.
Extr. de la *Revue de Paris*.

122. Catalogue des planches gravées
par les meilleurs artistes qui composent le fonds de H. L. **Basan**,
graveur. Paris, an XI (1802). In-4.

123. Roberti (Giov. Battista). Lettera
al sign. conte Giovanni Batt. Giovio
sopra Giac. da Ponte, detto il **Bassano** Vecchio, e risposta del medesimo. Lugano, 1777. In-8.

124. Lettera del signor conte Giambatista
Roberti al signor cavalier conte Giam-
batista Giovio, ciamberlano attuale
delle LL. MM. II. sopra Giacomo da
Ponte, Pittore, detto il **Bassano**,
Vecchio. Bononia, 1781. In-12.

125. Boni (Onofrio). Elogio del cavaliere P. **Battoni**. Rome, 1787.
In-8.

126. Catalogue des tableaux, dessins,
estampes en feuilles et en livres,
marbres, bronzes, vases, de M. **Bau-
douin**, peintre, par P. Remy. Vente
à Paris en février 1770. In-12.

127. Verzeichniss des Kupferstichwerkes von Hrn. Joh.-Fried. **Bause**.
Leipzig, 1786. In-8.

128. Catalog des Kupferstichwerkes
von Johann-Friedrich **Bause**, mit
einigen biographischen Notizen, von
Dr Georg Keil. Leipzig, 1849. In-8,
port.

129. Notizia intorno alla patria e ai
primi studj del pittore Giovan-Anto-
nio **Bazzi**, detto il Soddoma, illustrate con nuovi documenti del
P. D. Luigi Bruzza, barnabita. Torino, 1862. In-8.
Extr. du premier volume della *Mi-
scellanea di Storia Italiana*.

130. Catalogue d'estampes qui se trouvent chez le sieur **Beauvais**, graveur. Paris. S. d. In-fol.

131. Catalogue de tableaux, dessins,
estampes, marbres, bronzes, porcelaines, divers autres objets précieux,
fonds de planches gravées,... après le
décès de C. **Beauvarlet**, graveur.
Vente à Paris, le 15 mars 1798. In-8.

132. Catalogue de l'œuvre de J. F.
**Beauvarlet**, d'Abbeville,...par l'abbé
Dairaine. Abbeville, 1860. In-8.
Extrait des *Mémoires de la société
impériale d'Emulation d'Abbeville*.

133. Pinchart (Alexandre). Notice historique sur P. de **Beckere**, auteur
du Mausolée de Marie de Bourgogne
à Bruges. S. l. n. d. In-8.
Extr. des *Bulletins de l'Académie
royale de Belgique*.

134. Koning (J.). Historisch berigt over
Joannes Jacobus **Beeldsnijder**,
plaatsnijder... S. l. n. d. (Amsterdam,
1831). In-4, port.

**Begarelli** (A.). Voyez **Mazzoni** (G.).

135. Michel **Bégon**, intendant de la
Rochelle (1638-1710), par de la Mo-
rinerie. Paris, 1855. In-8.

136. Catalogue d'estampes anciennes et
modernes,... dont la vente aura lieu
par suite du décès de M. **Bein**...
Vente à Paris, le 26 avril 1858.
In-8.

137. Loiseau (N... N...). Notice historique sur F. J. **Bellanger**. Paris,
1818. In-8.

138. Catalogue des tableaux, miniatures, dessins, gouaches, vendus après
le décès de M. C. L. Marie-Anne **Belle**, peintre, membre de l'Académie
royale, professeur et recteur des
écoles spéciales de dessin... Vente à
Paris, le 18 janvier 1809. In-8.

139. Jean **Bellegambe**, de Douai, le
peintre du retable d'Anchin, par
Alph. Wauters. Bruxelles, 1862.
In-8.

140. Jehan **Bellegambe**, de Douai,
peintre du retable d'Anchin, par
Auguste Preux. Douai 1862. In-8,
port.

141. Recherches sur l'art à Douai, aux
XIVe, XVe et XVIe siècles et sur la
vie et l'œuvre de Jean **Bellegambe**,
auteur du retable d'Anchin, par
M. A. Asselin et M. l'abbé Dehaisnes,
membres de la Société impériale
d'agriculture, sciences et arts de
Douai. (Paris). Imprimerie impériale.
1864. In-8.

142. (Aglietti, Francesco). Elogio storico di Giovanni **Bellini**. S. l. n. d. (Venezia, 1812.) In-8.

143. G. **Bellini** e pittori contemporeani. Venezia, 1840. In-8.

144. Nicolini (Giovanni,Giorgio). Ombre del penello glorioso di P. **Bellotti**. Venezia, 1659. In-12.

145. (Meneghelli, Antonio). Dello insigne glittografo G. **Beltrami**. Padoua, 1839. In-8.

146. Louis XIV, médaillon en cire, par Antoine **Benoist**, par Eudore Soulié. Versailles, 1856. In-8.

147. Antoine Benoist, peintre ordinaire et premier sculpteur en cire du roi Louis XIV, par S. Jossier. Auxerre, 1862. In-8.
*Extr. du Bulletin de la Société des sciences historiques et naturelles de l'Yonne. 1ᵉʳ trimestre 1862.*

148. Observations sur les peintures de la coupole de la Chapelle des Princes, dans la basilique de Saint-Laurent, exécutées par Pierre **Benvenuti**. Florence, 1837. In-8.

149. Saint-Maurice Cabany (Ch. S.). P. **Benvenuti**, d'Arezzo, célèbre peintre d'histoire florentin, directeur des Beaux-Arts à la cour de Toscane, membre de l'Institut de France.... Paris, 1845. In-8.
*Extr. du Nécrologe universel du XIXᵉ siècle.*

150. Décoration intérieure de la salle de spectacle de Lille, par M. **Benvignat**, architecte et peintre. Notice explicative. Lille (1842). In-8.

151. Reichard (Elias-Gaspard). Lebensbeschreibung des Berühmten Dänischen Künstlers **Berg**. Brunswick. 1753. In-4.

152. Anzeige Sämmtlicher Werke von Daniel **Berger**, Rector und Lehrer der Kupferstecherkunst bei der Akademie der Künste zu Berlin. Leipzig, 1792. In-8, port.

153. Catalogue de tableaux et dessins anciens et modernes provenant du cabinet de M. **Bergeret**. Vente à Paris, le 27 février 1846. In-8.

154. Beredeneerde Catalogus van Alle de prenten van Nicolas **Berchem**. Beschreeven door Hendrik de Winter. Amsterdam, 1767. In-8.

155. L'Architecte, professeur d'architecture, J. **Bernard**, à ses concitoyens et ses clients. Valenciennes (mai 1847). In-4.

156. Baldinucci. Vita del cavalier Gio. Lorenzo **Bernino**, scultore, architetto e pittore. Firenze, 1682. In-4.
Goddé mentionne dans son catalogue une contrefaçon qui parut à Florence vers le milieu du dix-huitième siècle, et que l'on reconnaît à deux différences dans le titre. Le nom Gio est suivi d'un point triangulaire dans l'édition originale et de deux points dans la contrefaçon. L'*n* de *nella stamperia* est minuscule dans l'édition originale, et majuscule dans la contrefaçon.

157. Bernini (Domenico). Vita del cavaliere G L. **Bernini** suo padre. Roma, 1713. In-4, port.

158. Silorata (Pietro Bernabo). Biografia del cavaliere G. L. **Bernini**, Roma, 1838. In-8.

159. Le Louis XIV du cavalier **Bernin**, par Anatole de Montaiglon. S. l. n. d. (Bruxelles, 1858). In-8.
*Extrait de la Revue universelle des Arts.* Tome VII, p. 505-514.

160. Mazio (N... N...). Memorie inedite della vita di G. L. **Bernini**. Roma, S. d. In-8.

161. Préface pour servir à l'histoire de la vie et des ouvrages du cavalier **Bernin**. S. l. n. d. In-4.

162. Catalogue de tableaux des différentes écoles et études diverses, dont la vente aura lieu par suite du décès de M. J. B. **Berré**, peintre. Vente à Paris, le 9 janvier 1839. In-8.

163. Maggi (Aimo). Memorie sulla vita di A. **Bertelli**, paesista Bresciano. Brescia, 1794. In-8.

164. **Berthelemy**, peintre laonnais, par Duchange. Laon, 1855. In-8.
*Extr. du Bulletin de la société académique de Laon.*

165. Châteaux historiques de la Loire.— Étude sur Gilles **Berthelot**, construc-

teur du château d'Azay-le-Rideau, et sur l'administration des finances à son époque, par M. J. Loiseleur. Tours, 1860. In-8.

Extr. du tome XI des *Mémoires de la Société archéologique de Touraine.*

166. Muzzi (Salvatore). Notizia sulla vita et sulle opere di M. **Berti**, professore di prospettiva... Bologna, 1844. In-8.

167. Institut royal de France... Funérailles de M. **Bervic** (26 mars 1822). Discours de M. Quatremère de Quincy. Paris. In-4.

168. Lecarpentier. Notice nécrologique sur **Bervic**, graveur, membre de l'Institut, lue à la séance publique de la Société libre d'émulation de Rouen, le 10 juin 1822. In-8.

169. Catalogue d'un choix précieux d'estampes de célèbres graveurs anciens et modernes,... après le décès de M. **Bervic**, précédé d'une notice historique sur M. Bervic, par Regnault-Delalande. Vente à Paris, le 9 juillet 1822. In-8.

170. Notice historique sur la vie et les ouvrages de M. **Bervic**, par Quatremère de Quincy. Paris, 4 octobre 1823. In-4.

171. Notice historique sur la vie et les ouvrages de M. **Bervic**. (Paris), imp. de Didot. S. d. In-4.

172. Célébrités franc-comtoises. — Peintres. — Faustin **Besson**, par Armand Marquiset. Besançon, 1859. In-8.

173. Un Religieux dominicain. — Le R. P. Hyacinthe **Besson**, sa vie et ses lettres, par E. Cartier. Paris, 1865. 2 vol. In-8.

174. Notice de tableaux, dessins, estampes et livres d'architecture,... de M. **Beudot**, architecte. Vente à Paris, le 24 décembre 1852. In-8.

175. A descriptive and critical Catalogue of works illustrated by Thomas and John **Bewick** wood engravers. Newcastle-upon-Tyne ; with an appendix of their miscellaneous engravings, brief sketches of their lives, and notices of the pupils of Thomas Bewick. London. 1851. In-8 port.

176. Aristote et Pline, tableaux peints par M. **Bézard**, fragments pour servir à l'histoire de la Faculté de Montpellier, par H. Kühnholtz.... Montpellier, 1852. In-8.

177. Sopra il dipinto del professore Giuseppe **Bezzuoli** rappresentante il Terremoto di Borgo San Lorenzo, ispirazione poetica di Ugo Marini. Firenze, 1857. In-8.

178. Della Vita e delle opere del professore Cav. Giuseppe **Bezzoli**, maestro di pittura nell' I. e R. Accademia delle belle arti di Firenze e membro delle più celebri accademie di Europa. — Memorie raccolte da alcuni scolari ed amici. Firenze, 1855. In-8.

179. Boivin (Louis). Notice sur M. **Biard** ses aventures, son voyage en Laponie avec Mme Biard ; examen critique de ses tableaux. Paris, 1842. In-8.

180. Atelier de M. **Biard**. — Tableaux, études d'après nature, objets étrangers... Vente à Paris, le 6 mars 1865. In-8.

181. Recherches sur le sculpteur **Biardeau**, par Ph. Béclard. S. l., 16 juin 1851. In-8.

182. Galerie des notabilités de la Russie. Notice nécrologique sur Mathieu **Bibicoff**, artiste peintre,... par E. de Saint-Maurice Cabany. Paris, 1857. In-8.

183. Notes sur la vie et les ouvrages de M. **Bidauld**, par J. de Gaulle. S. l. n. d. (1847). In-8.

184. Catalogue d'une collection d'études peintes et de dessins faits d'après nature, par feu M. **Bidauld**. Vente à Paris, le 25 mars 1847. In-8.

185. Notice sur la vie et les ouvrages de M. **Bidauld**, par Raoul-Rochette. (Paris), 6 octobre 1849. In-4.

186. Neujahrsblatt der Künstlergesellschaft in Zürich für 1835. Enthaltend das Leben des Kunstmalers J. J. **Biedermann**, von Winterthur. Zürich, 1835. In-4, port.

187. Neujahrsblatt der Kunstlergesellschaft in Zürich für 1859. Enthaltend den Landschaftmaler Peter **Birmann** von Basel. Zurich, 1859. In-4, port.

188. Notice sur le comte de **Bizemont**, par C. F. Vergnaud-Romaguesi. Orléans. 1838. In-8, fig.

189. Notice de tableaux, esquisses. études peintes... et objets garnissant l'atelier de feu M. Octave **Blanchard**, p intre d'histoire. Vente à Paris, le 30 mars 1843. In-8.

190. L'œuvre de **Blasset** ou plutôt Blassel, célèbre sculpteur amiénois, par A. Dubois. Amiens, 1862. In-8.

191. Funérailles de M. **Blondel**. Discours prononcés sur sa tombe, par D. Raoul-Rochette et Léon Cogniet. Paris, 1853. In-4.

192. Catalogue de tableaux, études peintes, esquisses .. qui composaient l'atelier de feu M. **Blondel**, peintre d'histoire. Vente à Paris, le 12 décembre 1853. In-8.

193. J. F. **Blondel** et son œuvre, par Aug. Prost... Metz, 1860. In-8.

194. Un Regard en arrière sur ma vie d'ouvrier et d'artiste par E. **Blot**, modeleur-statuaire, suivi d'extraits de divers journaux. Boulogne, 1860. In-8, port.

195. Catalogue d'estampes et de planches gravées,... provenant du cabinet et du fonds de feu M. Maurice **Blot**, graveur. Vente à Paris, le 24 mai 1824. In-8.

196. Institut de France.... Funérailles de M. **Blouet**. Discours de M. Raoul-Rochette,... prononcé, le jeudi 19 mai 1853. Paris. In-4.
   Suivi des discours de MM. A. L. Dumont et Caristie.

197. Paroles prononcées sur la tombe de M. **Blouet**, par M. Godebœuf. (Paris, 1853.) In-4.

198. Abel **Blouet**,... sa vie et ses travaux, par Adolphe Lance. Paris, 1854. In-8.
   Extr. de l'Encyclopédie d'Architecture.

199. Notice historique sur la vie et les travaux de M. Abel **Blouet**, par M. F Halévy,... lue à la séance publique du samedi 4 octobre 1856. Paris. In-4.

200. Abel **Blouet**. Étude par Achille Hermant, architecte. Paris, 1857. In-8.

201. **Boba**, dit maître George, peintre, (xvie siècle), par M. Sutaine. Reims, 1861. In-8.
   Extr. des Séances de l'Académie impériale de Reims.

202. Le Sculpteur **Boffrand**, père de l'architecte, 1688 (signé Ch. Loyer). Nantes (1859). In-8.
   Extr. de la Revue des provinces de l'Ouest. 1858-1859.

203. Patte (Pierre) Abrégé de la vie de **Boffrand**. S. l. n. d. (1754). In-8.

204. Description de quatre tableaux d'histoire..., peints par M. **Boher**. Perpignan, 1816. In-8.

205. Sur M. **Boichot**, statuaire du roi, par M. Baudot aîné. Pagny-le-Château, 11 février 1815. In-8.

206. Notice sur **Boichot**, statuaire, par Cl. Nic. Amanton. Dijon (1815). In-8.
   Extr. du Journal de la Côte-d'Or du 18 février 1815.

207. Lebas de Courmont (Ch. Cl.). Vie de G. **Boichot**, membre de l'Académie royale de sculpture. Paris, 1823. In-8.

208. Catalogue du précieux cabinet de tableaux de M. **Boilly**, peintre, et des ouvrages les plus capitaux de cet artiste... Vente à Paris, le 13 avril 1829. In-8.

209. Dinaux (Arthur). **Boilly**. Valenciennes, 1845. In-8.
   Extr. des Archives du nord de la France et du midi de la Belgique.

210. Catalogue de tableaux, dessins, études d'après nature et croquis au crayon, par feu **Boilly**. Vente à Paris, le 31 janvier 1847. In-8.

211. Catalogue d'environ cent cinquante études de paysage et plusieurs grands

tableaux ... tous exécutés par feu M. **Boisselier**... Vente à Paris, le 20 novembre 1857. In-8.

212. Samuel **Boissière**, peintre de Montpellier, au xviii° siècle, par H. Kühnholtz. Montpellier, 1845. In-8.

213. Catalogue des morceaux qui composent l'œuvre à l'eau-forte de Jean-Jacques **Boissieu**. . Lyon, 1801. In-8.

214. Hommage rendu à la mémoire de M. J. J. de **Boissieu** (par M. de Chazelle). S. l., mars 1810. In-8.

215. Éloge historique de M. J. J. **Boissieu**, par Dugas-Montbel. Lyon, 1810 In-8.

216. Observations de M. **Boizot**, sculpteur du Roi à l'occasion du buste de M. Necker. S. l. n. d. In-8.

217. Éloge de Jean de **Bologne**, par H. R. Duthillœul. Douai, 1820. In-4, fig.

218. Verzeichniss der Kupferstiche welche Joh. Friedr. **Bolt** in Berlin seit dem Jahre 1785 verfertigt hat. Berlin, 1794. In-8.

219. Some Anecdotes of the life of Julio **Bonasoni**, a Bolognese artist,..., accompanied by a Catalogue of the engravings,... by Georges Cumberland. London, 1795. In-8.

220. Catalogo di una serie preziosa delle stampe di Giulio **Bonasone**... raccolte dal professore Gio. Ant. Armano ..Roma, 1820. In-18.

221. Publications du « Musée biographique ».—Notice biographique sur Mlle Rosa **Bonheur**... Extrait du « Musée » (signé E. Perraud de Thoury). Paris, 1855. In-8.

222. Biographie de Mlle Rosa **Bonheur**, par F. Lepelle de Bois-Gallais. Paris. 1856. In-8.

223. Biography of mademoiselle Rosa **Bonheur**, by M. F. Lepelle de Bois-Gallais. Translated by James Parry. London, 1856 In-8.

224. Rosa **Bonheur**, par Eugène de Mirecourt. Paris, 1856. In-18.

225. Hippolyte **Bonnardel**, signé : Ferjus Boissard. Paris. S. d. In-8.

226. **Bonnefond** (C.). Funérailles, 29 juin 1860. Lyon. In-8.

227. Éloge de C. **Bonnefond**, lu à l'Académie des sciences, belles-lettres et arts de Lyon, dans la séance du 13 novembre 1860, par E. C. Martin-Daussigny... Lyon, 1861. In-8.

228. Catalogue d'estampes dans le nouveau genre de gravure, tant à la manière du pastel qu'aux deux crayons, le noir rehaussé de blanc sur le papier bleu, par le sieur **Bonnet**, gratifié, pensionné du roi pour l'invention de ses nouvelles gravures à Paris, rue Saint-Jacques, au coin de celle de la Parcheminerie, au magasin anglais. S. l. n. d. In-8.

229. Catalogue de quelques tableaux, gouaches, dessins, estampes, planches gravées, provenant du cabinet de **Bonnet**, graveur. Vente à Paris, le 7 novembre 1795. In-8.

230. Collection de tableaux et de dessins de **Bonnington**, formée par M. W... Vente à Paris, en 1857. In-8.

231. Vita di Carlo **Bononi** pittore Ferrarese, scritta da Girol. Baruffaldi. ed ora per la prima volta pubblicata. Venezia, 1853. In-8.

232. Sopra un dipinto di Alessandro **Bonvicino**, soprannomato il Moretto di Brescia. Discorso del barone C. Ransonnet, con la vita dell'artista. Brescia, 1845. In-8.

233. Catalogue de tableaux, dessins... provenant de la galerie de feu M. **Bonvoisin**, peintre d'histoire. Vente au Havre, le 5 mai 1862. In-8.

234. Le Maçon-sculpteur de Bléré (**Bory**), par un des amis du maçon-sculpteur (M. Clément Proust). Tours, 1852. In-8.

235. Notice sur la nouvelle statue équestre de Louis XIV, fondue d'après le modèle de M. **Bosio**, membre de l'Institut,.. par M. C. Olivier Blanchard-Boismarsas. Paris, 1822. In 8. Extr. des *Mémoires de la Société d'agriculture de Douai*.

236. M. **Bosio**, par un homme de rien (L. de Loménie) Paris, 1844. In-12.

237. Institut royal de France.... Funérailles de M. le baron **Bosio**. Discours de M. Raoul-Rochette, prononcé, le 2 août 1846. Paris. In-4.
  Suivi du discours de M. A. L. Dumont.

238. Catalogue de l'œuvre d'Abraham **Bosse**, par Georges Dupless s. Paris, 1859. In-8.
  Extr. de la *Revue universelle des Arts*.

239. Gaetano. Discorso recitato nel funerale del cavaliere G. **Bossi**. Milano, 1815. In-8.

240. Calvi (Giovanni). Versi in morte del cavaliere G. **Bossi**, pittore. Milano, 1816. In-8.

241. Cabinet de l'art de sculpture, par le fameux sculpteur Francis van **Bossuit**, exécuté en yvoire ou ébauché en terre, gravés d'après les dessins de M. Barent Graat, par Mattys Pool. Amsterdam, 1727. In-4, fig.

242. Lauts (U. G.). Pieter **Both**. S. l. n. d. (Utrecht, 1844). In-8.
  Extr. du *Utrechtsche Volks-Almanak*.

243. Lettre de M. M*** (Mariette) à un ami de province au sujet de la nouvelle fontaine de la rue de Grenelle... S. l. n. d. (Paris, 1er mars 1746). In-4.

244. Lettre à M***, 31 mai 1750 (par le comte de Caylus). In-12.
  Relative à la statue de l'amour de BOUCHARDON.

245. Caylus (le comte de). Vie d'Edme **Bouchardon**, sculpteur du roi. Paris, 1762. In-12.

246. Catalogue des tableaux, dessins, estampes, livres,... laissés après le décès de M. **Bouchardon**,... par Franç. Basan. Vente à Paris, au mois de novembre 1762. In-8.

247. Anecdotes sur la mort de **Bouchardon**, suivies de quelques recherches historiques sur les casques des anciens,.,. par Dandré-Bardon. S. l. n. d. (Paris, 1764). In-8.

248. Description des travaux qui ont précédé, accompagné et suivi la fonte en bronze d'un seul jet de la statue de Louis XV, dressée sur les mémoires de M. Lempereur, par M. Mariette. Paris, 1768. In-folio, fig.
  La statue est d'Edme **Bouchardon**.

249. Catalogue des tableaux, dessins, gravures, provenant du cabinet du célèbre **Bouchardon**. Vente après décès de M. Girard, son neveu, à Paris, le 13 septembre 1808. In-8.

250. Notice sur Edme **Bouchardon**, par M. E. Jolibois. Versailles, 1857. In-8.

251. Notice historique sur Edme **Bouchardon**, par J. Carnandet. Paris, 1855. In-8, port.

252. Lettre sur les quatre modèles exposés au salon (de 1743 et 1745) pour le mausolée de S. E. Mgr le cardinal de Fleury. S. l. n. d. In-4.
  Le tombeau était d'Edme **Bouchardon**.

253. Notice des miniatures, pastels,... composant le cabinet et l'atelier de M. **Bouchardy**, peintre en miniatures... Vente à Paris, le 15 mai 1850 In-8.

254. Éloge de **Boucher**, premier peintre du roi et directeur de l'Académie royale de peinture, et de sculpture. Paris, 1770. In-12.
  Extr. du *Nécrologe des hommes célèbres*.

255. Catalogue raisonné des tableaux, dessins, estampes, bronzes, terres-cuites,... de feu M. **Boucher**, premier peintre du roi. Vente à Paris, le 18 février 1771. In-12.

256. L'Art au xviiie siècle. — **Boucher** par Edmond et Jules de Goncourt. Paris, 1862. In-4, fig.

257. Institut impérial de France... Discours de M. Halévy prononcé aux funérailles de M. le baron **Boucher-Desnoyers**, le 18 février 1857. Paris. In-4.

258. Notice sur la vie et les travaux de M. le baron **Boucher-Desnoyers**, par F. Halévy. Paris, 6 octobre 1860. In-8.

259. Jules **Bouchet**, architecte. Notice sur sa vie et ses travaux, par Adolphe Lance. Paris, 1860. In-8.

260. Notice historique sur la vie et les ouvrages d'Étienne **Bouhot**, peintre d'intérieur,... par Ligeret du Cloiseau. Semur, 1854. In-8.

261. Catalogue des tableaux, dessins, estampes, planches gravées, après le décès de M. **Bouillard**, graveur, membre de la ci-devant Académie. Vente à Paris, le 8 janvier 1807. In-8.

262. Notice sur M. **Boulanger de Boisfremont**, par M. Hellis. Rouen, 1838. In-8, port.

263. Villar (Gabriel). Notice sur la vie et les travaux de **Boulée**. Paris, S. d. In-8,

264. Mémoire pour Pierre Crozat écuyer, demandeur et défendeur contre .

Charles **Boulle**, ébéniste du Roy, défendeur et demandeur. S. l. n. d. In-4.

265. André **Boulle**, ébéniste de Louis XIV, par Charles Asselineau. Alençon, 1854. In-8.

266. — Seconde édition. Alençon, 1855. In-8

**Boullongne** (Jean de). Voyez **Valentin.**

267. Michel **Bourdin**, statuaire orléanais, par F. Dupuis. Orléans, 1863. In-8.

Extr. du *Bulletin de la société archéologique de l'Orléanais.*

268. Catalogue d'une vente de tableaux anciens et modernes,... après le décès de M. P. M. **Bourdon**, peintre d'histoire. Vente à Paris, le 16 avril 1841. In-8.

269. Études historiques et archéologiques sur la ville de Coulommiers, par Anatole Dauvergne. — Biographie. Pierre **Bourdon**, graveur, Théodore Fouillet, graveur... Coulommiers. Février 1863. In-8.

270. Lettre de Nestore escrite à Polidor dans laquelle sont contenues les plus grossières et principales fautes du tableau d'un peintre qui a voulu représenter l'histoire du miracle de saint Pierre en la chute de Simon le Magicien (par Samuel Boissière). S. l. 1659. In-4.

Cette brochure, difficile à rencontrer, contient une critique très-vive du tableau de Séb. **Bourdon**, conservé dans l'église Saint-Pierre de Montpellier.

271. Galerie des peintres célèbres, par Ch. Lecarpentier. — Sebastien **Bourdon**. (Paris), 1806. In-8.

272. Notice historique sur Sébastien **Bourdon**, lue à la Société des sciences et belles-lettres de Montpellier dans la séance publique du 26 décembre 1811, par M. Poitevin. S. l. (Montpellier), 1812. In-4, port.

273. Considérations philosophiques, remarques, observations, anecdotes particulières sur la vie et les ouvrages de Sébastien **Bourdon**, ancien recteur de l'Académie royale de peinture, par Xavier Atger. Paris, 1818. In-8.

274. Soust de Boskenfeldt (Adolphe van). Notice sur la vie et les ouvrages de P. **Bouré**. Bruxelles, 1849. In-8, port.

275. Lecarpentier (C. L. F.). Notice nécrologique sur M **Bouteiller**, sculpteur. Rouen, 1812. In-8.

276. Notice historique sur une famille d'artistes Douaisiens (la famille **Bra**), par A. Cahier. Douai, 1850. In-8.

277. Relation de la fête donnée à M. Théophile **Bra**, statuaire, et précédée de sa biographie. Douai, 1852. In-8.

Extr. des *Mémoires de la Société d'agriculture de Douai.*

278. Lazzari (Andrea). Della patria di **Bramante** da Fermignano. Ricerche. Fermo, 1791 In-folio.

279. Salvetti (Filippo Timoteo de). Aneddoti sulla patria dell' architetto **Bramante** Lazzari. Roma, 1824. In-8. 3e édit.

280. Memoria intorno alla vita ed alle opere di Donato e Domino **Bramante**, di Luigi Pungileoni. Roma, 1836. In-8, port.

281. Bogaerts (Felix). Mathieu van **Brée**. Anvers, 1842. In-12.

282. Levensbeschryving van M. I. van **Brée** door L. Gerrits. Anvers, 1852. In-8, port.

283. — Traduction française par l'auteur lui-même. Anvers, 1852. In-8, port.

284. Catalogue de tableaux, dessins, estampes et ustensiles de peinture... après le décès de M. **Brenet**, membre et professeur de l'Académie royale de peinture et sculpture, Vente à Paris, le 16 avril 1792. In-8.

285. Institut national de France. — Académie des beaux-arts... Discours prononcé à l'inauguration de la statue de N. Poussin, aux Andelys, le 15 juin 1851, par M. Raoul-Rochette. Paris (1851). In-4.
La statue est de J.-Louis **Brian**.

286. Catalogue de tableaux, dessins, estampes, sculptures en marbre et en plâtre..., provenant de la succession de feu M. **Briard**, peintre du roi et professeur en son Académie royale de peinture et sculpture. Vente à Paris, le 7 janvier 1778. In-8.

287. Notice biographique sur Charles-Antoine **Bridan**, statuaire, professeur de l'Académie royale de peinture et de sculpture de Paris, et des écoles spéciales des beaux-arts, par Ch. Fr. Viel. Paris, 1807. In-4.

288. Nicolas **Briot** et la Cour des Monnaies, par A. Dauban. Paris, 1857. In-8.

289. Nicolas **Briot**, graveur des monnaies du duc de Lorraine Henri II, par H. Lepage. S. l. (Nancy), décembre 1858. In-8.
Extr. du *Journal de la Société d'archéologie lorraine.*

290. Vente après décès de M. **Brocas**, peintre d'histoire, d'une nombreuse collection de ses ouvrages... Vente à Paris, le 29 février 1856. In-8.

291. Catalogue de tableaux, dessins, gouaches... du cabinet de M. **Brongniart**, architecte... Vente à Paris, le 22 mars 1772. In-8.

292. Notice sur Lazare **Bruandet**, par Ch. Asselineau. Paris, 1855. In-8.

293. Visconti (P. E.). L'ultimo giorno di Pompei, quadro di **Bruloff** (Carlo). Milano, 1833. In-8.

294. J. S. **Brun**, sculpteur-statuaire. Notice historique, par A. D. (Delcourt). Paris, 1846. In-8.

295. — 2e édition, par A. Delcourt. Paris, 1846. In-8.

296. Baldinucci (Filippo). Vita di F. di Ser. **Brunellesco**, architetto fiorentino, publ. per Domenico Moreni. Firenze, 1812. In-8.

297. Philippe **Brunellesco**, 1377-1446, par (M. Délécluze). S. l. n. d. (Paris). In-8.

298. Notice de tableaux, dessins et estampes... après le décès de M. **Brunot**, ancien peintre et sculpteur. Vente à Paris, le 12 février 1827. In-8.

299. Vita di Buonamico **Buffalmacco**, pittore. In Carpi, 1762. In-12.

**BUONAROTTI. (M. A.)**

300. Due Lezzioni di M. Benedetto Varchi, nella prima delle quali si dichiara un sonetto di Michelagnolo **Buonarroti**. Nella seconda si disputa quale sia più nobile arte la scultura, o la pittura, con una lettera d'esso Michelagno'o e più altri eccelentiss. pittori e scultori, sopra la questione sopradetta. Fiorenza, Lorenzo Torrentino, 1549. In-4.

301. Vita di Michel Agnolo **Buonarroti**, raccolta per Ascanio Condivi da la Ripa Transone. In Roma, appresso Antonio Blado, stampatore camerale nel M. D. LIII, alli XVI di Luglio. In-4.

302. — Seconde édition. Firenze, 1746. In-folio, fig.

303. — Troisième édition. Pise, 1823. In-8.

304. Esequie del divino Michelagnolo **Buonarroti** celebrate in Firenze, dall'Academia de' pittori, scultori e architettori, nella chiesa di S. Lorenzo, il di 14 Luglio 1564 Firenze. Giunti, 1564. in-4.

305. Orazione funerale di M. Benedetto Varchi, fatta e recitata da lui pubblicamente nell' essequie di Michelagnolo **Buonarroti** in Firenze, nella chiesa di San Lorenzo... Firenze, Giunti. 1564. In-4.

306. Orazione overo discorso di M. Giovan Maria Tarsia, fatto nell' essequie del divino Michelagnolo **Buonarroti** con alcuni sonnetti e prose latine e volgari di diversi, circa il disparere occorso tra gli scultori e pittori. Fiorenza. Sermatelli, 1564. In-4

307. Vasari (Giorgio). Vita di M. A. **Buonarroti**, pittore, scultore ed architetto fiorentino. Firenze, 1568. In-4.

308. — Seconde édition. Roma, 1760. In-4, fig.

309. — Troisième édition. Milano, 1811. In-8.

310. Le Rime di Michelagnolo **Buonarroti** raccolte da Michelagnolo, suo nipote. Firenze. 1623. In-4.

311. — Reimpression : con una lezione di Ben. Varchi, e due di Mario Guiducci sopra di esse. Firenze, 1726. In-8.

312. — Le Rime di Michelagnolo **Buonarroti**, pittore, scultore, architetto e poeta fiorentino. S. l. (Roma), 1817. In-4.

313. — Rime di Michelagnolo **Buonarroti** il Vecchio, col comento di G. Biagioli. Parigi, 1821 In-8

314. — Réimpression faite à Milan chez Silvestri, 1821. In-16.

315. — Rime e prose di Michelagnolo **Buonarroti** (con ritratto e vita scritta,... di G. Mazzuchelli). Milano, 1821. In-8.

316. — Alcune memorie di Michelangelo **Buonarroti**. Roma, 1823. In-8.

M. Varcollier (page 7 de la préface de sa traduction des *Poésies de Michel-Ange*) dit que la première édition des *Poésies* parut à Parme en 1558 et la seconde à Venise en 1544.

317. Poésies de Michel-Ange **Buonarroti**. Traduites de l'Italien,... par M. A. Varcollier. Paris, 1826. In-8.

318. Michel-Ange .poëte. Première traduction complète de ses poésies, précédée d'une étude sur Michel-Ange et Vittoria Colonna, par A. Lannau-Roland. Paris, 1860. In-18.

Goddé nous apprend dans le catalogue de sa vente (n° 622), qu'il se trouve dans un volume de poésies d'Ernest et Edmond Lafo d (Paris, Comon, 1848, in-8) une notice remarquable sur Michel-Ange artiste et poëte, et 59 pièces traduites en vers.

319. Vignali (Giacomo). Vita di M. A. **Buonarroti**. Firenze, 1753. In-4.

320. Manni (Dom. Mar.). Addizioni necessarie alle vite di due celebri statuari Michel-Angelo **Buonarrotti** e P. Tacca. Firenze, 1777. In-4.

321. Vie de Michel-Ange **Buonarroti**, peintre, sculpteur et architecte, par l'abbé Hauchecorne. Paris, 1783. In-12.

322. Michel-Ange, opéra en un acte, en prose, paroles de E. J. B. Delrieu, musique de Nicolo Isouard. Paris, an XI (1802). In-12

323. Duppa (Richard). Life and literary works of M. A. **Buonarroti**. London, 1806. In-4.

324. — Seconde édition. 1807. In-4, fig..

Cette édition parut sous ce titre: The Life of Michel-Angelo Buonarroti with his poetry and Letters by R. Duppa.

325. — Autre édition. 1807. In-8.

326. — — 1816. In-8.

327. — — 1846. In-8.

328. Riflessioni sopra Michel-Agnolo **Buonarrotti**, del cavaliere Onofrio Boni. Firenze, 1809. In-8.

329. Descrizione istorico-critica della imp. cappella de' principi, eretta nella basilica di S. Lorenzo di Firenze, da Michelagnolo **Buonarroti**, da D. Moreni. Firenze, 1813. In-8.

330. Piacenza (Giuseppe) Vita di M. A. **Buonarroti**. Torino, 1813. In-4.

331. Observations sur le génie de Michel-Ange et son tableau représentant (le Jugement dernier) par le chevalier Alexandre Lenoir). S.

l. n. - d. (Paris, 25 avril 1820).
In-8.

Tirage à part du sixième volume des *Annales françaises des arts.*

552. Alcune Memorie di Michelangiolo **Buonarroti** da' mss. per le Nozze di Clem. Cardinali con Anna Bovi. Roma, 1823. In-8.

553. Lettera del sig. Ch. Abate Francesco Cancellieri al sig. canonico Domenico Moreni sopra la statua di Mosè del **Buonarroti**... Firenze, 1823. In-8, fig.

334. Cantica del professore Antonio Mezzanotte, sopra il Finale giudizio dipinto nella cappella Sistina del Vaticano da Michelangelo **Buonarroti**. Perugia, 1824. In-8.

335. Pompe funebri celebrate nell' imp. e real basilica di San Lorenzo del secolo XIII a tutto il regno Mediceo. Firenze, 1827. In-8.

Cet ouvrage est consacré en grande partie au récit des funérailles de Michel-Ange.

556. Lettera di Michel Angiolo **Bonarroti** per giustificarsi contro le calumnie degli emuli e de' nemici suoi sul proposito del sepolcro di papa Giulio II, trovata e pubblicata con illustrazioni da Sebastiano Ciampi. Firenze, 1834. In-8, fig.

557. Ein Beitrag zum Leben M. A. **Buonarroti**, von Dr Reumont. Stuttgart, 1834. In-8.

558. Histoire de la vie et des ouvrages de Michel-Ange **Buonarroti**, par M. Quatremère de Quincy. Paris, 1835. in-8, port.

Il existe de cet ouvrage une traduction anglaise publiée en 1846. (Voir plus loin nos 550.)

559. Nagler (G... Carl.). M. A. **Buonarroti** als Kunstler. Munich, 1836. In-8.

540. Sur le Jugement dernier, par Eug. Delacroix. In-8.

Cet article important qui parut le 1er août 1837, dans la *Revue des Deux Mondes,* n'a pas été tiré à part.

341. Sopra un Bassorilievo di Michelangelo **Bonarroti** appartenente a sign. Pietro Tosi Crespino, Alcuni

Cenni del conte G. G. Attendolo Bolognini. Milano (1838. In-8.

542. Biagini (Carlo). Relazione degli onori parentali renduti a M. A. **Buonarrotti**, nell' Academia Pistoiese di scienze... Pistoia, 1839. In-8.

343. Michel-Angelo, considered as a philosophic poet; with translations, by John Edward Taylor. London, 1840. In-8.

544. — Seconde édition. London, 1852. In-8.

545. Vannini (Vincenzo). L'Angelo del **Buonarroti** che adorna il celebre monumento dell'arca di S. Domenico in Bologna. Bologna, 1840., In-fol.

546. Michel Angelo, ossia il risorgimento delle arti. Esercizio accademico tenuto in Siena, nell'Agosto dell'anno 1842, dai signori Convittori dell'imperiale e reale nobil collegio Tolomei diretto dai PP. delle scuole pie. Siena, 1842. In-8.

547. Michel Angelo **Buonarrotti**'s des Alteren sämmtliche Gedichte, italianisch und deutsch mit einigen Anmerkungen und dem Bildnisse, herausgegeben von G. Regis. Berlin, 1842. In-8.

548. Giudici (Paolo). La Vita ed i tempo di M. A. **Buonarroti**. Palerme, 1844. In-8.

549. Lettre adressée à madame la comtesse de ***, à l'occasion d'un crucifix en ivoire, sculpté par Michel Ange, que possède cette dame, par Courtois. Paris. 1845. In-8.

550. The Lives and Works of Michel Angelo and Raphael, by R. Duppa and Quatremère de Quincy (translated by W. Hazlitt). London, 1846. In-8, fig.

551. — 2e édition. London, 1856. In-8, fig.

552. Lawrence Gallery. — A Series of fac-similes of original drawings by M. Angelo **Buonarotti**, selected from the matchless collection formed by Sr Th. Lawrence. London, 1853. In-folio, fig.

353. Un Bronze de Michel-Ange, par Frédéric Reiset. Paris, 1853. In-8.
Extr.de l'*Athenæum français.*Deuxième année

354. Vittoria Colonna. Peinture de M. A. **Buonarroti**. — Observations de D. Campanari. Londres, 1854. In-8.

355. Michel-Angelo. — Ein Drama von F. Hebbel. Wien. 1855. In-8.

356. The Life of Michel Angelo **Buonarotti**..., by John S. Harford. London, 1857. 2 vol. in-8, fig.

357. — Seconde édition. London, 1858. 2 vol. in-8, fig.
Cette deuxième édition diffère fort peu de la première; la date du titre a été changée et un avertissement a été seulement ajouté.

358. Michel-Angelo. S. l. n. d. (London, 1858.) In-8.
Extr. de la *Quarterly Review.* N° 206. Avril, 1858.

359. Michel-Ange et son temps, par M. Gustave Garisson. Toulouse, 1859. In-8.
Extr. de la *Revue de Toulouse.* Février et mars 1859.

360. Michelangelo **Buonarotti** consultato in opera di fortificazione dal Duca di Firenze Alessandro dei Medici, dipinto da Eug. Larese Moretti. (Dal D. Filippus Cov. Scolari.) Venezia, 1860. In-8.

361. Notice sur la vie et les ouvrages de Michel-Ange, par Ernest Breton. Saint-Germain, 1860. In-8.
Extr. de l'*Investigateur*, journal de l'Institut historique.

362. Michel Angelo **Buonarroti** als Dichter von W. Lang. Stuttgart, 1861. In-8.

363. Michel-Ange **Buonarotti**, par l'auteur de Raphaël. Lille, 1861. In-12.

364. Ch. Clément. Michel-Ange, Léonard de Vinci, Raphaël, avec une étude sur l'art en Italie avant le XVI° siècle et des catalogues raisonnés historiques et bibliographiques. Paris 1861. In-8.

365. Epître XVII à Michel-Ange et à Raphaël, par Boher. Toulouse. S. d. In-8.

366. Rey (Etienne). Notice L. **Butavand**, graveur. Lyon, 1853. In-8.

367. Leben und Wirken des Malers Johann Rudolph **Byss**, von Solothurn. Solothurn, 1854. In-4, port.

368. Lettre d'un amateur des beauxarts à M*** (sur **Caffiéri**, statuaire). S. l. n. d. (Paris, j. Ch. Dessaint), In-8 de 7 pages.

369. Aux amis des arts. Tableau de Carletto (**Cagliari**), fils de Paul Véronèse. Paris. 1840. In-8.
Ce tableau représentait l'entrée solennelle à Venise de Catherine Cornaro.

370. Vita di Paolo **Caliari** Veronese, celebre pittore, descritta dal Cav. Carlo Ridolfi. Venetia, 1846. In-4.
Cette notice a été réimprimée dans le *Maraviglie de l'arte.*

371. Zabeo (Prosdocimo). Elogio di Paolo **Cagliari**. Venezia, 1813. In-8.

372. Paul **Cáliari** Veronèse, né à Vérone en 1532... Notice par C. Lecarpentier. Rouen, 1816. In-8.

373. Les Noces de Cana, de Paul Véronèse, gravures au burin, par M. Z. Prévost. Notice par Théophile Gauthier, précédée de la biographie de Paul Véronèse, par Fr. Villot. Paris. (1852.) In-8.

374. Costa (G. B.). Lettere varie e documenti autentici intorno le opere e vero nome, cognome e patria di Guido **Cagnazzi**. S. l. n. d. In-12.

375. G (ironi). Necrologia del marchese Luigi **Cagnola**. S. l. (Milano), 1844. In-8.

376. Anti-Sola (Sebastiano). Tributo poetico al celebre Ottone **Calderari**. Vicenza, 1804. In-8.

377. Notice historique sur la vie et les ouvrages d'Ottone **Calderari**, architecte,... par Joachim Lebreton. (Paris, octobre 1808.) In-4.

378. — Traduit en italien. Padoue, 1839. In-8 port.

379. Histoire de la famille de Fr. Ch. **Callot**. Nancy 1823 In-8.

380. Éloge historique de **Callot**, par le Père Husson. Bruxelles, 1766. In-4.

2

381. A Catalogue and description of the whole of the works of the celebrated Jacques **Callot**,... by J. H. Green ( pseudonyme présumé de Claussin). London. 1804. In-12.

382 Jacques **Callot**, 1606-1657, par Anne-Elisa Voiart. Paris, 1841. 2 vol. In-8. port.

383. Éloge historique de **Callot**. par M. Desmaretz Nancy. 1828. In-8.

384. **Callot**. par Arsène Houssaye, S. l. n. d. (Paris. 15 septembre 1842). In-8.
> Extr. du tome XXX de la *Revue des Deux Mondes*. La pagination n'a pas été changée.

385. Examen d'un tableau attribué à Jacques **Callot**, par M. de Haldat. Nancy, (1850). In-8.
> Extr. des *Mémoires de la société des Lettres et des Arts de Nancy*.

386. Recherches sur la vie et les ouvrages de J. **Callot**, par E. Meaume. Paris, 1860. 2 vol. in-8.

387. Séjour de **Callot** à Bruxelles. par L. Alvin. Bruxelles 1861. In-8.
> Extr. de la *Revue universelle des Arts*.

388. J. **Callot**, par Jules Amic. S. l. n. d. In-8.
> Extr. du *Plutarque français*.

389. L'architecte **Caloine**. notice nécrologique, par Henri Pajot. Lille, 1860. In-12.

390. Catalogue de tableaux, études et dessins, par M. A. Félix **Cals**. Vente à Paris, le 4 avril 1856. In-8.

391. Memorie della vita del pittore Dionisio **Calvart**, di Ant. Bolognini Amorini. Bologna, 1832. In-8, port.

392. Haerne (D... de). D. **Calvaert**. Gand, 1847. In-8.
> Extr. du *Messager des sciences historiques*.

393. Notice bibliographique sur L. F. T. **Cammas**, peintre, ingénieur, architecte, par M. Guibal. Toulouse 1858. In-8.
> Extr. des *Mémoires de l'Académie impériale des sciences de Toulouse*.

**CANOVA (ANT.).**

394. Barzoni (V.). L'Ebe di **Canova** descritta. Venezia, 1800. In-8.

395. Le Mausolée de Marie Christine d'Autriche exécuté par Antoine **Canova** et expliqué par J. van de Vivere. Rome, 1805. In-8.

396. Fernow (Carl Ludwig). Uber den Bildhauer **Canova** und dessen Werke. Zurich. 1806. In-8, port.

397. Six bas-reliefs dans le style antique, gravés au trait d'après **Canova**. les figures sont précédées d'une notice historique sur cet artiste et ses principaux ouvrages. Paris, 1808. In-folio.

398. Beaux-arts. — Sur M **Canova** et les quatre ouvrages qu'on voit de lui à l'exposition publique de 1808, par M. Quatremère de Quincy. S. l. n. d. In-8.
> Extr. du *Moniteur*.

399. Opere di scultura e di plastica di Antonio **Canova**, descritte da Isabella Albrizzi, nata Teotochi. Firenze, 1809. In-fol.

400. Opere di scultura e plastica di Antonio **Canova**. descritte da Isabella Albrizzi, nata Teotochi. Pisa, 1821-25. 5 v. in-8.

401. Cicognara (Leopoldo). Discorso funebre di A. **Canova**. Venezia. 1822. In-8.

402. Zannini (Paolo). Storia della malattia, per cui è morto A. **Canova**. Venezia, 1822. In-8.

403. Epître XVIII à l'illustre statuaire **Canova**,... par Boher. Perpignan, 1822. In-8

404. Epître XIX. poëme élégiaque du 10 novembre 1822 aux parents et aux amis d'Ant. **Canova**, par Boher. S. l. 1822. In-8.

405. In mortem **Canovæ**, L. J. Gadowski M. D. Paris, 1822. In-4.

406. Notizie intorno alla vita di Antonio **Canova**, giuntovi il catalogo cronologico di tutte le sue opere. Venezia, 1822. In-8, port.

407. Notizie intorno alla vita di Antonio **Canova**, giuntovi il catalogo cronologico di tutte le sue opere, (di P. A. Paravia). Torino, 1823. In-8.

408. Faiier. Memorie per servire alla vita del marchese A. **Canova**. Venezia, 1823. In-8.

409. Tambroni (Giuseppe). Intorno alla vita di A. Canova. Venezia, 1823. In-8.

410 Biblioteca Canoviana, o sia raccolta delle migliori prose e di più scelti componimenti poetici sulla vita e sulle opere ed in morte di A. **Canova**. Venezia, 1823. 4 vol. In-8.

411. Cicognara (Leopoldo). Biographia di A. **Canova**. Venezia, 1823. In-8.

412. Bossi (Luigi). Il tempio di A. **Canova** e la villa di Possagno. Udine, 1823. In-8.

413. Missirini (Melchior). Della vita de Antonio **Canova**, libri quattro. Prato. 1824. In-8.

414. Missirini (Melchior). Della vita di Antonio **Canova**, libri quattro. Con note ed aggiunte. Milano, 1824. 2 vol. In-8.

415. — Nouvelle édition. Milano, 1825. 2 vol. In-8, port.

416. Marsella (Dom. Ant.). Commentarius de A. **Canova**, Phidiacæ artis scientissimo. Roma, 1824. In-8.

417. — Deuxième édition, augmentée. Roma, 1833. In-8.

418. Entretiens de Napoléon avec **Canova** en 1810. Paris, 1824. In-8.

419. Mêmes (J. S.). Mémoirs of Antonio **Canova**, with a critical analysis of his works, and an historical view of modern sculpture. Edinburgh. 1825. In-8.

420. Rosini (Gio). Saggio sulla vita e sulle opere di Antonio **Canova**. Pisa 1825. In-8.

421. — Deuxième édition. Pisa, 1830. In-8.

422. Œuvres de **Canova**. recueil de gravures d'après les statues et les bas-reliefs exécutés par Réveil, accompagné d'un texte explicatif..., par H. Delatouche. Paris 1825. In-4, fig.

423. Pindemonte (Ippolito). Teseo che uccide il Centauro, opera di **Canova**. Pisa, 1826. In-8.

424. Missirini (Melch.). Del tempio eretto in Possagno da Ant. **Canova**. Venezia, 1833. In-folio.

425. Quatremère de Quincy. **Canova** et ses ouvrages, ou Mémoires historiques sur la vie et les travaux de ce célèbre artiste. Paris, 1834. In-8.

426. **Canova** et Napoléon, par Adolphe de Bouclon. Paris, 1865. In-18.

427. Rossi (G. de). Lettera sopra tre bassi relievi modellati da A. **Canova**. In-8.

428. Notice sur M. **Canova**, sur sa réputation, ses ouvrages et sa statue du Pugilateur, par M. Quatremère de Quincy... S. l. n. d. In-8.

429. Galerie historique et critique du dix-neuvième siècle. A. A. **Caqué**, par Henry Lauzac. Paris, 1859. In-8.

430. Le Vite di Lodovico, Agostino, Annibale ed altri dei **Carracci** scritte del marchese Antonio Bolognini Amorini. Bologna, 1840. In-8.

431. Il funerale d'Agostino **Carracci** fatto in Bologna, sua patria, da gli incaminati academici del disegno, scritto all. ill. et r. sig. cardinal Farnese (da Benedetto Morello). Bologna, 1605. In-4, fig.

Pour que ce petit livre très-rare soit complet il faut trouver à la fin: *Orazione di Lulio Faberio academico Gelat, in morte d'Agostino Carracci.*
Une partie de cet ouvrage a été réimprimée dans le *Vite de Pittori de Gio. Piet. Bellori,*

432. Elogio storico del pittore Lodovico **Carracci** di Ferdinando Beloisi. Bologna. 1825. In-8.

433. Elogio di Giovita **Caravaglia**, Incisore, letto il giorno 31 di agosto 1840 dal Dr Pietro Carpanelli in occasione della prima distribuzione de' premi nella scuola municipale di disegno e d'incisione presso l'istituto Malaspina. Pavia, 1840. In-8, port.

Cette notice est précédée de la liste des personnes qui contribuèrent à faire élever un monument à ce graveur.

434. Notice sur J. G. **Carlier**, par Félix van Hulst. Liége, 1837. In-8 port.

Extr. de la *Revue de Liége.*

435. Notice des tableaux, estampes, dessins... provenant du cabinet de feu M. **Carlier**, peintre. Vente à Paris, le 25 mars. S. d. In-8.

436. Notice des peintures à la gouache, à l'aquarelle et au transparent, dessins en portefeuille..., par feu M. **Carmontel**. Vente à Paris le 17 avril 1808. In-8.

437. Antoine **Caron**, de Beauvais, peintre du XVIᵉ siècle, par A. de Montaiglon. Paris, février 1850. In-8.

Extr. de l'*Artiste* du 15 février 1850.

438. Notice nécrologique sur feu Jean-Louis Toussaint **Caron**, graveur, par L. Delaistre. S. l. n. d. (Paris, 1847). In-8.

Extr. des *Mémoires de la société libre des Beaux-Arts.*

439. Catalogue des tableaux, dessins, bronzes .. du cabinet de feu M. **Carpentier**, architecte du roi. . Vente à Paris, le 14 mars 1774. In-12.

440. Vita di Girolamo **Carpi**, pittore ed architetto ferrarese dell'arciprete Girol. Baruffaldi, con annotazioni da Giuseppe Petrucci. Ferrare, 1841. In-8.

441. Di Ugo da **Carpi** e del conte da Panico. — Memorie e note di Michel Angelo Gualandi. Bologna, 1854. In-8.

442 Recherches sur quelques œuvres de Jacques **Carrey**, peintre troyen, communiquées à la Société académique, dans la séance du 20 novembre 1863, par M. Corrard de Breban. Troyes, 1864. In-8.

Extr. des *Mémoires de la société académique de l'Aube*. Tome XXVIII. 1864.

443. Alliance des arts. Catalogue de tableaux de grands maîtres... composant le cabinet de M. **Carrier**, peintre de feu Mgr le duc de Bourbon. Vente à Paris, le 10 mars 1846. In-8.

444. Diario degli anni 1720 e 1721 scritto di propria mano in Parigi da Rosalba **Carriera**, dipintrice famosa; posseduto, illustrato e pubblicato dal sig. D. Giovanni de Viannelli canonico. Venezia, 1793. In-4.

445. Diario degli anni MDCCXX e MDCCXXI scritto da propria mano in Parigi da Rosalba **Carriera** dipintrice famosa. Venezia, 1865. In-4.

Réimpression faite avec soin de ce volume fort difficile à rencontrer.

446. Journal de Rosalba **Carriera**, pendant son séjour à Paris, en 1720 et 1721, publié en italien, par Vianelli, traduit, annoté et augmenté d'une biographie et de documents inédits sur les artistes et les amateurs du temps par Alfred Sensier. Paris, 1865. In-12.

447. Zanetti (Girolamo). Elogio di R. **Carriera**, pittrice. Venezia, 1818. In-8.

448. Elogio di Rosalba **Carriera**, letto il di 5 agosto 1838, nell' I. R. Accademia di belle arti in Venezia, dal dottore Tommaso Locatelli. (Venezia, 1838). In-8.

449. Memorie intorno alla vita di Rosalba **Carriera**, celebre pittrice Veneziana. Padova, 1843. In-8.

450. Catalogue des sujets de thèses formant le fonds général de M. **Cars**. Paris, 1774. In-8.

451. Catalogue des estampes qui se vendent chez Laurent **Cars**, graveur du roy, à Paris, rue Saint-Jacques, vis-à-vis le collége Duplessis. S. l. ni d. In-4.

452. Fernow (Carl. Ludwig). Leben des Künstlers A. J. **Carstens**. Leipzig, 1806. In-8, port.

453. Institut de France... Funérailles de M. le chevalier **Cartellier**. Discours improvisé par M. Eméric-David,.. le 14 juin 1831. Paris. In-4.

454. Notice historique sur P. **Cartellier**, statuaire, par Eméric-David. S. l. n. d. (Paris, 1836). In-8.

Extr. de la *Biographie universelle* des frères Michaud.

455. Catalogue d'une collection d'estampes choisies et bien conservées de toutes les écoles, livres d'estampes et arts, dessins,... délaissée par feu Jean **Casanova**, professeur et directeur de l'Académie électorale de Dresde. Vente à Dresde, le 16 janvier 1797. In-12.

456. Institut royal de France... Funérailles de M. **Castellan**. Discours de M. Hersent... prononcé... le 4 avril 1838. (Paris.) In-4.

457. Catalogue d'une collection de tableaux, études peintes d'après nature,... par feu M. **Castellan**, peintre... Vente à Paris, le 23 mars 1840. In-8.

458. Moschini (Giov. Ant.). Memoria sulla vita del pittore B. **Castelli**. Venezia, 1810. In-8.

459. Catalogue de différents objets de curiosités de l'art, provenant du cabinet de feu le sieur G. P. **Cauvet**. Vente à Paris le 11 mars 1789. In-8.

460. Extrait de la Biographie universelle des frères Michaud. — **Cauvet** (Gilles-Paul), ornemaniste, par Eméric-David. S. l. n. d. (Paris, 1813). In-18.

461. Trébutien (G. S.). Notice sur Thomas **Cauvin**, peintre français. Paris, 1846. In-8.

462. Notizie intorno al pittore Gaspar Antonio Baroni **Cavalcabo** di Sacco (di Clem. Vannetti). Verona, 1781. In-8.

463. Vinci (Giov. Batt.). Elogio storico del celebre pittore A. **Cavallucci** da Sermoneta. Rome, 1795. In-8.

464. Vita di Antonio **Cavallucci** da Sermoneta, pittore (da Gio. Gherardo de Rossi). Venezia, 1796. In-8.

465. Catalogue raisonné des tableaux, bronzes, terres-cuites, figures et bustes de plâtre, dessins... qui composent le cabinet de feu M. **Cayeux**, sculpteur,... par Pierre Remy. Paris, 1769. In-12.

466. Éloge historique de M. le comte de **Caylus**, lu à la rentrée publique de l'Académie royale des inscriptions et belles-lettres, le 8 avril 1766, par M. Le Beau... S. l. n. d. (Paris, 1766). In-4.

467. Explication des deux tableaux exposés à la porte de l'église de l'abbaye royale de Saint-Germain-des-Prés le 1er jour de mars 1716 et faits pour la même église par MM. **Cazes** et Verdot, peintres ordinaires du roi (Paris 1716). In-4.

468. Fantuzzi (conte Marco). Notizie del canonico Giovanni Andrea **Cazzarini**, di Pesaro, insigne pittore e letterato. Venezia, 1804. In-8.

**CELLINI (B.)**

469. Vita di Benvenuto **Cellini**, orefice e scultore fiorentino, da lui medesimo scritta. Colonia (Naples), 1728. In-4.
Cette première édition a été contrefaite à Florence, 1792. In-4.

470. — Milan, 1805. 2 vol. in-4.

471. — Annoté par G. Palamède Carpani. Milano 1806-1811, 3 vol. in-8.

472. — Milano, 1821. 3 vol. in-8.

473. — Pise 1824. In-16.

474. — Milano. 1824. In-16.

475. — Reimp. dal Francesco Tassi. Firenze, 1829. 3 vol. in-8, port.

476. — Publ. par Gius. Molini. Firenze, 1830. In-24.

477. — Publ. par Gius. Molini. Firenze, 1832. 2 vol. in-8.

478. — Leipzig, 1833. In-8.

479. — Publ. par Gius. Molini. Firenze, 1842. 2 vol. in-8.

480. — Torino, 1845-46. 3 vol. in-8.

481. — Publié par B. Bianchi. Firenze, 1852. In-12.

482. — Traduit en allemand par Gœthe. Tubing, 1803. 2 vol. in-8.

483. — Stuttgart, 1811. 2 vol. In-8, port.

484. — Traduit en anglais, par Th. Roscoe. London, 1822. 2 vol. in-8, port.

485 — Traduit en anglais, par Th. Roscoe, London, 1847. In-12.

486. — Traduit en anglais, par Th. Roscoe, London, 1850. In-8, port.

487. — Traduit en anglais, par Th. Nugent. London, 1771, 2 vol. in-8.

488. — Traduit en anglais, par Th. Nugent, London, 1840. In-8.

489. — Traduit en français par Th. de Saint-Marcel. Paris, 1822. In-8.

490. — Traduit en français par D. D. Farjasse. Paris, 1833. 2 vol. In-8, port.

491. — Traduit en hollandais par Pieter van Limburg-Brouwer. Groningue, 1843. 2 vol. In-8.

492. Œuvres complètes de Benvenuto **Cellini**, orfévre et sculpteur florentin, traduites par Léopold Leclanché. Paris, 1843. In-8.

493. — 2ᵉ édition. Paris, 1847. 2 vol. in-18.

494. Gamba (Bartolommeo). Raccordi di B. **Cellini**. Venezia, 1851. In-8.

495. Reumont (A. V.). Benvenuto **Cellini's** letzte Lebenstage. (Histor. Taschenb.). Leipzig. 1847. in-8

496. Munzen und Medaillen des Benvenuto **Cellini**, Berlin, 1855. In-4.

497. Benvenuto **Cellini**. Étude sur l'art florentin au xvıᵉ siècle, par C. de Villiers. Paris, 1857. In-8.

498. Studien über Benvenuto **Cellini**. von F. Arneth. Wien, 1859. In-4, fig.

499. Vita di Benvenuto **Cellini**, scritta da Giov. Pal. Carpani. S. l. n. d. In-4.

500. Notizie biografiche originali di Bernardo **Cennini**, orafo fiorentino, primo promotore della Tipografia in Firenze, con indicazione della casa e delle botteghe ove abito ed esercito l'arte. Oposcolo dell' ingegnere Federigo Fantozzi. Firenze, 1839. In-8.

501. Igonel et Breton. Procès, instruit par le tribunal criminel du départe-ment de la Seine, de Démerville.
**Ceracchi** (sculpteur italien), Aréna, etc., prévenus de conspiration (contre le gouvernement consulaire de Napoléon Bonaparte). Paris, an IX (1801). In-8.

502. Fescourt. Histoire de la double conspiration de 1800 contre le gouvernement consulaire... Paris, 1819. In-8.
Brochure relative à Giuseppe Ceracchi, sculpteur italien.

503. Montanari (Giuseppe Ignazio). Elogio storico della vita e delle opere di G. **Ceracchi**, scultore romano. Rimini, 1841. In-8.

504. Notice nécrologique sur Jean-François-Thérèse **Chalgrin**, architecte, lue à la Société d'architecture, dans sa réunion du 26 novembre 1813, par Charles-François Viel. Paris, mai 1818. In-4.

505. Institut royal de France... Notice historique sur la vie et les ouvrages de M. **Chalgrin**. , par M. Quatremère de Quincy,... lue à la séance publique du 5 octobre 1816. Paris, 1818. In-4.

506. Catalogue des bronzes, terres-cuites, tableaux, vendus après le décès de Charles-Michel-Ange **Challe**, professeur à l'Académie de peinture. Vente à Paris, le 9 mars 1778. In-8.

507. Suite de la galerie des peintres célèbres. — Philippe de **Champagne**,... par C. Lecarpentier... Rouen, 1807. In-8.

508. Notice sur la vie et les ouvrages de Philippe de **Champagne**, par M. Bouchitté. S. l. (Versailles) n. d. In-8.
Cette notice, extraite du tome IV des *Mémoires de la société des sciences, morales, des lettres et des arts de Seine-et-Oise*, a été réimprimée à la suite de : *Le Poussin, sa vie et son œuvre*, par M. Bouchitté. Paris, 1858. In-8. Voir plus loin.

509. Sir F. **Chantrey**. Recollections of his life, practice, and opinions, by G. Jones. London, 1849. In 8.

510. — Seconde édition. London. 1850. In-8.

511. Memorials of sir **Chantrey**, R. A. sculptor, in Hallamshire and Elsewhere, by John Holland. London, 1851. In-8.

512. Catalogue des tableaux, dessins et estampes de M. **Chardin**, peintre du roi. Vente à Paris, le 6 mars 1780. In-8.

513. L'Art du XVIIIe siècle. — **Chardin**, par Edmond et Jules de Goncourt. Paris, 1864. In-4, fig.

514. Discours prononcés sur la tombe de **Charlet**, le 2 janvier. (Paris). 1846. In-8.

515. Catalogue des tableaux de M. **Charlet**, peintre. Vente à Paris, le 30 mars 1846. In-8.

516. Notice nécrologique sur Nicolas-Toussaint **Charlet**, par Jules Janin, Paris, 1847. In-8, port.
Extr. du *Nécrologe universel du* XIXe *siècle.*

517. **Charlet**, sa vie, ses lettres et ses œuvres, par de la Combe. Paris, 1854. In-8.
Extr. de la *Revue contemporaine.*

518. **Charlet**, sa vie, ses lettres,... par M. de la Combe. Paris, 1856. In-8, port.

519. **Charlet** et son historien, par Henri de Saint-Georges. Nantes, 1857. In-8.
Extr. de la *Revue des provinces de l'Ouest.*

520. Catalogue de quatre-vingt-dix tableaux en miniatures de différentes formes, de **Charlier**, peintre en miniature du roi. Vente à Paris, en 1779. In-8.

521. Catalogue des tableaux au pastel, par feu M. **Charlier**, peintre, par Paillet. Vente à Paris, en 1790. In-8.

522. Catalogue des tableaux, études, esquisses, dessins, armes et costumes, laissés par M. Théodore **Chassériau**. Vente à Paris, le 16 mars 1857. In-8.

523. Notice sur les Chastillon, sur Claude **Chastillon**, topographe du roi, et sur l'œuvre de cet artiste, par le colonel Augoyat. Paris, 1856. In-8.
Extr. du *Spectateur militaire.* 15 août 1856.

524. Mémoire sur la vie de François **Chauveau**, peintre et graveur, par J. M. Papillon. 1738. Paris, 1854. In-8.

525. M. **Chenavard** et ses œuvres. Notice lue à la Société éduenne, par M. J. Roidot. Autun, 1861. In-8.

526. Catalogue des estampes provenantes des fonds de planches des sieurs Gérard Audran, François Chereau, Fr. Poilly, Bernard Lépicié et J. Moyreau, graveurs ordinaires du roi,... qui se trouvent à Paris, chez Jacques-François **Chereau**, graveur... Paris, 1770. In-8.

527. Éloge funèbre de Mme Le Hay, connue sous le nom de Mlle **Chéron**, de l'Académie royale de peinture et de sculpture, par M. Fermel'Huis... Paris, 1712. In-8.

528. Notices des tableaux, dessins sous verre et en feuilles... composant le cabinet de feu M. **Cherpitel**, ancien architecte du roi. Vente à Paris, le 31 janvier 1810. In-12.

529. Sopra un dipinto dell' egregio sign. professore Vincenzo **Chialli** esprimente Dante Alighieri che viene accolto nel convento dei religiosi Camaldolesi di Fonte Avellana detto di S. Croce, di G. B. Brilli. Pistoia, 1838. In-8.

530. Della Vita e delle opere del pittore Vincenzo **Chialli**, da città di Castello; commentario istorico di Francesco Gherardi Dragomanni. Firenze, 1841. In-8, port.

531. Pancrazi (Nunzio). Elogio del professore V. **Chialli** Pistoia, 1842. In-8.

532. Notice sur M. **Chinard**, statuaire, par J. B. Dumas. Lyon, 30 août 1814. In-4.

533. Notice sur Joseph **Chinard**. (signé J. S.) (Passeron). Lyon, 1835. In-8.
*Extr. de la Revue du Lyonnais.*

534. **Chintreuil**, par Frédéric Henriet. Paris, 1858. In-12.

535. Catalogue des estampes gravées par Daniel **Chodowiecki**. 1796. In-12.

536. Dem Andenken unsers **Chodowiecki**, an seinem Grabe. Berlin, 1801. In-8.

537. **Chodowiecki** Werke. Catalogue par D. Jacoby Senior. Berlin, 1808. In-12.

538. Daniel **Chodowiecki's** sämmtliche Kupferstiche, beschrieben von W. Engelmann. Leipzig. 1857. In-8, fig.

539. — Supplément. Leipzig, 1860 In-8.
*Extr. des Archives de Naumann. VIᵉ année*

540. Notice succincte de tableaux, dessins et estampes, recueils, planches gravées et autres objets après le décès de M. **Choffard**, dessinateur et graveur. Vente à Paris, le 11 septembre 1809. In-8.

541. Notice historique sur P. P. **Choffard**, par Ant. Dingé. Paris, 1810 In-8.

542. Notice sur Adrien **Choquet**, peintre abbevillois, par Elie Petit. S. l. n. d. In-8.
*Extr. du Pilote de la Somme du 17 juillet 1852.*

543. Alla Memoria di Nic. **Cianfanelli**. Firenze, 1851. In-8, fig.

544. I promessi Sposi, Pitture a buon fresco del professore Nic. **Cianfanelli**, nell I. R. palazzo de Pitti. Firenze, 1857. In-8.

345. Diedo (Ant.). Discorso funebre in memoria del conte Leopoldo **Cicognara**. Venezia, 1854. In-8, port.

546. Zanetti (Alessandro). Cenni puramente biografici di Leopoldo **Cicognara**. Venezia, 1854. In-8, port.

547. Petruzzi (Gius. e Ag.). In morte del conte Leopoldo **Cicognara**. Prose. Ferrare, 1854. In-8.

548. Becchi (Fruttuoso). Elogio del conte Leopoldo **Cicognara**. Firenze, 1837. In-8.

549. Corazzi (Ercole). Oratio habita in funere equitis C. **Cignani**... Bologna, 1720. In-4.

550. Vita del gran pittore cavaliere conte Carlo **Cignani** scritta da Ippolito Zanelli, Ferrarese. Bologna, 1722. In-4, port.

551. Tardini (Cristoforo). Vita di **Cignani**. Bologna, 1722. In-4.

552. Descrizione de'Cartoni disegnati da Carlo **Cignani** e de quadri dipinti da Sebastiano Ricci, posseduti dal signor Giuseppe Smith; con un compendio delle vite dei due celebri professori. Venezia, 1749. In-4.

553. Memoria della vita di Giambettino **Cignaroli**, eccellente dipintor Veronese (di Ipp. Bevilacqua). Verona, 1771. In-8, port.

554. Orazione in morte di Giamb. **Cignaroli**, pittore Veronese, ed alcune poetiche composizionis opra lo stesso; argomento di Girolamo Pompei. Verona, 1771. In-4.

555. **Cimabue**, Giotto and Uccello. A few mediæval Painters. S. l. n. d. (London, 1856.) In-8.
*Extr. de Fraser's Magazine.*

556. Frediani (Carlo). Ragionamento storico intorno alla vita di A. **Citadella**, esimio scultore Lucchese del secolo XVI. Lucca, 1834. In-8.

557. Sulle sculture di Matteo **Civitali**... che sono nella Capella di S. Gio. Battista in S. Lorenzo di Genova. Lezione del marchese Ant. Mazzarosa. Lucca, 1826. In-8.

558. Lezione intorno le opere di scultura e d'architettura di Matteo **Civitali**, artiste Lucchese del secolo decimo quinto che si vedono nella cathedrale della sua Patria, del marchese Antonio Mazzarosa, presidente della Commissione sulle belle arti in Lucca, con note, letta il 20 agosto 1825. (Lucca, 1827) In-8.

559. Catalogue de tableaux et dessins modernes composant le cabinet de feu M. V. **Claude**, peintre, et des études, dessins; gravures qui composent son atelier. Vente à Paris le 7 avril 1853. In-8.

560. Madame Félix **Clément**, née Anna Delautel, peintre,... par Alphonse Pauly. S. l. n. d. (Paris, 1865.) In-8.
Extr. de la *Revue artistique et littéraire.*

561. Catalogue d'une collection d'environ 200 aquarelles et dessins à la mine de plomb, tous faits d'après nature, par M. Hubert **Clerget**. Vente à Paris, le 17 mars 1855. In-8.

562. Notice sur les sculpteurs grecs qui ont porté le nom de **Cléomenès**, par E. Q. Visconti. S. l. (Paris) n. d. In-8.

563. Notice nécrologique sur Louis-Mathurin **Clérian**. Paris, 1853. In-8.
Extr. du *Nécrologe universel du* xixᵉ *siècle.*

564. Dingé (Antoine). Notice nécrolologique sur C. M. **Clodion**. Paris, 1814. In-4.

565. Notes sur **Clodion**, statuaire, à propos du cabinet d'un amateur, par F. de Villars. Paris, 1862. In-8.
Extr. de la *Revue universelle des Arts.* T. XV, p. 289-308

566. La Renaissance des Arts à la cour de France. — Études sur les Arts au xviᵉ siècle, par le comte de Laborde. — Les Trois **Clouet**.—Paris, 15 août 1850. In-8.
Extr. du tome 1ᵉʳ de la *Renaissance des Arts à la cour de France.*

567. Renseignements nouveaux sur les Trois **Clouet** communiqués et annotés, par M. Ernest de Fréville. S. l. n. d. (Paris, 1853). In-8.
Extr. des *Archives de l'Art français.* T. III. p. 97.

568. Leben des G. I. **Clovio**, beitrag zur Slawischen Kunstgeschichte von Ivan Kukuljevic Sakcinski, traduit de l'Illyrois, par M... P... Agram. 1852 In-8, port.

569. Catalogue de l'œuvre de Charles-Nicolas **Cochin** fils, par Ch. Ant. Jombert. Paris, 1770. In-8.

570. Notice des différents objets de curiosité de feu M. **Cochin**, graveur et dessinateur de Sa Majesté... Vente à Paris, le 21 juin 1790. In-8.

571. Catalogue d'une collection de tableaux, esquisses et études peintes d'après nature, par M. **Coignard**... Vente à Paris, le 2 février 1850. In-8.

572. Catalogue de quatorze tableaux étudiés d'après nature dans les pâturages de l'ouest de la France, par M. L. **Coignard**... Vente à Paris, le 8 mai 1855. In-8.

573. Catalogue d'une collection de tableaux modernes peints par M. **Coignard**. Vente à Paris, le 10 avril 1852. In-8.

574. Catalogue d'une collection de tableaux, études peintes.... par M. Jules **Coignet**. Vente à Paris, le 12 février 1845. In-8.

575. M. Léon **Cogniet** (Exposition du Boulevard des Italiens), par M. Ernest Vinet. Paris, 1862. In-8
Extr. de la *Revue Nationale.*

576. Catalogue d'objets d'art des cabinets de feu M. Ozanne, ancien ingénieur de la marine et de feu M. **Coiny**, dessinateur et graveur, par Regnault de Lalande. Vente à Paris, le 2 septembre 1811. In-8.

577. Bryant (William Cullen). Funeral oration occasioned by the death of T. **Cole**... New-York, 1848. In-8.

578. Ring (Maximilien de). A. **Colin**, né à Malines, en 1527. Gand, 1847. In-8.
Extr. du *Messager des sciences historiques de Belgique.*

579. Jean **Colin**, graveur rémois au dix-septième siècle, par M. Max Sutaine. Reims, 1860. In-8.

580. Catalogue de tableaux, dessins, estampes et bosses, provenant du cabinet de M. Hyacinthe **Colin de**

**Vermont** et Hyacinthe Rigaud. Paris, 1761. In-12.

581. Memoirs of the life of William **Collins**, esq. R. A. including selections from his journals and correspondence. Notices of many of his eminent contemporaries and a description of his principal works, by his son W. Wilkie Collins. London, 1848. 2 vol. in-8.

582. Tombeau de François II, dernier duc de Bretagne et de Marguerite de Foix, par **Columb**, 1507, placé dans l'église cathédrale de Nantes, par Th. L. (Thomas Louis). Nantes (1839). In-fol., fig.

583. Recherches historiques sur l'origine et les ouvrages de Michel **Colombe**, tailleur d'ymages du roi, par H. Lambron de Lignim. Tours, 1848. In-8

584. Le sculpteur Michel **Colombe**, par A. Dauban. S. l. n. d. (Paris, 1856.) In-8.
Extr. de la *Revue numismatique*. Nouvelle série. Tome 1er, page 130.

585. Michel **Colombe**, par Paul Mantz. Paris, 1857. In-8.

586. Documents relatifs aux œuvres de Michel **Colombe**, exécutées pour le Poitou, l'Aunis et le pays Nantais, publiées par Benjamin Fillon. Fontenay-le-Comte, 1865. In-4.
Extr. de *Poitou et Vendée*.

587. Notice sur le Tombeau de François II, par Michel **Columb**. Nantes. S. d. In-8.

588. Notice sur André **Colomban**, architecte, par Amanton. Bourg, 1840. In-8.

589. Memoirs of the life of J. **Constable**, esq. R. A. composed chiefly of his letters. By C. R. Leslie R. A. London, 1845. In-4, fig.

590. Leslie (**C. R.**). Memoirs of the life of John Constable, esq. R. A. composed chiefly of his Letters. 2e édit. London, 1854. In-4.

591. Jean-Antoine **Constantin**, peintre, sa vie et ses œuvres, par M. Adolphe Meyer. Marseille, 1860. In-8
Extr. du *Plutarque provençal*.

592. Notice de quelques tableaux, dessins, estampes encadrées.., provenant du cabinet de feu M. **Contant**, architecte du roi. Vente à Paris, le 27 novembre 1777. In-8.

593. Eglise Saint-Martin de Tours. — **Coppin Delf**, peintre de Louis XI, par Lambron de Lignim. Tours, 1857. In-8.

594. **Coppin Delf**, peintre des rois René d'Anjou et Louis XI, par Thomas Arnauldet. S. l. n. d. (Paris, 1858.) In-8.
Extr. des *Archives de l'art français*. Tome VI, p. 65. La pagination n'a pas été changée.

595. L'Œuvre de M. **Cordier** : Galerie anthropologique et ethnographique pour servir à l'histoire des races. — Catalogue descriptif par Marc Trapadoux. Paris, 1860. In-12.

596. Notice biographique sur Ambroise **Cornarmond**, membre de l'Académie de Lyon,... lue dans la séance de l'Académie du 24 mai 1859, par M. d'Aigueperse. Lyon, 1860. In-8.

597. E. A. Hagen's Vorlesung über P. von **Cornelius**. Königsberg, 1844. In-8.

519. Die Cartons von Peter von **Cornelius**, in den Sälen der Königl. Académie der Kunste in Berlin, von Hermann Grimm. Berlin, 1859. In-8.

598. Etude sur Gilles **Corrozet**, par A. Bonnardot. Paris, 1848. In-8.

599. Notice sur la vie et les ouvrages de M. **Cortot**, statuaire, par Raoul-Rochette. S. l. (Paris), 4 octobre 1845. In-8.

600. Notice sur les travaux de M. **Coste** (Pascal-Xavier), architecte (signé Guyot de Fère). Amiens (1862). In-4.
Extr. de l'ouvrage intitulé: *Biographie et Dictionnaire des littérateurs et des savants français contemporains*.

601. Éloge d'André **Couchaud**, architecte, par Martin-Daussigny. Lyon, 14 nov. 1849. In-8.

602. Saint-Genois (Jules de). Un mot sur P. **Coucke**, d'Alost. Gand, 1847. Deux pages in-8.
Extr. du *Messager des sciences historiques.*

603. Notice historique et nécrologique sur Marie-Philippe **Coupin**, peintre d'histoire,... par A. F. Boisselier . Versailles, 1852. In-8.

604. Aux amis de M. **Coupin** (signé A. B., chef d'escadron d'artillerie en retraite). Versailles (1852). In-8.

605. Exhibition et vente de trente-huit tableaux et quatre dessins de l'œuvre de M. Gustave **Courbet**. Paris (1855). In-8.

606. Autographes sur l'exposé du tableau « *La Rencontre* »... par Bruyas. — Salon de 1855. — Paris, 1856. In-8.

607. M. Guichard. — Les doctrines de M. Gustave **Courbet**, maître-peintre. Paris, 1862. In-12.

608. Réflexions sur le tableau demandé par l'Académie à M. **Court**,... par M. Hellis, en la séance du 9 mars 1851. Rouen. In-8.

609. Tableaux peints par M. **Court**, exposés ... boulevard des Italiens, Paris, 1859. In-8.

610. Paintings, by Mr. **Court**. Paris, 1861. In-8, fig.

611. Catalogue de la vente qui aura lieu par suite du décès de M. **Court**... Vente à Paris, le 22 février 1866. In-8.

612. Notice sur Jean **Cousin**, par M. E. Deligand. S. l. n. d. (Auxerre). In-8 de 15 pages.

613. Jean **Cousin** a-t-il été statuaire ? par Philippe Béclard. S. l. 1857. In-8.

614. Eloge historique de M. **Coustou**, l'aîné (par Cousin de Contamine). Paris, 1737. In-12.

615. Catalogue de tableaux anciens et et modernes.,. après le décès de M. **Coutan**, peintre d'histoire. Vente à Paris, le 2 mai 1837. In-8.

616. Notice sur **Coutan**, peintre

d'histoire, par M. Miel. Paris, 1839. In-8.
Extr. des *Annales de la société libre des Beaux-Arts* pour 1838-39.

617. Notice sur Guillaume-Martin **Couture**, architecte (signé J. B. E. B. Soreau). S. l. n. d. (1808). In-8.

618. Michel van **Coxie**, par J. J. Altmeyer. S. l. n. d. In-8.
Extr. de l'*Album biographique.*

619. Lettre de M. Ch. **Coypel**, de l'Académie royale de peinture et sculpture, au révérend père de la Tour, supérieur général de la Congrégation de l'Oratoire, au sujet d'un tableau de 40 pieds de haut sur 32 de large, nouvellement placé. S. l. n. d. In-12 (Le tableau représentait un *Ecce homo*).
Extr. du *Mercure de France.*

620. Elégie sur la mort de M*** (**Coypel**), par son fils (Charles Coypel), à M. le marquis de C*** (Calvière) en lui envoyant cette élégie... Éloge funèbre de madame*** (Coypel), par son fils. Epître sur l'amitié à M. le marquis de C*** (Calvière) (Paris, 1725.) In-4.

621. Catalogue des tableaux, dessins, marbres, bronzes, modèles, estampes et planches gravées, ainsi que des bijoux, porcelaines et autres curiosités de prix, du cabinet de feu M. **Coypel**, premier peintre du roi et de monseigneur le duc d'Orléans, et directeur de l'Académie royale de peinture et sculpture. Paris, 1753. In-12.

622. Catalogue des tableaux, dessins, estampes, bronzes et autres objets de curiosités, provenant de la succession de feu M. **Coypel**, écuyer. Vente à Paris, le 11 juin 1777. In-12.

623. Réflexions sur quelques ouvrages de M. **Coypel**, premier peintre de Son Altesse royale Monsieur, frère unique du roi, peintre ordinaire de Sa Majesté, professeur de l'Académie,... Troyes. Pierre Garnier. S. d. In-12.

624. Éloge funèbre de M Coysevox, sculpteur du roi, par M. Fermelhuis. Paris, 1771. In-12.

625. Notice sur A. Coysevox. par A. J. (Jurie). Lyon, 1825. In-8.
Extr. des *Archives historiques du département du Rhône.*

626. Biographie Lyonnaise. Notice sur Antoine Coysevox (signé J. S. P. [Passeron]). (Lyon, 1835.) In-8.
Extr. de la *Revue du Lyonnais.* Août, 1835.

627. Bellomo (Giov.). Elogio di Liberale Cozza, pittore. Venezia, 1821. In-8.

628. Carmina epithalamia in honorem sacri nuptialis ornatissimi viri D. Lucæ Cranachi, Lucæ filii, et virginis castissimæ Annæ Garisiæ D.; Hieronymi Garisii Illustriss. Electoris Saxoniæ quondam a secretis, filiæ, sponsae ipsius dilectissimæ. Scripta a duobus amicis. Witebergæ Excudebat Petrus Seitz. Anno 1570. In-4.

629. Drei Leich prædigten, die eine bein Begräbniss des L. Cranach, gehalten durch G. Müller, die anderen zwei bei den Begräbnissen seiner Söhne durch Egidius Hunnius. Wittemberg, 1596. In-4.

630. Abhandlung über das Leben und die Kunstwerke des berühmten Malers L. Cranach. von Reimer. Hambourg et Leipzig, 1761. In-8.

631. (Köhler J. F.) Lebensl eschreibungen merkwürdiger Gelehrten und Künstler, besonders des berühmten Malers Lucas Cranach. Leipzig, 1794. 2 vol. in-8.

632. Heller (J.) Versuch über das Leben und die Werke Lucas Cranach's, mit eine Vorrede vom Bibliothekar Jäck. Bamberg, 1821. In-8.

633. Das Leben und die Werke Lucas Cranach's, von J. Heller. Bamberg, 1844. In-8. (Seconde édition).

634. Lucas Cranach des ältern Leben und Werke. — Nach urkundlichen Quellen bearbeitet, von Christian

Schuchardt. Leipzig, 1851. 2 vol. In-8.

635. Leber eine Composition : Gesetz und Gnade von Cranach, dem Aelteren. Zum Andenken an den vor 300 Jahren am 16 october 1553 in Weimar verstorbenen Meister. In einer öffentlichen Versammlung in Königsberg vorgetraten von Dr A. Hagen. Königsberg, 1853. In-8.

636. Lucas Cranach. — Historischer Roman von H. von Maltitz. Berlin, 1860. 3 vol. In-8.

637. Notice nécrologique sur Charles Crozatier, par Francisque Mandet, Paris, 1855. In-8, port.

638. An essay on the genius of George Cruiskshank with numerous illustrations and catalogue of his works. London, 1840. In-8.
Extr. de *Westminster Review.* N° 66.

639. Le Vite di Girolamo Curti, detto il Dentone, e di Agostino Mitelli, nuovamente date alle stampe dal marchese Ant. Bolognini Amorini. Bologna, 1833. In-8, port.

640. Catalogue de l'œuvre de Cuvilliès père et fils, par M. Bérard. Paris, 1859. In-8.
Extr. de la *Revue universelle des Arts.*

641. Mémoires de la Société d'archéologie lorraine. — Notice biographique sur P. L. Cyfflé, sculpteur du roi de Pologne,.... à Lunéville, par Alexandre Joly. Nancy, 1864. In-8.

642. Notice sur Daguerre, peintre, inventeur du Diorama,... par M. Paul Carpentier. Paris, 1855. In-8.
Extr. du tome XVIII des *Annales de la Société libre des beaux-arts.*

643. Société académique d'architecture de Lyon. — Notice biographique sur Jean-Michel Dalgabio, par A. M. Chenavard. Lyon, 1854. In-8.

644. Catalogue de tableaux, sculptures, dessins et estampes encadrées,... provenant de la succession de feu M. Dandré-Bardon, peintre du roi... Vente à Paris, le 23 juin 1785. In-8.

645. Chez **Dantan**, par Eugène Guinot. Paris (1852). In-8.

646. Vermiglioli (G. B.). Elogio d'I. **Danti**, perugino. Perouse 1820. In-4.

647. **Daubigny**. Esquisse biographique, par Frédéric Henriet. Montdidier, 1857. In-18.

648. Catalogue des planches gravées, par défunt J. **Daullé**, graveur du roi,... dont les estampes se vendent chez sa veuve, sur le quai des Augustins, à Paris. S. d. In-4.

**DAVID** (**J. L.**).

649. Le jeu de Paume, à Louis **David**, peintre, par André Chénier. Paris, 1791. In-12.

650. Le tableau des Sabines, exposé publiquement au Palais national des sciences et des arts, salle de la ci-devant Académie d'architecture, par le C$^{on}$ **David**. Paris, an VIII. In-8.

651. Critique du tableau des Sabines, du citoyen **David**. Paris, an VIII. In-8.

652. Sur le tableau des Sabines, par David, par Chaussard. Paris. 1800. In-8

653. Le tableau des Sabines, comédie en un acte, mêlée de vaudevilles, par MM. de Jouy, Lonchamps, et Dieula-Foi. Représentée pour la première fois au théâtre de l'Opéra-Comique, le 30 mars 1800. Paris. In-12.

654. Chaussard. Notice historique et inédite sur Louis **David**. Paris, 1806 In-8.

Extr. du *Pausanias français.*

655. Description du tableau exposé au musée Napoléon, représentant le couronnement de Leurs Majestés Impériales et Royales, peint par **David**, peintre de Leurs Majestés. Paris, 1808. In-8.

Cette notice a eu la même année deux éditions.

656. Le tableau du Couronnement. — Ode à M. **David**, peintre de LL. MM., par un artisan sans lettres (M. Gros-Jean). Paris, 1808. In-8.

657. Concours pour les prix décennaux. Examen du tableau des Sabines et de l'école de M. **David**, premier peintre de Sa Majesté l'empereur et roi, par un amateur des arts (Alexandre Lenoir). Paris.1810. In-8.

658. Les Ages de la peinture. — Ode à **David**, premier peintre de Sa Majesté l'empereur et roi, par Auguste Peyranne. Paris, 1810. In-8.

659. Stances à Louis **David**, par Jean-Baptiste Dépenne. Angers, 1811. In-8.

660. Léonidas aux Thermopyles, par M. **David**. Signé M. S. l. n. d.(Paris, 18.4.) In-8.

Extr. du *Journal général de France.* 19 novembre 1814.

661. Lenoir (Alex,). Explication du tableau des Thermopyles. Paris, 1814. In-8, fig.

662. Eucharis et Telémaque, par M. **David** (par Cornelissen). Gand, 1818. In-8.

663. A Louis **David**, peintre. Ode par A. Béraud. Paris, avril 1821. In-8.

664. Notice sur la vie et les ouvrages de J. L. **David**. Paris, 1824. In-12, port.

665. Un mot sur le dernier tableau de M. **David**, par un amateur. S. l. n. d. (1824.) In-8.

Ce tableau représentait *Mars désarmé par Vénus et les Grâces.*

666. Elégie sur la mort de **David**, par M. Ch$^s$. Pauffin, avocat. Paris, 1826. In-8.

667. Vie de Louis **David**, par A. Th. (Thomé). Paris, 1826. In-8.

Il parut une traduction allemande de cette brochure sous ce titre :

668. Leben Davids, erster Maler Napoléons, von M. A. Th***, aus d. Franz von E. S. Quedlinburg, 1827, In-8, port.

669. Catalogue des tableaux de galerie et de chevalet, dessins, études, livres de croquis de Louis **David**, peintre d'histoire. Vente à Paris, le 17 avril 1826. In-8.

670. Essai sur J. L. **David**, peintre d'histoire, par P. A. Coupin. Paris, 1827. In-8.

Cette notice avait paru précédemment dans la *Revue encyclopédique*.

671. Notice sur Jacques-Louis **David**, par l'auteur de la notice sur Canning (Alph. Rabbe). Paris, 1827. In-8.

Extr. de la *Biographie universelle et portative des contemporains*.

672. Notice sur J. L. **David**, par Alphonse Rabbe. Paris, 1830. In-8.

673. **David**, par Miel. (Paris, 1834). In-8.

Extr. du *Plutarque français*.

674. Catalogue des tableaux de galerie et de chevalet, études, livres de croquis de Louis **David**, premier peintre de l'empereur Napoléon. Vente à Paris, mars 1835. In-8.

675. Notice historique sur J. L. **David**.— Extrait de la *Biographie universelle* (article signé Montabert et Parisot). Paris, 1837. In-8.

676. Examen du tableau du Serment des Horaces, peint par **David**, suivi d'une notice historique du tableau, lue à la Société des beaux-arts, par Alexandre Péron. Paris, 1839. in-8.

677. T. Thoré. Les peintres du XIXe siècle : **David**. Bruxelles, 1843. In-8.

Extr. du *Trésor national*.

678. Notice sur le tableau du passage des Thermopyles, peint par **David**, par M. A. Dreuille. Paris, 1845. In-8.

Extr. des *Annales de la Société libre des beaux-arts*.

679. Blanc (Charles). Étude sur Louis **David**. (Paris, 1847). In-8.

Extr. de l'*Histoire des peintres français*.

680. Mémoires de **David**, peintre et député à la Convention, par M. Miette de Villars. Paris, 1850. In-8.

681. Louis **David**, son école et son temps. Souvenirs par M. E. J. Delécluze. Paris, 1855. In-8.

682. Le mouvement moderne en peinture.—Louis **David**, par Ernest Chesneau. Paris, 1861. In-8.

Extr. de la *Revue européenne*,

683. Léonidas aux Thermopyles, par M. **David**. S. l. n. d. In-8.

684. **David**. Souvenirs historiques, par le Cher Alexandre Lenoir. In-8.

Extr. de la 1re livraison du tome III du *Journal de l'Institut historique*.

685. David (Pierre-Jean). Notice sur Jacques-Louis **David**, In-8 (7 pl. et 1 pl. grav.).

**DAVID (P. J.)**.

686. **David**, d'Angers. S l. n. d. (Paris 1837.) In-8.

687. Épître à M. P. J. **David**, statuaire, auteur du monument de Bonchamps, exposé au Salon de 1824, par son compatriote et ami L. Pavie. Angers, 1824. In-8.

688. Étude sur la vie et les ouvrages de **David**, d'Angers, statuaire ; par Adrien Maillard. Angers, 1838. In-8.

689. Étude sur la vie et les ouvrages de **David**, d'Angers, statuaire, par M. Ad. Maillard. Angers, 1839. In-8.

690. Procès-verbal de l'inauguration de la galerie **David** créée au Muséum d'Angers, et consacrée spécialement à la sculpture. Angers, 1839. In-8.

691. **David**, d'Angers par un homme de rien (Loménie). Paris, s. d. (1844). In-12.

692. Un mot sur la vie et les œuvres de **David**, d'Angers, à propos de l'inauguration de la statue de Jean Bart à Dunkerque, le 7 septembre 1845, par M. Jules de Saint-Amour. Dunkerque, 1845. In-8.

693. Institut Impérial de France.... Funérailles de M. **David**, d'Angers. Discours de M. F. Halévy,... prononcé... le 8 janvier 1856. Paris. In-4.

694. École impériale et spéciale des beaux-arts.— Funérailles de M. **David**, d'Angers.—Discours de M. Vinit. Paris (1856). In-8.

695. Notice sur la vie et les ouvrages de M. Pierre-Jean **David**, d'Angers, par M. F. Halévy,... lu dans la

séance publique annuelle du 3 octobre 1857. Paris. In-4.
696. — Autre édition. Paris, 1857.
In-8.
697. L'atelier de **David**, par Adrien
Maillard. Angers, octobre 1858 In-8.
*Extr. de la Revue de l'Anjou et du
Maine.*
698. Inauguration du buste de **David**, d'Angers dans la galerie de
sculpture du Musée, le 12 mars
1863. (Signé Olivier Joubin). Angers, 1863. In-8.
699. Notice nécrologique sur Fr. Ant.
**Davy-Chavigné**,... par Ch. F.
Viel. Paris. 1807. In-4.
700. Catalogue des tableaux, sculptures, études, dessins, matériel
garnissant l'atelier de feu M. Auguste **Debay**. Vente à Paris, le
24 mai 1865. In-8.
701. Catalogue des dessins de feu
M. **Debesse**, architecte, par A. J.
Paillet. Vente à Paris, le 12 janvier 1786. In-8.
702. Catalogue de la succession de
M. H. **Decaisne**, peintre d'histoire.
Vente à Paris, le 7 avril 1853. In-8.
703. Notice biographique sur le peintre bruxellois Henri **Decaisne**,
par M. Alvin. Bruxelles, 1854. In-8,
port.
*Extr. du tome XXI, n° 10 des Bulle-
tins de l'académie royale de Belgique.*
704. Catalogue de tableaux, aquarelles
et dessins, par M. **Decamps**, composant la collection de M. le vicomte
d'Harcourt. Vente à Paris, le 22 mars
1851. In-8.
705. Catalogue des tableaux, dessins,
armes, meubles... composant l'atelier de M. **Decamps**. Vente à Paris,
le 21 avril 1853. In-8.
706. Peintres modernes de la France.
— M. **Decamps**, par Ch. Clément.
S. l. ni d. (Paris, 1858). In-8.
*Extr. de la Revue des Deux Mondes.
1er février 1858.*
707. Le mouvement moderne en peinture. — **Decamps**, par Ernest Chesneau. Paris, 1861. In-8.
*Extr. de la Revue européenne.*

708. **Decamps**, sa vie, son œuvre,
par Marius Chaumelin. Marseille,
1861. In-8.
709. Vente après décès de M. **Decamps**. Paris, 20 avril 1861. In-8.
710. Tableaux, dessins, études et croquis, par **Decamps**. Vente par suite
de licitation après le décès de
M. Decamps. Vente à Paris, le 23
janvier 1865. In-8.
711. Eloge biographique de **Degeorge**,
par M. Conchon. Clermont-Ferrand,
1855. In-8.
712. Institut royal de France... Funérailles de M. **Dejoux**, le 20 octobre
1816. Paris. In-4. (Discours de
M. Quatremère de Quincy.)
713. Notices historiques sur la vie et
les ouvrages de MM. **Dejoux** et Lecomte, par M. Quatremère de Quincy
Paris, 1818. In-4.
714. M. **Delacroix**, par un homme de
rien (Louis de Loménie). Paris,
1844. In-12.
715. Le plafond de la galerie d'Apollon, peint par Eugène **Delacroix**,
par Ernest Vinet. Paris, 1853. In-8.
716. Eugène **Delacroix**, par Eug. de
Mirecourt. Paris, 1856. In-18.
717. Le mouvement moderne en peinture. — Eugène **Delacroix**, par
Ernest Chesneau. Paris, 1861. In-8.
*Extr. de la Revue européenne.*
718. Eugène **Delacroix**, par Ch. Coli-
gny. Paris. S. d. (1861). In-8.
719. La chapelle des Saints-Anges à
Saint-Sulpice, peinture de M. Eugène
**Delacroix**. Compte rendu, extrait
du journal *le Monde*, par Claudius
Lavergne. Paris, 1861. In-8.
720. Institut impérial de France...
Discours de M. Jouffroy... prononcé
aux funérailles de M. Eugène **Delacroix**, le lundi 17 août 1863. Paris.
In-4.
721. Eugène **Delacroix**.— Documents
nouveaux, par Théophile Silvestre.
Paris, 1864. In-18.
722. Henri de la Madelène. — Eugène
**Delacroix** à l'exposition du Boule-

vard des Italiens. Paris, 1864. In-8, fig.

725. Eugène **Delacroix**, l'homme et l'artiste, ses amis et ses critiques, par Amédée Cantaloube. Paris, 1864. In-12, port.

724. Société nationale des beaux-arts. — Exposition des œuvres d'Eugène **Delacroix**. Paris, 1864. In-12 de 58 pag. et 232 numéros.

725. — Seconde édition. Paris, 1864. In-12 de 66 pag. et 290 numéros.

726. L'œuvre de **Delacroix**, par Henri du Cleuziou. Paris, 1865. In-12.

727. Eugène **Delacroix**, sa vie et ses œuvres. Paris. S. d. (1865). In-8 de 548 pag.

**Delacroix** (Eug.). Voyez **Flandrin** (H.).

728. Souvenirs de la vie et des ouvrages de F. J. **Delannoy**, architecte. Paris, 1859. In-fol., fig.

729. Description exacte du tableau de M. Paul **Delaroche**, exposé au palais des beaux-arts. Paris, 1841. In-8.

730. La salle des prix à l'école des beaux-arts. Paul **Delaroche**, par M. L. Vitet. Paris, 1841. In-8.
*Extr. de la Revue des Deux Mondes.*

731. M. **Delaroche**, par un homme de rien (Louis de Loménie). Paris, 1844. In-12.

732. Institut impérial de France. — Funérailles de M. Paul **Delaroche**. Discours de M. Halévy,... prononcé,.... le 6 novembre 1856. Paris. In-4.

733. Ecole impériale et spéciale des beaux-arts. Funérailles de M. **Delaroche**. Paris, 1856. In-8.

734. Paul **Delaroche**, par Eugène de Mirecourt. Paris, 1856. In-18.

735. Exposition des œuvres de Paul **Delaroche** (catalogue par Jules Goddé). Paris, 1857. In-8.

736. Vente après décès de M. Paul **Delaroche**, faite à Paris, en 1857. In-8.

737. Institut impérial de France. — Notice sur la vie et les ouvrages de M. Paul **Delaroche**, par F. Halévy. (Paris), 2 octobre 1858. In-8.

738. Œuvre de Paul **Delaroche** reproduit en photographie par Bingham, accompagné d'une notice sur la vie et les ouvrages de Paul Delaroche, par Henri Delaborde, et du catalogue raisonné de l'œuvre, par Jules Goddé. Paris, 1858. In-folio, fig.

**Delaroche**, voyez **Girardet** et **Henriquel**.

739. Notice sur la vie et les œuvres de **Delatouche**, peintre, par Ch. Perrier. Châlons, 1858. In-8.

740. Catalogue de tableaux, gouaches, dessins, estampes, fond de planches gravées et autres objets précieux, provenant du cabinet de M. **Delaunay**, graveur du roi... Vente à Paris le 7 mai 1792. In-8.

741. Notice de quelques tableaux, gouaches, dessins et estampes, galeries, livres et figures gravées, après cessation de commerce de M. **Delaunay**, graveur. Vente à Paris, le 10 novembre 1810. In-8.

742. Notice de quelques tableaux, gouaches, dessins, estampes, planches gravées,.. après le décès de M. Robert **Delaunay**, graveur. Vente à Paris, le 2 novembre 1814. In-8.

743. Tableau du serment de Charles X (par **Delaval**). Paris, 1828. In-4.

744. Explications des gravures au trait de quelques tableaux de P. L. **Delaval**, peintre d'histoire, précédées d'observations sur les arts en général et sur leur état en France (1842) par C. A. de Laval, continuées, par J. G. Monnier. Paris, 1858. In-8, fig.

745. M **Delaval**, peintre d'histoire. (S. l. n. d). In-8.

746. Un nouveau peintre en Vendée. M. Gustave **Delhumeau**, des Moutiers-les-Mauxfaits, par Émile Grimaud. Nantes (1857). In-8.

747. Disposition du tableau allégorique de la réunion de la Lorraine à la France, du règne de Louis XV, sous le ministère de S. E. Monseigneur le cardinal de Fleury, peint par M. **Delobel**, peintre ordinaire du Roy. Paris, 1738. In-8.

748. — Réimprimé en 1853, dans les *Mémoires de la Société d'archéologie lorraine* et tirée à part. In-8.

749. Éloge historique de Philibert **Delorme**, architecte Lyonnais, par Louis Flacheron. Lyon, 28 août 1814. In-8.

750. Notice sur Philibert **Delorme** (signé J. S. P. [Passeron]). (Lyon.) 1835. In-8.
Extr. de la *Revue du Lyonnais*. Octobre 1835.

751. Biographie des artistes lyonnais. Philibert **Delorme** ... par J. S. Passeron. Lyon, 1838. In-8.

752. Notice sur les ouvrages de M **Demarne** et principalement sur ceux qui sont dans la collection de M. le comte de Narp. Paris, 1817. In-8
Extr. des *Annales encyclopédiques.*

753. Notice de dessins et estampes, galeries, livres à figures, planches gravées, après le décès de M. **Demarteau**, graveur. Vente à Paris, le 10 février (21 pluviôse), 1803. In-8.

754. Catalogue des planches gravées, impressions, nombre d'estampes en feuilles, dessins et autres objets, qui composaient le fonds de commerce de M. **Demarteau**. Vente à Paris, le 5 septembre 1808. In-8.

755. Catalogue des estampes gravées au crayon d'après différents maîtres qui se vendent à Paris chez **Demarteau**. S. d. In-8.

756. Catalogue des estampes gravées par le citoyen D. Vivant **Denon**. Paris, an XI (1803). In-4.

757. Institut impérial de France. — Funérailles de M. Vivant **Denon**, le 30 avril 1825 (Paris). In-4.
Discours de M. Gros et de M. Jomard.

758. Notice nécrologique sur M. le baron **Denon**,... par P. A. Coupin. Paris, 1825. In-8.
Extr. de la *Revue encyclopédique.*

759. Notice sur M. Couturier et sur M. le baron **Denon**, par M. Amanton. Dijon, 1825. In-8.

760. Institut national de France. — Eloge historique sur la vie et les ouvrages de M. le baron **Denon**, par M. A. de Pastoret, lu dans la séance publique annuelle des cinq académies, le 25 octobre 1851. Paris, 1851. In-4.

761. Catalogo di incisioni di M. **Denon**. S. l. n. d. In-4.

762. Recherches sur la vie et les ouvrages de Claude **Deruet**, peintre et graveur lorrain, par E. Meaume. Nancy, 1853. In-8.

763. Catalogue des tableaux et dessins anciens et modernes, par M. Guillaume **Descamps**, peintre d'histoire... Vente à Paris, le 30 mai 1859. In-12.

764. Notice historique sur J. B. **Descamps**, peintre du roi, par un de ses élèves (Descamps fils). Rouen, 1807. In-8.

765. Catalogue des estampes, vignettes et livres du cabinet de feu M. Alex. Jos. **Desenne**, dessinateur.... Vente à Paris, le 17 avril 1827. In-8.

766. (Ch. Nic. Cochin). Essai sur la vie de M. **Deshays**. (Paris), 21 juin 1765. In-12.

767. Catalogue de dessins, tableaux et estampes... après le décès de M. **Deshays**, peintre du roi, par P. Remy. Vente à Paris, le 26 mai 1765. In-12.

768. (Fontaine-Malherbe, Jean). Eloge historique de M. **Deshays**. Paris, 1767. In-12.
Extr. du *Nécrologe.*

769. Notice historique sur Eugène **Desjobert**, peintre paysagiste, par M. E. Souchois. Paris. S. d. (1865). In-8.
Extr. du *Compte rendu des travaux de la Société du Berry.* (II*e* année.)

770. Catalogue de différents portraits gravés par feu E. **Desrochers**, gra-

veur du roi et qui se vendent chez G. E. Petit... S. l. n. d. In-4.

771. Le Roux de Lincy. Nécrologie. Notice sur F. H **Destailleur**. Paris, 1852. In-8.
Extr. du *Moniteur universel* du 22 février 1852.

772. Catalogue d'un choix de tableaux et de dessins précieux, après le décès de M. **Destouches**, architecte du Panthéon. Vente à Paris, le 10 février 1851. In-8.

773. Catalogue d'une collection de très-beaux tableaux, dessins et estampes des maîtres des trois écoles,.. partie de ces effets viennent de la succession de feu M. J. B. **De Troy**, directeur de l'Académie de Rome,... par P. Remy. Vente à Paris, le 9 avril 1764. In-12.

774. Gibes (Robert William). Memoirs of J. **de Veaux**, of Charleston, member of the national academy of design in New-York. Columbia, 1846. In-8, port.

775. Collection Achille **Devéria**. Tableaux, dessins, objets d'art et curiosités. Vente à Paris, le 8 avril 1858. In-8.

776. Catalogue des tableaux, etc., d'Eugène **Devéria**, par Vallée. Vente à Paris, le 29 avril 1859. In-8.

777. Eloge de M. **Devosge**, fondateur et professeur de l'École de dessin. peinture et sculpture de Dijon, de l'Académie de cette ville, par M. Fremiet-Monnier. Dijon, 1813. In-8, port.

778. Dialogue aux Champs-Elysées, pour servir de suite à l'éloge de M. **Devosge**. Besançon, 1813. In-8.

779. Notice historique de Charles **de Wailly**, architecte,... par Joseph Lavallée. Paris, an VII (1799). In-8.

780. Notice sur la vie et les ouvrages de Ch. **de Wailly**. par F. G. J. S. Andrieux. Paris, 1779. In-8.
Extr. des *Mémoires de l'Institut.*

781. Catalogue de tableaux, dessins et estampes, montées et en volumes, groupes, figures,... appartenant à madame la comtesse de Fourcroy;

le tout provenant du cabinet de Charles **de Wailly**, membre de l'Institut et des anciennes académies de peinture, sculpture et architecture, son premier mari. Vente à Paris, le 11 mars 1810. In-8.

782. Schayes (A. G. B.). Notice sur l'architecte L. B. **Dewez**. Gand, 1833. In-8,
Extr. du *Messager des sciences et Arts.*

783. Vente **Diaz**,... faite à Paris, le 11 mai 1857. In-4, fig.

784. Catalogue de dessins anciens, estampes... provenant de l'atelier de M. **Diaz**... Vente à Paris, le 6 avril 1861. In-8.

785. Catalogue de la collection laissée par feu M. **Diébolt**, artiste peintre... Vente à Paris, le 25 février 1822. In-8.

786. Funérailles de M. **Dien**, graveur d'histoire. — Discours de M. Henry d'Escamps, prononcé le 22 août 1865. (Paris.) In-4.

787. Monographie der vom professor C. W. E. **Dietrich** radirten, geschabten und in Holz geschnittenen malerischen Vorstellungen, verfasst und herausgegeben von J. F. Linck. Berlin, 1846. In-8.

788. Hirzel (Hans Caspar). Ueber **Diogg**, den Maler ein Zögling der Natur. Zurich et Winterthur. 1792 In-8.

789. B. P. La Decollazione di San Giovanni, dipinta da Giuseppe **Diotti**, Bergamo, 1825. In-8.

790. Dell' Ugolino et dell' Incredulità di Tomaso, dipinti dal **Diotti**. Crémona, 1833. In-8, fig.

791. Salvioni (Agostino). Memorie di Giuseppe **Diotti** e delle sue dipinture. Bergamo. 1846. In-8.

792. Eccellenza della statua del San Giorgio di **Donatello**, scultore fiorentino, scritta da Fr. Bocchi. Fiorenza, 1584. In-8.

793. Elogio di **Donatello**, scultore. composto da Andrea Francioni. Firenze, 1837. In-8.

794. Georges Rafael **Donner**. Ein Beitrag zur österreichischen Kunstgeschichte von J. S. Schlager. Wien, 1853. In-8.

795. Les figures du Temps; notices biographiques : Gustave **Doré**, par Lemercier de Neuville. Paris, 1861. In-18, port.

796. Suite de la galerie des peintres célèbres. — Gérard **Douw**, par Lecarpentier. S. l. (Rouen). ni. d. In-8.

797. Notice sur François **Doyen**, par C. Lecarpentier. Rouen, 1809. In-8.

798. Catalogue de quelques tableaux et dessins,... d'un précieux fonds de planches gravées et ustensiles de graveur, provenant de la succession de feu M. Claude **Drevet**... Vente à Paris, le 18 mars (15 avril) 1782. In-8.

799. Institut national de France. — Funérailles de M. **Drolling**. Discours de M. Picot,.. prononcé le 11 janvier 1851. Paris. In-4.

800. Michel-Martin **Drolling**, par E. Saint-Maurice Cabany. Paris (1851). In-8.
Extr. du *Nécrologe universel du* XXI⁰ *siècle*.

801. Chapelle Saint-Paul, peintures murales exécutées à la cire dans l'église Saint-Sulpice, par M. **Drolling**,... par Aug. Galimard. Paris. S. l. n. d. In-18.
Extr. du *Daguerréotype théâtral*.

802. Éloge de M. **Drouais**, peintre du roi. S. l. n. d. (Paris, 1775). In-12·
Extr. du *Nécrologe des hommes célèbres*.

803. Mémoires de Pajou et de **Drouais**, pour Mᵐᵉ Du Barry (publiés par le baron Pichon). S. l. n. d. (Paris, 1856). In-8.
Extr. des *Mélanges de littérature et d'histoire recueillis par la Société des bibliophiles français*.

804. Chaussard (Jean-Baptiste Publicola). Notice historique sur **Drouais**, Paris. S. d. In-8.

805. Notice sur Jean-Germain **Drouais** par M. Miel. Paris, 1837. In-8.
Extr. des *Annales de la Société libre des beaux-arts*.

806. Notice sur diverses inventions de feu Jean-Pierre **Droz**, graveur mécanicien, relatives à l'art du monnayage, ainsi qu'à plusieurs autres branches d'économie industrie le. (Signé C. P. Molard). Versailles. S. l. n. d. In-4.

807. Notice sur Antoine **Dubost**, par Passeron. S. l. n. d. (Lyon, 1826). In-8.
Extr. des *Archives du Rhône*.

808. Notice succincte de tableaux, dessins, estampes... par suite du décès de M. A. **Dubost**, artiste peintre... Vente à Paris, le 20 mars 1826. In-8.

809. Catalogue des estampes qui se trouvent à Paris, chez Gaspard **Duchange**, graveur ordinaire du roi, en son académie royale de peinture et sculpture. rue Saint-Jacques, au-dessus de la rue des Mathurins. S. d. In-8.

810. M. **Ducis**, par E. J. S. l. n. d. (Paris). In-8 de 16 pag.
Extr. des *Archives de la France contemporaine*.

811. Notice sur M. **Ducornet**, peintre, né sans bras (signé O). Amiens (1848). In-8.

812. Rapport lu au Comité de l'association des artistes peintres.... par M. Alexis de Fontenay, sur la vie et les travaux de Joseph-César **Ducornet**... (Paris), 9 mai 1856. In-4.

813. Catalogue de tableaux, dessins, esquisses et gravures, provenant de l'atelier de feu **Ducornet**, et de dons faits à M. Ducornet père. Vente à Paris, le 5 juillet 1856. In-8.

814. Goethals-Vercruysse (J. J. I. H.). Notice biographique sur J. F. **Ducq**, peintre d'histoire et de genre... Gand, 1829. In-8.
Extr. du *Messager des sciences et arts de Gand*.

815. Aux citoyens représentants composant le Comité d'instruction publique. Paris. S. d. In-8.
Réclamation du peintre **Ducreux**, pour un logement au Muséum.

16. Institut royal de France... Funérailles de M. **Dufourny**, le 18 septembre 1818 (Paris). In-4.
Discours de M. Quatremère de Quincy.

817. Quatremère de Quincy (A. Ch.). Notice biographique sur la vie et les ouvrages de Léon **Dufourny**. Paris, 1822. In-4.

818 Notice sur Alphonse **Dufresnoy**, par C. Lecarpentier. Rouen, 1812. In-8.

819. Description du tableau peint par Carle **Dujardin**, représentant le *Marchand d'Orviétan*, appartenant à M. Dazincourt et provenant du cabinet de feu M. Blondel de Gagny que grave actuellement M. David. S. l. n. d. (1777). In-8.

820 **Dumenil-la-Tour**, peintre, par M. A. Joly. Nancy, 1863. In-8.

821. Notice des principaux objets de sculpture, outils et ustensiles propres à l'atelier du sculpteur, dessins, estampes et autres curiosités, provenant de la succession de feu M. **Dumont**, sculpteur du Roi, de l'Académie royale de peinture et sculpture. Vente à Paris, le 12 novembre 1776. In-8.

822. Institut de France.— Funérailles de M. Aristide **Dumont**. — Discours de M. Petitot, prononcé,... le 8 octobre 1853. Paris. In-4.

823. Ecole impériale et spéciale des beaux-arts — Discours prononcé sur la tombe d'Aristide-Laurent **Dumont**,... par M. Emery,... le 8 octobre 1853. Paris, 1853. In-8.

824. Nécrologie. M. **Dumont**... Paris. (1853). In-4

825. Catalogue d'objets d'art. tableaux, dessins, miniatures:.. qui composaient le cabinet de feu M. **Dumont** membre de l'Institut... Vente à Paris, le 13 février 1854. In-8.

826. Notice nécrologique sur Charles Mercier **Dupaty**, statuaire, par M. P. A. Coupin. Paris, 1826. In-8.
· Extr. de la *Revue encyclopédique*.

827. Un mot sur le tableau d'Iphigénie

refusé par le jury de peinture au salon de 1824, par I. P. **Du Pavillon**. Paris, 1824. In-8.

828. Epître à **Duplessis**, sur le portrait du Roi, exposé cette année au salon du Louvre. S. l. n. d. (Paris, 1775). In-8.

829. Lettre à M. Barrère de Vieusac, député à l'Assemblée nationale, par M. **Duplessis**, peintre du Roi. Paris, 28 mai 1791. In-8.

830. Lettre de M. Barrère de Vieusac et de M. **Duplessis**, peintre du Roi. Paris, 30 et 31 mai 1791. In-8.

831. Charles **Dupont**, architecte en chef de la province d'Oran, par Ad. Perrier. Dijon. S. d. (1853). In-4.
Extr. de l'*Écho d'Oran*, du 29 janvier 1853.

832. Del Bassorilievo rappresentante l'esaltazione della croce del prof. Giovanni **Dupré** e della scultura in Italia. — Considerazioni di Luigi Venturi. Firenze, 1861. In-8.

833. La Saffo del prof. Giovanni **Dupré**. Pensieri di Augusto Conti. S. l. n. d. In-8.
Extr. du journal: *la Famiglia e la Scuola*. T. IV, n° 8.

834. Catalogue des tableaux, dessins, esquisses de peintre, antiquités, armes... de M. Louis **Dupré**, peintre d'histoire. Vente à Paris, en 1837. In-8.

835. J. **Duquesnoy**, par A. V. (Van Lokeren). S. l. n. d. (Gand, 1853). In-8.
Extr. du *Messager des sciences et des arts*.

836. Notice historique sur la vie et les ouvrages de J. N. L. **Durand**, architecte, par A. Rondelet. Paris, 1835. In-8 port.

837. Notice sur M. L. J. N. **Durand**... S. l. n. d. (Paris, 1835). In-8.
Extr. du *Moniteur* du 6 janvier 1835.

838. Ackersdijck (J.). A van **Duren**, nederlandsch bouwmeester. S. l. n. d. (Harlem, 1840). In-8.
Extr. du journal: *Kunst-en Letterbobe*.

**DURER (A.),**

839. Hesse (Eoban). Epicedion in funere A. **Dureri**. S. l. n. d. (Nuremberg 1528). In-8.

840. Henri Conrad Arend. Das Gedächtniss der Ehren A. **Dürer's**. Goslar, 1728. In-8.

841. Albrecht **Dürer's**, eines der grössesten Meister und Künstler seiner Zeit, Leben, Schriften und Kunstwerke, aufs neue und viel vollständiger, als von andern ehemals geschehen, beschrieben, von David Gottfried Schöber. Leipzig, 1769. In-8.

842. Raisonnirendes Verzeichniss aller Kupfer und Eisenstiche, so durch die Geschichte Hand Alb. **Dürer's** selbst verfertigt worden, von G. S. Hussgen. Francfort, 1778. In-8.

843. Leben Albrecht **Dürer's**, des Vaters der deutschen Künstler, nebst alphabetischem Verzeichniss der Orte an denen seine Kunstwerke aufbewahrt werden. Möglichstvollständig beschrieben von Joh. Ferd. Roth. Leipzig, 1791. In-8.

844. Ehrengedächtniss unsers ehrwürdigen Ahnherrn A. **Dürer's** von einem Kunstliebenden Klosterbruder, herausgegeben von H. D. (Held.). Nuremberg, 1797. In-8.

845. Catalogue de l'œuvre d'Albert **Dürer**, par un amateur (le comte de Leppel) (M. Menge, selon Weigel). Dessau, 1805. In-8, port.

846. Adam Weise. A. **Dürer** und sein Zeitalter. Leipzig, 1819. In-4. port.

847. Albrecht **Dürer**, dramatische Skizze von A. W. Griesel. Prague, 1820. In-8, port.

848. N. Marij. Vita ed opere di Alberto **Dürer**. Venezia. 1823. In-8

849. Biographie A. **Dürer's**. Chemnitz, 1823. In-8, port.

850. Das Leben und die Werke Albrecht **Dürer's** von Joseph Heller. Bamberg, 1827. In-8, tome II.

Il parut en 1831 un supplément à ce second volume; il occupe les pages 583-1090. Le tome premier de cet ouvrage n'a jamais été publié.

851. Friedrich Campe. Reliquien von A. **Dürer**. Nürnberg, 1828. In-12, port.

852. Zu **Dürer's** Ehre. Am 7, avril 1828, sæcular feier. Nürnberg 1828. In-4.

853. Lieder und Bilder aus Albrecht **Dürer's** Leben, von G. C. J. Wilder, Nuremberg, 1828. In-4, fig.

854. Albrecht **Dürer** Lyrische Dichtung zur Gedächtniss-Feier des Künstlers in Berlin, d18 Apr. 1828, von Konrad Levezow. Berlin. In-8.

855. Albrecht **Dürer** in Bamberg in den Jahren 1517, 1520 und 1521. Von Joseph Heller. Bamberg, 1828, In-8 fig.

856. Scenen aus dem Leben Albrecht **Dürer's**, von Simon Wagner, nebst Erläut. von J. G., von Quandt. Dresde, 1829. In-folio,

857. Drei Umrisse nach Holzschnitten von Albrecht **Dürer**. Mit erklärendem Text und Gesängen von R. Reinick. Berlin, 1830. In-folio.

858. Albrecht **Dürer's** Tod. Drama in zwei Aufzügen, von F. A. Gelbeke. Leipzig, 1836. In-8.

859. Albrecht **Dürer** und seine Kunst. Bearbeitet von G. N. Nagler. München, 1837. In-8, port.

860. Rud. Marggraff. Erinnerungen an A. **Dürer** und seiner Lehrer Michael Wohlgemuth. Nuremberg, 1840. In-8.

861. A. **Dürer** in de Nederlanden Uitgegeven door Frederic Verachter. Anvers, 1840. In-8. port.

862. Albrecht **Dürer**. Eine biographische Skizze, gleichzeitigen, zum Theil noch unbekannten Nachrichten entnommen, und den Verehrern Dürers bei Enthüllung seines Denkmals, dargebracht von M. M. Mayer. Nuremberg, 1840. In-8.

863. Meister Albrecht **Dürer**. Drama in vier Aufzügen, von Caroline Leonhardt-Lyser. Nuremberg. 1840, In-8. fig.

864 Kaiser-Maximilian I und Albrecht **Dürer** in Nürnberg, von R. Marggraff. Nuremberg, 1840. In-8.

865. A. D. Schinkel. Albert **Dürers** Dagverhaal zijner Nederlandsche reize in-1520-21, met belangrijke anteekeningen opgehelderd.Gravenhage. 1840, in-8.

66. I. G. A. Frenzel. Die Bekehrung des Paulus, ein dem Albrecht **Dürer** zuzueignendes, bis jetztunbekanntes Kupferblatt aus des Meisters frühester Periode. Leipzig, 1854. In-folio.

867. Von dem Leben und den vorzüglichsten Werken des berühmten Meisters Albrecht **Dürer** von Nürnberg. Basle, 1855. In-4.

868. Albert **Dürer**, pièce en un acte et en prose, par L. D. L. Audiffret. Marseille, 1859. In-8.
Extr. de la *Revue de Marseille*. Mai 1859.

869. D. A. v. Eye. Leben und Wirken Albrecht **Dürer**'s. Nordlingen, 1860. In-8.

870. Émile Galichon. Albert **Dürer**, sa vie et ses œuvres. Paris, 1861. In-8, fig.
Extr. de la *Gazette des Beaux-Arts*.

871. Albrecht **Dürer**'s Kupferstiche, Radirungen, Holzschnitte und Zeichnungen unter besonderer Berücksichtigung der dazu verwandten Papiere und deren Wasserzeichen, von Oberbaurath B. Hausmann. Hanover, 1861. In-4.

872. Œuvre d'Albert **Dürer**, photographié par MM. Bisson, frères. Texte par M. Emile Galichon. Paris, 1861. In-fol. fig.

873. **Duret**. S. l. n. d. (Paris). In-4, port.

874. Institut impérial de France. — Académie des Beaux-Arts. — Funérailles de M. **Duret**. — Discours de M. Beulé, secrétaire perpétuel, prononcé le 7 mai 1865. (Paris). In-4.

875 Notice des tableaux de M. **Durupt**, peintre d'histoire. Vente à Paris, en 1858. In-8.

876. Notice biographique sur M. **Duval**

(Charles-Auguste), architecte, par E. Perraud de Thoury. Paris, 1856. In-8.
Extr. du *Musée Biographique*.

877. Bibliothèque nouvelle des illustrations européennes. Célébrités artistiques. — Charles **Duval**,... par J. A. Luthereau... Paris. 1856. In-8.

878. La Canne de Charles **Duval**, biographie historico-féerique, avec un portrait et un autographe, par Claude Lechercheur. Paris, 1857. In-32.

879. Discours de M. Quatremère. de Quincy, aux funérailles de P. S. B. **Duvivier**, le 12 juillet 1819. In-4.

880. Notice historique sur la vie et les ouvrages de M. **Duvivier**, par M. Quatremère de Quincy... Paris, 1821. In-4.

881. Van **Dyck**, ou le portrait du peintre, par M. Ed. Mennechet. Paris, 1822. In-8.

882. Hasselt (André van). Rectification d'une épisode de la vie de Van **Dyck**. Anvers, 1843. In-8.
Extr. des *Annales de l'Académie archéologique de Bruxelles*.

883. Vallardi (Guis.). Cenni Storio-Artistici sul A. Van **Dyck**. Milano, 1844. In-4.

884. Pictorial notices consisting of a memoir of sir Anthony Van **Dyck** with a descriptive catalogue of the etchings executed by him,... by William Hookhan Carpenter. London, 1844. In-4, port.

885. Mémoires et documents sur Ant. Van **Dyck**,... par M. Carpenter. Traduit de l'anglais, par Louis Hymans. Anvers, 1845. In-8.

886. Ignaz von Szwykowski. Anton Van **Dyck**'s Bildnisse bekannter Personen. Leipzig, 1845. In-8.
Extr. des *Archives* de Naumann.

887. Necrologia di Pietro **Edwards**, pittore, custode dell'I. R. galleria della Veneta Accademia di belle arti. Venezia, 1821. In-folio.

888. Notice sur M. **Elouis**, professeur de dessin de l'école communale.... de Caen,... par M. G. Mancel. Caen (1841). In-8.
Extr. de l'*Annuaire de l'association normande.*

889. A. **Elsheimer**, Maler aus Frankfurt am Main von J. D, Passavant. Francfort, 1847. In-8, port.
Extr. des *Archiv für Frankfurts Geschichte und Kunst.* 4 Heft.

890. École impériale et spéciale des beaux-arts. — Funérailles de M. **Emery** Paris (1856). In-8.

891. Biographie des artistes lyonnais. — Fleury **Epinat**, peintre, par Aimé Vingtrinier. Lyon, 1854. In-32.

892. Cancellieri (Fr. Gir.). Memorie intorno alla vita ed alle opere del pittore Cavaliere G. **Errante** di Trapani. Roma, 1824. In-8.

893. Documents sur Charles **Errard**, peintre et architecte du Roi, par Benjamin Fillon. Nantes, 1853. In-8.
Extr. de la *Revue des provinces de l'Ouest.*

894. Bader (Joseph). Meister **Erwin von Steinbach** und seine Heimath. Carlsro, 1844. In-8.

895. M. **Étex**. — Notice extraite de l'*Annuaire historique et biographique de France....* Année 1844. (Paris). 1844. In-4.

896. M. **Étex**... (Signé T. de L*** et Sainte-Vallière). Paris, 1847. In-8.
Extr. des *Archives des hommes du jour et des Contemporains réunis.*

897. **Étex** (signé de Rouyères) (Paris); S. d. In-8.
Extr. des *Archives de la France contemporaine.*

898. Catalogue des tableaux, statues en marbre et en bronze... de M. Antoine **Étex**. Vente à Paris, le 9 décembre 1856. In-8.

899. Life of William **Etty**. R. A. With Extracts from his Diaries and Correspondence, by Alex. Gilchrist. London, 1855. 2 vol. in-8.

900. Johann van **Eyck** und seine Nachfolger, von Johanna Schopenhauer. Franckfurt, 1823. 2 vol. In-8.

901. Waagen (G. F.) Ueber Hubert und Johann van **Eyck**. Breslau, 1822. In-8.

902. Notice sur le chef-d'œuvre des frères van **Eyck**, traduite de l'allemand (de M. le Dr Waagen); augmentée de notes inédites sur la vie et les ouvrages de ces célèbres peintres, par Liévin de Bast. Gand, 1825. In-8.

903. Notice sur un tableau attribué à Jean van **Eyck** dit Jean de Bruges.... par M. A. Taillandier. Paris, 1844. In-8.

904. Les trois frères van **Eyck**; Jean Hemling. Notes sur ces artistes. par Charles Carton. Bruges, 1848. In-8, fig.

905. L'Adoration des mages, de Jean van **Eyck**, chef-d'œuvre de la peinture à l'huile, reproduit par une superbe lithographie, dessinée par Ch. Billoin, et imprimé par Gustave Simonneau (Paris), 1848. In-8, fig.

906. Notes sur Jean van **Eyck**. — Réfutation des erreurs de M. l'abbé Carton et des théories de M. le comte de Laborde, suivie de nouveaux documents découverts dans les archives de Bruges, par W. H. James Weale. Londres, Bruxelles et Leipzig, 1861. In-8, fig.

907. Les frères van **Eyck**, par Oct. Delepierre. S. l. n. d. In-8.

908. Catalogue des estampes qui composent l'œuvre de Frédéric-Théodore **Faber**, par F. H. (Frédéric Hillemacher) Paris, 1843. In-8.

909. Zabeo (Prosdocimo). Memoria intorno la vita ed opere del pittore C. A. **Fabbris**. Padoua, 1816. In-8.

910. Institut royal de France. — Notice sur M. Franç. Xav. **Fabre**,... par M. Garnier.... 25 mars 1857. (Paris). In-4.

911. J. B. Soulas et D. Prier. — Notice sur la vie et les travaux de

François-Xavier **Fabre**. Montpellier, 1855. In-12.

**Faccini** (G.), voyez **Roselli** (N.).

912. Nécrologie de Jean-Baptiste-Louis **Faivre**, architecte,... par le citoyen Legrand... Paris, an VI. In-12.

913. Éloge de M. **Falconet**, sculpteur, par M. Robin, peintre. Paris, 14 mai 1791. In-8.
   Extr. du *Tribut de la Société nationale des Neuf-Sœurs.*

914. Nécrologie : M. **Falconet** (signé A. H.). Lyon, 1849. In-8.
   Extr. du *Courrier de Lyon,* 27 janvier 1849.

915. Éloge funèbre de Fléury **Falconet**, décédé vice-président de la Société académique d'architecture, par M. Jacques Farfouillon. Lyon, 1850. In-8.

916. Hust (Félix van). Biographie de N. H. J. de **Fassin**. Liége, 1837, in-8, port.
   Extr. de la *Revue de Liége.*

917. Extrait de la Revue centrale des arts en province. — Laurence **Fauconnier**, peintre prétendu du XVIᵉ siècle, par Hipp. Boyer. Lyon, 1859. In-8.
   L'auteur de cette notice révoque en doute l'existence de ce peintre, et donne à Jean Lescuyer, peintre verrier du XVIᵉ siècle, les travaux attribués à L. Fauconnier.

918. Mémoire pour servir à la vie de M. de **Favanne**, peintre ordinaire du roy et recteur de l'Académie royale de peinture et de sculpture (par J. Joseph Cousin de Contamine). Paris, 1753. In-12.

919. Notice sur la vie et les ouvrages de Lucas **Fayd'herbe**, sculpteur et architecte Malinois, par Ed. Vanderpoel. Malines, 1854. In-8, port.

920. Notice nécrologique sur M. Pierre-Jacques **Feillet**, artiste peintre,... (signé B. L.). Paris (1856). In-8.

921. Catalogue des objets d'art... provenant des ateliers de M. Joseph **Félon**, statuaire, peintre et lithographe... Vente à Paris, le 9 décembre 1856. In-8.

922. Mémoire pour Jean-François **Feradiny**, graveur en estampes, âgé de 26 ans, détenu ès prisons de la Conciergerie du palais, intimé, contre M. le procureur général, appelant. (Paris) S. d. In-4.

**Ferrara** (Alfonso da). Voyez **Lombardi**.

923. Zanotti (Franc.). Delle lodi di Bartolommeo **Ferrari**, Vicentino da Marostica, scultore. Venezia, 1844. In-4.

924. Notizie intorno alle opere di Gaudenzio **Ferrari** pittore e plasticatore, di Gaudenzio Bordiga. Milano, 1821, in-4. port.

925. Le opere del pittore e plasticatore Gaudenzio **Ferrari**, disegnate ed incise da Silvestro Pianazzi, dirette e descritte da Gaudenzio Bordiga. Milano, 1835. In-folio, fig.

926. Elogio di Gaudenzio **Ferrari**, pittore e plasticatore (di A. Perpenti). Milano, 1843. In-8.

927. Notice sur Alphonse **Fessard**, statuaire, par A. Husson. S. l. (Paris) n. d. In-8.
   Extr. des *Annales de la Société libre des beaux-arts.*

**Fessard** (Et.) voyez **Montulay**.

928. Catalogue d'objets d'art et de curiosité, tableaux, dessins anciens, terres cuites et modèles, après le décès de J. **Feuchère**, statuaire. Vente à Paris, le 9 mars 1853. In-8.

929. Catalogue d'une belle collection de marbres, tels que statues, bustes... le tout provenant de M. **Feuillet**, sculpteur... Vente à Paris, le 5 avril 1784. In-12.

**Feuillet** (Th.). voyez **Bourdon** (Pierre).

930. Catalogue raisonné de toutes les estampes qui forment les œuvres gravés d'Etienne **Ficquet**, Pierre Savart, J. B. de Grateloup et J. P. S. de Grateloup, par L. E. Faucheux. Paris et Bruxelles, 1864. In-8.

931. Untersuchung der Gründe für die Annahme : Dass Maso **Finiguerra**

der Erfinder der Handgriffs sei, gestochen Metallplatten auf genetztes papier abzudrucken. Von C. F. v. Rumohr. Leipzig, 1841. In-8.

932. Brochi (Giuseppe). Vita del B. Michele **Flamini.** Firenze, 1761. In-4.

933. Notice explicative des peintures murales exécutées dans la nef de Saint-Germain-des-Prés, par M. Hippolyte **Flandrin.** Paris (1861). In-8.

934. Peintures murales de Saint-Germain-des-Prés, de M. Hippolyte **Flandrin,** par Ernest Vinet. Paris, 1862. In-8.

Extr. de la *Revue nationale.* 25 décembre 1861.

935. Des conditions de la peinture en France et des peintures murales de M. Hippolyte **Flandrin,** dans la nef de Saint-Germain-des-Prés, par M. F. A. Gruyer. Paris, 1862. In-8.

Extr. de la *Gazette des beaux-arts.*

936. De la peinture religieuse. M. Hippolyte **Flandrin,** M. Eugène Delacroix, par Ferjus Boissard. Paris, 1862. In-8.

Extr. du *Correspondant.*

937. Institut impérial de France. — Notice sur la vie et les ouvrages de M. Hippolyte **Flandrin,** par M. Beulé, secrétaire perpétuel. Paris, 1864 In 8.

938. Institut impérial de France. — Académie des beaux-arts. Discours de M. Beulé, secrétaire perpétuel prononcé aux funérailles de M. **Flandrin.** S. l. n. d. (Paris, 1864). In-4.

Dans la même brochure se trouve le *Discours de M. A. Thomas,* vice-président, prononcé dans la même cérémonie.

939. Hippolyte **Flandrin,** esquissé par J. B. Poncet, son élève. Paris, 1864. In-8, port.

940. Hippolyte **Flandrin,** par Edouard Gabriel Rey... Paris, 1864, In-8.

Extr. de la *Revue de musique sacrée.*

941. Hippolyte **Flandrin** et ses œuvres par M. l'abbé de Saint-Pulgent, de la société des missionnaires des Chartreux. Lyon, 1864. In-8.

Extr. de la *Revue du Lyonnais.*

942. Peintures murales de l'église Saint-Germain-des-Prés, par M. Hippolyte **Flandrin.** — Examen par Auguste Galimard. Paris, 1864. In-8.

943. Du réalisme historique dans l'art et l'archéologie. Réponse à une critique des peintures murales exécutées dans l'église Saint-Germain-des-Prés par M. Hippolyte **Flandrin,** par M. Claudius Lavergne. Paris, 1864. In-8.

Extr. du Journal *le Monde.*

944. Lettres et pensées d'Hippolyte **Flandrin,** accompagnées de notes et précédées d'une notice biographique et du catalogue des œuvres du maître par le vicomte Henri Delaborde. Paris, 1865. In-8, port.

945. Comité de l'association des artistes. —Exposition des œuvres d'Hippolyte **Flandrin** à l'école impériale des beaux-arts. Paris, 1865. In-8.

946. Vente par suite du décès de H. **Flandrin.** — Tableaux, esquisses, études.— Dessins, études, croquis, quelques tableaux anciens. Vente à Paris, le 15 mai 1865. In-8.

947. Hippolyte **Flandrin.** — Sa vie et son œuvre. Etude par Claudio Jannet. Marseille, 1866. In-8.

948. Leclerc (A.). **Flatters,** sculpteur-statuaire. Paris, 1845. In-8.

Extr. du *Nécrologe universel du* XIXᵉ *siècle.*

949. Notice sur la vie et les travaux artistiques de M. Robert **Fleury,** peintre d'histoire..., par Sainte-Vallière. S. l. n. d. (Paris, 1847.) In-8.

Extr. des *Archives des hommes du jour.*

950. Vente après le décès de M. **Flipart** le jeune, graveur en taille-douce, à Paris,... le 16 mars 1774, elle consiste en plusieurs planches gravées par cet artiste... In-8.

951. Vente après le décès de M. Jean-Jacques **Flipart,** graveur du roi, consistant en planches gravées et estampes de différents maîtres.... Vente à Paris, le 21 novembre 1782. In-8.

952. Eloge de B. E. **Fogelberg**, par Bernard de Beskow. Paris, 1856. In-8.

953. Sohlmann (Aug.). Bengt Erland **Fogelberg**. Ett lites bidrag till nordens Konsthistoria. Orebro, 1862. In-8

954. Dieffenbach (J. Ch.). Leben des Malers C. **Fohr**. Darmstadt, 1823. In-8.

955. Notice des tableaux, dessins, estampes, ustensiles de peinture, .. après le décès de M. **Folliot**, peintre. Vente à Paris, le 15 avril 1793. In-8.

956. Institut de France. — Funérailles de M. **Fontaine**. Discours prononcés sur sa tombe, par MM. Lebas, Gauthier et Donaldson. Paris, 1853. In-8.

957. Institut impérial de France. Notice historique sur la vie et les travaux de M. **Fontaine**, par M. F. Halévy,... lue en la séance publique, du samedi 7 octobre 1854. Paris. 1854. In-8.

958. Les tableaux de M. le comte de **Forbin**, ou la mort de Pline l'ancien et Iuès de Castro, par la comtesse de Genlis. Paris, 1817. In-8.

959. Epître à M. le comte de **Forbin**... célébrant ses chefs-d'œuvre dans l'art sublime de la peinture, par J. P. Mareschal. Paris, 1831. In-8.

960. Institut royal de France. Notice historique sur M. le comte de **Forbin**, lue à l'Académie des beaux-arts, le 27 mars 1841, par M. le vicomte Siméon. (Paris). In-8.
Extr. du *Moniteur*.

961. Notice des ouvrages de peinture et sculpture de M. **Fortin**, statuaire... Vente à Paris, le 25 août 1822. In-12.

962. Cicognara (Leopoldo). Orazione in morte dell'architetto Ferrarese Antonio **Foschini**. Ferrare, 1814. In-8.

963. Jehan **Foucquet**. S. l. n. d. (Paris, 1864). In-8.
Cette notice est extraite du volume d'appendice des Évangiles, publiés par M. L. Curmer; elle est paginée 66-141.

964. A M. **Foyatier**, statuaire, par Clovis Michaud. Paris, 1832. In-4. In-8.

965. Mémoire à consulter pour le sieur **Foyatier**, statuaire, auteur de la statue équestre de Jeanne d'Arc, défendeur ; contre le sieur Pascal, possesseur de billets de la loterie d'Orléans, demandeur ; et M. Vignat, maire d'Orléans, administrateur des fonds de cette loterie aussi défendeur. Saint-Germain, 1860. In-8.

966. Notice biographique sur Denis **Foyatier**,.... par M. A. Renzi. .. Paris, 1864. In-8.
Extr. de l'*Investigateur*.

967. Notice biographique sur MM. **Foyatier**, Taunay, Mathieu et Husson, par M. Berville. Paris. S. d. (1865). In-12 de 15 pag.

968. M. **Foyatier** (par A. de Rouyères). (Paris). S. d. In-8.
Extr. des *Archives de la France contemporaine*.

969. Notice sur Honoré **Fragonard**, par Lecarpentier. S. l. n. d. (Paris, 1809). In-8.

970. L'art du dix-huitième siècle. — **Fragonard**. par Edmond et Jules de Goncourt. Paris, 1865. In-4. fig.

971. Vita di Antonio **Franchi**, Lucchese, pittor Fiorentino, scritta da S. Benedetto Bartolozzi. Firenze, 1754. In-4, port.

972. Notice sur Louis **Francia**, peintre de marines, par E. Le Beau. S. l. (Calais) n. d. In-8.
Extr. des *Mémoires de la Société d'agriculture de Calais*.

973. Vente de tableaux, dessins, estampes et planches gravées après le décès de M. **François**, graveur. Vente à Paris, le 29 avril (1773), In-8.

974. Notice des dessins, estampes, sculptures.... du cabinet de feu M. **François**, architecte... Vente à Paris, le 19 juin 1773. In-12.

975. Sulle Pitture d'Innocenzo **Fran-cucci**, da Imola. Discorsi tre di Pietro Giordani. Milano, 1819. In-8.

976. Elogio di I. **Francucci**. imitatore glorioso del divino Raffaele, scritto da T. Papotti. Imola, 1840. In-8.

977. Duthilloeul (H. R. J.). Eloge de P. de **Franqueville**, premier statuaire des rois Henri IV et Louis XIII. Cambrai, 1821. In-4.

978. M. **Fratin** (signé de Vaucher). (Paris, 1847). In-8.
   Extr. des *Archives des hommes du jour.*

979. Meyer (J. H.). Heinrich **Freud-weiler**, ein Beitrag zu den biographien schweizerischer Künstler. Zurich, 1796. In-8, port.

980. Nota delle stampe di Giacomo **Frey**. S. l. n. d. Une page in-4.

981. Roquefort (B. de). Notice sur les ouvrages de J. Pierre de **Frey** In-8.
   Extr. des *Annales des Bâtiments.* N° 9.

**Friedrich**, voyez **Grass**.

982. Manner (J. J.). Leichenrede bey dem Tode Joseph **Furtembach's** des Jungern. Ulm. 1655. In-4.

983. Roth (Johannes). Leichpredigt bey dem Tode J. **Furtembach's**. Ulm, 1667. In-4.

984. The life and Writings of Henri **Fuseli**, esq. M. A. R. A. Keeper and professor of Painting to the royal Academy in London... The Formes written, and the Latter edited by John Knowles. London, 1831. 3 vol. In-8, port.

985. Vita di Anton. Domenico **Gab-biani** pittore fiorentino scritta da Ignazio Enrico Huglord suo discepolo e dal medesimo dedicata al sig. P. Mariette. Firenze, 1762. In-fol.
   Il parut la même année une édition in-4 de cette notice.

986. Notice de tableaux, gouaches et dessins anciens et modernes... par suite du décès de M. **Gadbois** (peintre de gouaches)... Vente à Paris le 5 avril 1826. In-8.

987. Elogio storico di Antonio **Gagini**, scultore ed architetto Palermitano, scritto da Agostino Gallo. Palermo, 1821. In-8.

988. M. Galeotti. -- Preliminari alla storia di Antonio **Gagini**, scultore Siciliano del secolo XVI, e della sua scuola. Palermo, 1862. In-8.

989. Lettere varie e documenti autentici intorno le opere, e vero nome, cognome, e Patria di guido **Gagnac-ci**, pittore, fatica del sign. Giambatista Costa d'Arimino. S. l. n. d. In-12.

990. Eloge historique de Bénigne **Ga-gnereaux**, peintre d'histoire, par Henri Baudot. Dijon, 1847. In-8.

991. Pratt (Robert). Sketch of the life and paintings of T. **Gainsborough**. London, 1788. In-8.

992. Life of Thomas **Gainsborough**, R. A. by the late George Williams Fulcher, edited by his son. London, 1856. In-8.

993 Exposition particulière des œuvres de M. Auguste **Galimard**, refusées par le jury de l'Exposition universelle. Paris, 10 juillet 1855. In-8.

994. Album des beaux-arts. — Les Verrières de sainte Clotilde (par A. **Galimard**). Rapport de M. Gendré, lu à la Société libre des beaux-arts... Paris (1856). In-8.
   Extr. de la *Revue des Beaux-Arts.* 15 février 1856.

995. Remercîments adressés par Aug. **Galimard**, peintre d'histoire, à S. M. Victor-Emmanuel, roi d'Italie. Paris. 1862. In-8.

996. L. **Gallait** und die Malerei in Deutschland. Eine Episode aus der modernen Kunstgeschichte. Nebst einer Abhandlung über den Begriff des malerischen und das Wesen der Malerei, von A. Teichlein. Munich, 1853. In-8.

997. **Gallait's** Lijken van Edmong en Hoorne, beschouwd door Dr L. R. Beijnen. Gravenhague, 1854. In-8, fig.

998. Institut royal de France... Funérailles de M. **Galle**... Discours de M. Raoul-Rochette,... prononcé,... le 24 décembre 1844. — Paris, In-4.

999. Notice historique sur la vie et les ouvrages de M. **Galle**, par M. Raoul-Rochette. (Paris), 14 octobre 1848. In-4.

1000. M. **Galle**... (Signé de Vaucher). (Paris, 1848). In-8.
   Extr. des *Archives des hommes du jour*

1001. Catalogue de quarante-sept tableaux et vingt-cinq dessins, par M. Louis **Galletti**... Vente à Paris le 31 mars 1856. In-8.

1002. (Giordani, Pietro), Esequie di Giambattista **Galliadi** pittore di Sant'Arcangelo. Cesena, 1814. In-8.

1003. Della vita e delle pitture di Lattanzio **Gambara**, Memorie storiche di Fed. Nicoli Christiani : aggiuntevi brevi notizie intorno a più celebri ed eccellenti Pittori Bresciani. Brescia, 1807. In-8, port.

1004. Notice sur les honneurs funèbres rendus à Jacques **Gamelin**, et éloge funèbre de J. Gamelin, peintre d'histoire, professeur de dessin à l'Ecole centrale de l'Aude. Carcassonne, an XI. In-8.

1005. Biographie de Jacques **Gamelin**, peintre, par Barthe. Carcassonne, 1851. In-8.
   Extr. des *Mémoires de la Société des arts et des sciences de Carcassonne.*

1006. Grilli (G.B.). Orazione nelle solenni esequie celebrate in Bologna a G. **Gandolfi**, pittore. Bologna, 1802. In-8.

1007. Raccolta di componimenti in lode del prof. Mauro **Gandolfi**, Bolognese (Dell' avocato Rin. Baietti). Bologna, 1821. In-8.

1008. Life of J. **Gandon**, architect, with original notices of contemporary artists and fragments of essays from materials, collected and arranged by his son, James Gandon, published by Thomas J. Mulvany. Dublin, 1846. In-8, port.

1009. Notice des principaux objets de curiosité, ustensiles de peinture,. .après le décès de M. **Garand**, peintre en miniature. Vente à Paris, le 10 mai 1781. In-8

1010. Voyages, aventures et combats. Souvenirs de ma vie maritime, par Louis **Garneray**. Paris, 1851. In-8.

1011. — 2e édition. Douai, 1852. In-8.

1012. Voyages de Louis **Garneray**,... peintre de marines. Aventures et combats, illustrés par l'auteur. Paris (1853). 2 vol. in-18.

1013. — Paris (1855). In-8.

1014. — — (1860). In-8.

1915. — — (1864). In-8.

1016. Captivité de Louis **Garneray**.— Neuf années en Angleterre. Mes pontons illustrés, par l'auteur et Janet-Lange. Paris (1861). In-8.

1017. — 2e édition. Paris (1862). In-8.

1018. Notice sur la vie et les travaux de M. **Garnier**, peintre d'histoire, publiée dans les *Archives de la France contemporaine*, fondées par MM. de Rouyères frères. Paris, 1843. In-8, port.

1019. M. **Garnier**, membre de l'Institut (signé Villagre). S. l. n. d. (Paris. 1848). In-8.
   Extr. des *Archives des hommes du jour.*

1020. Institut national de France. — Funérailles de M. **Garnier**. — Discours de M. Raoul-Rochette, prononcé le samedi 17 novembre 1849. In-4.

1021. Catalogue d'une vente de tableaux anciens et modernes, esquisses peintes.. dépendant de la succession de M. **Garnier**, peintre d'histoire. Vente à Paris, le 26 février 1850. In-8.

1022. Notice sur la vie et les ouvrages de M. **Garnier**, peintre d'histoire, par M. Raoul-Rochette. (Paris), 5 octobre 1850. In-4.

1023. Descrizione di un affresco di Benvenuto Tisi da **Garofalo** dipinto nel reffetorio di Frati di S. Andre in Ferrara. Copiata ad equali dimensioni dal professore Alessandro Alfonso Candi. Ferrara, 1837. In-8.

**Garofalo**, voyez **Barbieri**.

1024. Notice sur N. M. **Gatteaux**, graveur en médailles, par Miel. Paris, 1832. In-8.

1025. Mémoire à consulter et consultation pour le sieur **Gaucher**, graveur en taille-douce, de l'Académie des arts de l'Angleterre, contre les sieurs Esnaut et Rapilly, marchands d'estampes. 3 août 1776. In-4.

On trouve une notice sur cet artiste en tête du *Voyage au Havre de Grâce*, par C. E. Gaucher Paris, an VI. In-8,

1026. Institut impérial de France. — Académie des beaux-arts. Funérailles de M. **Gauthier**. Discours de M. de M. F. Halévy.... Paris, 1855. In-4.

1027. Catalogue des tableaux de **Gauthier**, peintre et graveur. Vente à Paris, le 8 avril 1833. In-8.

1028. Notice sur Charles **Gautier**, architecte. Metz, 1857. In-8.

Extr. des *Mémoires de l'Académie impériale de Metz*.

1029. Lepage (Henri). Biographie artistique. Mansuy **Gauvain**. Nancy, 1851. In-8.

1030. **Gavarni**, par Eugène de Mirecourt. Paris, 1856. In-18.

1031. Notice sur J. J. P. **Gay**, par F. Richard. Lyon, 1832. In-8.

1032. Notice historique sur J. J. P. **Gay**, architecte, par F. C. R. S. l. n. d. In-8.

1033. École supérieure de Rodez. Distribution solennelle des prix (27 août 1858). Discours de M. de Labonnefon, directeur. Notice sur Raymond **Gayrard**. Rodez (1858). In-8.

1934. Biographies Aveyronnaises. — Raymond **Gayrard**, graveur et statuaire. — Notice biographique, par M. Jules Duval.... Paris, 1859. In-8.

1035. De la gravure en médaille au XIXe siècle, par Ch. Lévêque, — Raymond **Gayrard**. Paris, 1859. In-8.

Extr. du *Journal général de l'Instruction publique*. 12 mars 1859.

1036. Hoogeven-Sterck (L... van). Hulde aen den beeldhouwer J. **Geefs**, vervaerdiger van het borsten stanbeel dvan Z. M. Willem II, Koning der Nederlanden. Anvers, 1844. In-8.

1037. Œuvre de Claude **Gelée**, dit le Lorrain, par le comte Guillaume de L. (Leppel). Dresde. 1806. In-8. fig.

1038. Lettre de Xavier Scrofani, Sicilien, correspondant de l'Institut de France, au chevalier Ennius Quirinus Visconti, sur un paysage de Claude Lorrain. Naples, 1812. In-8.

1039. Éloge historique de Claude **Gelée**, dit le Lorrain; par J. P. Voiart. Nancy, 1839. In-8.

1040. Essai biographique. Claude **Gelée**, dit le Lorrain (1600-1682), par Charles Héquet,... Nancy, 1863. In-8.

Extr. du *Journal de la société d'archéologie lorraine*.

1041. Claude **Gelée** (dit le Lorrain)... (Signé : V. Denon). S. l. n. d. In-4.

1042. Vittorio (Giovanni Antonio). Espressioni di ossequiosa condoglianza nei publici funerali di Cesare **Gennari**, pittore Bolognese, inviati al suo fratello Benedetto Gennari, pittore di Giacomo II, Re d'Inghilterra. Bologna, 1688. In-8, port.

1043. Boitel (Léon). Artistes lyonnais contemporains : **Genod**. S. l. n. d. (Lyon, 1852). In-8.

1044. Discours prononcé, le 24 juillet 1862, sur la tombe de M. **Génod**, par M. le Dr Fraisse. Lyon (1862). In-8.

1045. Benedetti (Pomp.). Memorie pittoriche delle opere di maëstro **Gentile da Fabriano**. Pesaro, 1830. In-8.

**GÉRARD (Fr.).**

1046. Notice historique sur le tableau représentant l'entrée d'Henri IV dans Paris, par M. **Gérard**. Paris, 1817, In-8, fig.

1047. Notice sur le tableau de Louis XIV, et de Philippe V, placé dans le grand cabinet du Roi aux Tuileries (par **Gérard**). Paris, 1826. In-8.

1048. Tableau du Sacre de Charles X dans la cathédrale de Reims, par F. **Gérard**. Paris, 1829. In-8, fig.

1049. Le Peuple au Sacre. Critiques, observations, causeries faites devant le tableau de M. le baron **Gérard**, peintre du roi, recueillies et publiées par A. Jal. Paris, 1829. In-8, fig.

1050. Institut royal de France... Funérailles de M. le baron **Gérard**. Discours de M. Lebas, prononcé... le 15 janvier 1837. — (Paris). In-4.

1051. Catalogue des tableaux, esquisses, dessins, de M. le baron **Gérard**, peintre d'histoire. Vente à Paris, le 27 avril 1837. In-8.

1052. Examen historique du tableau de **Gérard**, représentant l'entrée de Henri IV à Paris,... par M. Berriat Saint-Prix. Paris, 1839. In-8.

1053. François **Gérard**, peintre d'histoire. Essai de biographie et de critique, par Charles Lenormant. Paris, 1846. In-8.
Extr. du *Correspondant*.

1054. François **Gérard**, peintre d'histoire. Essai de biographie et de critique, par Ch. Lenormant. 2ᵉ édit. Paris, 1847. in-12.

1055. Œuvres du baron **Gérard**. Paris. 1852-1857. 3 vol. in-folio. fig.

1056. Aux Artistes. — Sur le Marcus Sextus de Guérin et le Bélisaire de **Gérard**, par Evryz. S. l. n. d. In-8.

1057. Catalogue d'une collection d'estampes, d'après les peintres célèbres,.... composant le cabinet de feu M. **Gérard**, sculpteur, avec une notice biographique sur sa vie et ses ouvrages, par son fils. Vente à Paris, le 18 décembre 1843. In-8.

1058. Notice sur la vie et les ouvrages de **Gérard** (François-Antoine), statuaire. S. l. n. d. (Paris). In-8.

1059. Les Peintres de l'ancienne école hollandaise. — **Gérard de Saint-Jean de Harlem**, et le tableau de la Résurrection de Lazare, par Jules Renouvier. Paris. 1857. In-8, fig.

1060. Notice de tableaux, esquisses, dessins, études... appartenant à la succession de feu **Géricault**. Vente à Paris, le 3 novembre 1824. In-8.

1061. Aux Rouennais, **Géricault**, par Émile Coquatrix. S. l. n. d. (1841.) In-8.

1062. Éloge de **Géricault**,... par Lucien Élie. S. l. n. d. (1842.) In-8.

1063. Blanc (Charles), **Géricault**. Notice. S. l. n. d. (Paris, 1845.) In-8.
Extr. de l'*Histoire des peintres français*.

1064. **Géricault**, prose et vers, par Émile Coquatrix. Rouen, 1846. In-12.

1065. Le Mouvement moderne en peinture. — **Géricault**, par Ernest Chesneau... Paris, 1864. In-8.
Extr. de la *Revue européenne*.

1066. **Géricault**, par Louis Batissier. Notice. S. l. n. d. (Rouen.) In-8.
Extr. de la *Revue du XIXᵉ siècle*.

1067. Notice biographique sur J. B. L. **Germain**, peintre d'histoire, par Lacatte-Joltrois. Reims. S. d. (1842.) In-8.

1068. **Germain**. Notice biographique, par M. Max. Sutaine. Reims, 1862. In-8.

1069. Salomon **Gessner**, von J. J. Hottinger. Bregenz, 1793. In-8, port.

1070. — Seconde édition. Zurich, 1796. In-8, port.

1071. Relazione di un Viaggio fatta alla China nel 1698 da Giov. **Gherardini**, pittore Bolognese (ed. da M. A. Gualandi). Bologna, 1854. In-8.

1072. Elogio di Lorenzo **Ghiberti** composto da Gius. Gonnelli, letto da esso nell' Imp. e R. Accademia delle Belle arte di Firenze. Firenze, 1822. In-8.

1073. **Ghiberti**'s L. Chronik seiner Vaterstadt Florenz. Traduit de l'italien par A. Hagen. Leipzig, 1833. 2 vol. In-8.

1074. Lorenzo **Ghiberti**, Cronaca del Secolo XV, tratta da manoscritto, di Augusto Hagen. Firenze, 1845. In-12.

1075. Paravia (P. A.). Necrologia. Antonio **Giaccarelli**, scultore. Torino, 1838. In-8.

1076. Meneghelli (Ant. Mar.). Dell' intagliatore Vincenzo **Giaconi**, Padouano. Padoua, 1829. In-8.

1077. Crespi (Luigi). Vita di S. **Giannotti**, Lucchese, intagliatore e statuario in legno. Bologna, 1770. In-8.

1078. Notices biographiques sur Claude **Gillot** et Paul, Ponce, Antoine Robert, peintres; par A. L. Millin et C. N. Amanton. Dôle. 1810. In-8. *Extr. du Magasin encyclopédique.*

1079. **Gillray** and his Caricatures. An historical and descriptive account of the works of James Gillray; comprising a political and humorous history of the latter part of the reign of George III, by Th. Wright and R. H. Evans. London, 1851. In-8.

1080. Notice sur le frère Abraham (Jean-Henri **Gilson**), de l'abbaye d'Orval et les tableaux qui lui sont attribués par le Dr A. Namur. Anvers, 1860. In-8.

1081. Levezow (Conrad von.). Denkschrift auf D. **Gilly**. Berlin, 1801. In-4.

1082. Tipaldo (Emilio de). Elogio di Frà Giovanni **Giocondo**. Venezia, 1840. In-8.

1083. Carlini (Nic. Ant.). Elogium M. C. **Gioffredi**. Napoli, 1785. In-8.

1084. Rocco (Benedetto). Elogio storico di M. G. **Gioffredo**. Napoli, 1785. In-8.

1085. Luca **Giordano**'s Bittschrift an König Carl II, von Spanien, die Malerkunst betreffend. S. l. n. d. (Madrid 1695.) In-4.

1086. Descrizione delle pitture a fresco di Luca **Giordano**, esistenti nell I. e R. Galleria e Biblioteca Ricciardiana, con notizie istoriche e bibliografiche a questa ultima relative Firenze, 1819. In-8. *Testo italiano et français.*

1087. Sulla Cappellina degli scrovegni nell' arena di Padoua e sui freschi di **Giotto** in essa dipinti. Osservazioni di Pietro Estense Selvatico. Padoua, 1836. In-8, fig.

1088. Callcott (Lady). Description of the Chapel of the Annunziata dell' Arena ; or **Giotto**'s Chapel in Padua. London, 1845. In-4.

1089. Notice sur la vie et les peintures à fresque d'Ambrogio Bondone dit le **Giotto**, par Ernest Breton. Saint-Germain-en-Laye, 1851. In-8.

1090. Gli Affreschi di **Giotto** nella Cappella de' Bardi in Santa Croce, descritti da C. G. (Cesare Guasti). Firenze, 1853. In-8.

1091. Ruskin (J.). **Giotto** and his works in Padua. London, 1854-1861. In-8. *Publication de l'Arundel Society.*

1092. Vita di **Giotto**, scritta da G. Gherardini. Firenze. S. d. In-4.

**Giotto**, voyez **Cimabue**.

1093. Les Girondins, gravure de M. Edouard **Girardet**, d'après le tableau de Paul Delaroche... Notice par E. J. Delécluze. Paris, 1858. In-8.

1094. **Girardet**, sa famille, la maison où il est né, son œuvre à Lunéville. (Signé A. Joly). Nancy. S. d. (1862). In-8. *Extr. du Journal de la société d'Archéologie lorraine. 1er septembre 1862.*

1095. Notice sur l'œuvre de François **Girardon**,... sculpteur ordinaire du Roi,... avec un précis de sa vie et des notes historiques et critiques. Paris, 1833. In-8.

1096. Notice sur la vie et les œuvres de François **Girardon**, par M. Corrard de Breban... Paris et Troyes, 1850. In-8.

1097. Notice sur les deux **Giraud**, sculpteurs français, par M. Miel. S. l. n. d. (Paris, 1840). In-8. *Extr. des Annales de la Société libre des beaux-arts 1839-1840.*

**GIRODET.**

1098. Notice sur la Galatée de **Girodet-Trioson**. Paris, 1819. In-8, fig.

1099. Description du tableau de Pygmalion et Galatée, exposé au salon, par M. **Girodet**. Paris, 1819. In-8.

1100. Examen critique et impartial du tableau de M. **Girodet**, Pygmalion et Galathée, ou lettre d'un amateur à un journaliste. Paris, 1819. In-8.

1101. Lettre de M. Boher, peintre et statuaire [Perpignan, 27 mai 1819] et la réponse de M. **Girodet**, peintre d'histoire. [Paris, 20 décembre 1819.] Perpignan, s. d. In-8.
Au sujet du discours prononcé par Girodet à l'Académie.

1102. **Girodet**, par E. L. 17 décembre. Paris, 1824. In-8.

1103. Aux Mânes de **Girodet**. Élégie, par M. Ch. P... Paris, 15 décembre 1824. In-8.

1104. **Girodet**. Paris, 1825. In-8 de 6 pages.

1105. **Girodet**, par E. Souesme, de Montargis. Paris (1825). In-8.

1106. Sur la mort de **Girodet**. Ode dédiée à ses élèves, par le marquis de Valori. Paris (1825). In-8.

1107. Quatremère de Quincy (A. Chr.). Éloge de **Girodet**. Paris, 1825. In-4.

1108. Notice nécrologique sur **Girodet**, par P. A. Coupin. Paris, février 1825. In-8
Extr. de la *Revue encyclopédique*.

1109. De Saim (la princesse Constance). Sur **Girodet**. S. l. n. d. (Paris, 1825.) In-8.

1110. **Girodet-Trioson**. Œuvres posthumes; suivies de sa correspondance, précédée d'une notice historique et mises en ordre par P. A. Coupin. Paris, 1829. In-8.

1111. Pérignon. Catalogue des tableaux, esquisses, dessins et croquis de **Girodet-Trioson**, et de divers ouvrages faits dans son école. Vente à Paris, le 11 avril 1835. In-8.

1112. Notice historique et critique sur Anne-Louis **Girodet**. In-8 (4 pages et 5 grav.).

1113. De **Girodet** et de ses deux ouvrages l'Anacréon et l'Énéide, par Mme Simons-Candeille. S. l. n. d. In-8.
Extr. de la 295e livraison des *Annales de la littérature et des arts*.

**Girodet**, voyez **Ravault**.

1114. Notizia delle opere dell'incisore in pietre dure ed in coni Cav. Giuseppe **Girometti**, scritta dal Cav. P. E. Visconti. Roma, 1833. In-8.

1115. Relation de ce qui s'est passé à l'érection de la statue du Roy dans la ville de Poitiers, le vingt-cinquième jour d'août 1687. (La statue du roi était du sculpteur **Girouard**). Poitiers. In-4.

1116. Notice sur le sculpteur Jean **Girouard**, par M. André. Rennes, 1862. In-8.
Extr. des *Mémoires de la Société archéologique d'Ille-et-Vilaine*.

1117. Auber (C...). Notice sur **Girouard**, sculpteur Poitevin. S. l. n. d. (Poitiers). In-8.
Extr. des *Mémoires de la Société des antiquaires de l'Ouest*.

1118. Henri de **Gissey**, dessinateur ordinaire des plaisirs et des ballets du Roi (1608-1675), par Anat. de Montaiglon. Paris, août 1854. In-8.
Extr. du journal *le Théâtre*.

1119. Notice sur M. **Godard**, graveur sur bois, par M. Léon de la Sicotière. Caen, 1838. In-8.

1120. Marie-Éléonore **Godefroid**, artiste peintre, par Sainte-Vallière. S. l. n. d. (Paris, 1847). In-8.
Extr. des *Archives des Hommes du jour et des Contemporains réunis*.

1121. Notice sur **Godefroy**, graveur, par M. Miel. (Paris, 1841.) In-8.
Extr. des *Annales de la Société libre des beaux-arts*.

1122. Serrure (Constant-Philippe). Nécrologie. François-Joseph **Goetghebuer**. S. l. n. d. (1836.) In-8.

1123. Kraemer (B. A.). Joseph-Franck Freiherr van **Goez**, biographisches Fragment. Regensburg, 1816. In-8.

1124. Projet du sieur **Gois**, sculpteur du Roi, professeur de l'Académie,... pour la statue pédestre du roi... (Paris), 1786. In-8.

1125. Catalogue de M. **Gois**. sculpteur, Vente à Paris, le 2 avril 1838. In-8.

1126. Épître à M. **Gois** fils, sur la statue équestre de l'Empereur, par F. P. A. Léger. Paris, an XIII. In-8.

1127. Rapport fait à l'Athénée des arts de Paris, par MM. Rondelet, Beauvallet et Duchesne fils, sur la fonte en bronze de la statue de Jeanne d'Arc, par M. **Gois**, fils. Paris, 1805. In-8.

1128. Hub. **Goltzius**, par Félix van Hulst. Liége, 1846. In-8. port.
 Extr. de la *Revue de Liége*.

1129. Un peintre lyonnais. M. Francisque **Gonaz**, par Joannis-Guigard. Paris. S. d. (1865.) In-8.
 Extr. de la *Revue des Provinces*, mai 1865.

1130. Institut royal de France. — Académie royale des beaux-arts. Funérailles de M. **Gondoin**, le 31 décembre 1818. Discours de M. Quatremère de Quincy. Paris (1818). In-4.

1131. Notice sur M. **Gondoin**, par Quatremère de Quincy. (Paris), 6 octobre 1821. In-4.

1132. Éloge de Jean **Goujon**, prononcé dans la loge des Trinitaires, le 8 avril 1840, par le F.·.F.–L. Moitié... Paris. S. d. (1840.) In-8.

1133. Œuvre de Jean **Goujon**, gravé au trait d'après ses statues et ses bas-reliefs, par M. Reveil, accompagné d'un texte explicatif... Paris, 1844. In-4.

1134. — 2º édition Paris. 1861. In-4.

1135. Quelques notes sur Jean **Goujon**, architecte et sculpteur français du XVIe siècle, par Jules Gailhabaud. Paris, 1863. In-8.
 Extr. de *l'Art dans ses diverses branches*.

1136. **Goya**, par Laurent Matheron. Paris, 1858. In-12.

1137. Étude sur Francisco **Goya**, sa vie et ses travaux. — Notice biographi-

que et artistique, accompagnée de photographies, d'après les compositions de ce maître, par M. G. Brunet. Paris, 1865. In-4.

1138. Catalogue de tableaux, esquisses et études de M. Eugène **Goyet**.... Vente à Paris, le 24 juin 1857. In-8.

1139. Lauts (U. G.). Willem Jacob van de **Graaf**. S. l. n. d. (Utrecht 1845). In-8.

1140. Éloge historique de J. J. **Grandville**, par Jules Nollet (Fabert). Anvers, 1853. In-4.

1141. J. J. **Grandville**, par S. Clogenson. Alençon, 1853. In-8.
 Extr. de *l'Athenæum français*.

1142. **Grandville**, par Charles Blanc. Paris, 1855. In-12.

1143. Catalogue illustré de la collection des dessins et croquis originaux exécutés à l'aquarelle, à la sépia, à la plume et au crayon, par J. J. **Grandville**. Vente à Paris, le 4 mars 1853. In-8, fig.

1144. Vente après décès de tableaux anciens de toutes les écoles, études, esquisses et ébauches de M. **Granet**... Vente à Paris, le 28 janvier 1853. In-12.

1145. Notice historique sur la vie et l'œuvre de **Granet**, par le docteur P. Silbert. Aix, 1862. In-8.

1146. **Granet** (Fr. Marius). par Albert de la Fizelière. S. l. n. d. In-8.

1147. Catalogue des tableaux, dessins et estampes,... de **Gravelot**, dessinateur et ancien professeur des ingénieurs du roi. Vente à Paris, le 19 mai 1773. In-8.

1148. Galerie statuaire. MM. Ohmacht, **Grass** et Friedrich (signé : Jos. Garaud). Strasbourg, 1852. In-8.

1149. Icare dans l'atelier d'un statuaire, traduit de l'allemand de M. Louis Spach, par Paul Lehr. Colmar (1859). In-8.
 Ces vers sont composés en l'honneur du statuaire **Grass**.

 **Grateloup** (J.B. et J. P. S.). Voyez **Ficquet** (Et.).

1150. Contes moraux sur les tableaux de M. **Greuze**, par M. l'abbé Aubert. Paris, 1761-1763. In-8.

1151. Lettres d'un voyageur, à Paris à son ami Charles Lovers, demeurant à Londres, sur les nouvelles estampes de M. **Greuze** : *La Dame bienfaisante, la Malédiction paternelle*, et sur quelques autres estampes gravées d'après le même artiste, publiées par M. N***. Paris, 1779. In-8.

1152. Lettres à M***, voyageur à Paris, auteur des lettres à sir Charles Lovers et à l'éditeur de ces lettres, par M***. Amiens, 1780. In-8.

1153. Lettre en vers d'un amateur à M. **Greuze**, suivie d'une lettre à M⁰⁰ D. D., contenant des extraits sur les peintres les plus célèbres jusqu'à nos jours et des réflexions sur leurs ouvrages et leur manière, suivie de recherches sur le mot Plaire. Londres et Paris, 1780. In-8.

1154. Lecarpentier (C. L. F.). Notice sur **Greuze**, peintre de l'école française. S. l. n. d. (Rouen, 1805). In-8.

1155. **Greuze** ou l'Accordée de Village, comédie-vaudeville, par Mᵐᵉ de Valori. Paris, 1813. In-8, port.

1156. Notice d'un tableau capital de J. B. **Greuze**. Vente à Paris, le 9 avril 1852. In-8.
Ce tableau exécuté pour Duclos-Dufresnoy représentait *sainte Marie l'Egyptienne se livrant à la pénitence.*

1157. Catalogue de tableaux et dessins de **Greuze**, rédigé par Th. Thoré. Vente à Paris, le 25 janvier 1843. In-8.

1158. Notice d'un amateur distingué sur le tableau de **Greuze**, connu sous le nom de la *Cruche cassée.* Paris, 1844. In-folio.

1159. L'art du xviiiᵉ siècle. — **Greuze**, par Edmond et Jules de Goncourt. Paris, 1863. In-4, fig.

1160. L'Accordée de Village, conte moral dont l'idée est prise du ta-

bleau de M. **Greuze**,... par M. l'abbé Aubert. S. l. n. d. In-8.

1161. Catalogue d'une jolie collection de tableaux anciens et modernes composant le cabinet de M. **Grevedon**, artiste peintre et lithographes... Vente à Paris, le 15 janvier 1853. In-8.

1162. Catalogue des tableaux et gravures de M. **Grillot**, lorsqu'il vivait architecte à Nancy. Nancy, s. d. In-4.

1163. Jacquemin **Gringonneur** et Nicolas Flamel, par Teste d'Ouet. Paris, 1855. In-8.

1164. Richard (Fleury). Notice biographique sur M. **Grobon**. S. l. n. d. (Lyon, 1853). In-8.

1165. Boitel (Léon). Nécrologie de M. **Grobon**. Lyon, 1853. In-8.
*Extr. de la Revue du Lyonnais.*

1166. Catalogue des tableaux, dessins de Fragonard, Robert et autres, bronzes et porcelaines, de **Gros**, peintre. Vente à Paris, le 14 avril 1778. In-8.

**GROS** (le baron).

1167. Explication des peintures de la coupole de Sainte-Geneviève, exécutées par M. **Gros**,... rendues publiques le jour de la Saint-Charles, fête du roi. Paris, 1824. In-8.

1168. Description de la coupole de Sainte-Geneviève peinte par M. **Gros**. (Paris), 1824. In-8.

1169. La coupole de l'église Sainte-Geneviève, hommage à M. le baron **Gros**, par A. A. F. Pillon. Paris, 1825. In-8.

1170. Chant sacré sur la coupole de Sainte-Geneviève, par Charles Grenier. Paris, 1825. In-8.

1171. Épître à M. le baron **Gros**... sur ses peintures de la coupole de Sainte-Geneviève, par M. René Taillandier. S. l. n. d. (Paris, 1825.) In-4.

1172. Catalogue d'une collection de tableaux provenant du cabinet de M. B. (Bizet) se composant à peu près de l'œuvre complète de

Gros... Vente à Paris, le 21 mai 1828. In-8.

1173. Exhibition du tableau de la bataille d'Aboukir, par M. le baron Gros, dans la salle de la rue Taitbout, le 30 mai 1829.. Paris, 1829. In-8.

1174. Institut royal de France. — Funérailles de M. le baron Gros... Discours de M. Garnier, prononcé le 29 juin 1835. Paris. In-4.

Suivi du discours de Paul Delaroche.

1175. Notice nécrologique. Gros. S. l. n. d. (Paris, 1835.) In-8, port.

1176. Discours prononcé sur la tombe de Gros, par J. B. Delestre,... le 29 juin 1835. Paris, 1835. In-8.

1177. Discours prononcé sur la tombe de Gros, au nom de l'École des beaux-arts, par M. Emery. Paris (1835). In-8.

1178. Catalogues des tableaux, dessins et croquis de M. le baron Gros. Vente à Paris, le 23 novembre 1835, In-8.

1179. Blanc (Charles). A. J. Gros. Étude. S. l. n. d. (Paris, 1845.) In-8.

1180. Gros et ses ouvrages, ou Mémoires historiques sur la vie et les travaux de ce célèbre artiste par J. B. Delestre. Paris, 1845. In-8.

1181. Rapport de M. Milon,... membre de la Société libre des beaux-arts sur l'ouvrage de M. Delestre, ayant pour titre : Gros et ses ouvrages, lu dans la séance du 21 avril 1846. Paris, 1847. In-8.

1182. Peintres et sculpteurs modernes. — Gros, par Eug. Delacroix. (Paris), 1848. In-8.

Extr. de la Revue des Deux Mondes.

1183. Le mouvement moderne en peinture.— Gros, par Ernest Chesneau. Paris, 1861. In-8.

Extr. de la Revue Européenne.

1184. Gros, par le vicomte de Senonnes. S. l. n. d. In-8.

Extr. du Plutarque français.

1185. Gros. Extrait du Journal des Artistes. In-8 (15 pag.), avec une gravure au trait.

1186. Reiffenberg (F. A. F. T. de) Mémoire sur le sculpteur belge G. de Grupello. S. l. n. d. (Bruxelles 1848). In-8.

1187. Institut royal de France. — Funérailles de M. Guénepin.— Discours de M. Raoul-Rochette, prononcé le 7 mars 1842. Paris. In-4.

1188. Notice sur M. Guénepin,... par M. Lequeux, son élève. S. l. (Paris), 21 juin 1842. In-8.

Extr. des Mémoires de la Société libre des beaux-arts.

1189. Notice sur la vie et les ouvrages de M. Guénepin, par Raoul-Rochette. (Paris), 14 octobre 1848. In-4.

1190. Relation d'un repas offert à M. Guérin, par ses élèves. Rome 1816. In-8.

1191. Institut royal de France.— Notice historique sur la vie et les ouvrages de M. Guérin,... par M. Quatremère de Quincy. Paris, 1833. In-4.

Guérin, voyez Gérard.

1192. Éloge historique de J. B. Paulin Guérin, peintre d'histoire, par P. Autran, secrétaire perpétuel de l'Académie de Marseille. Marseille, 1857. In-8.

Guérin, voyez Lobin.

1193. Nast (J. J. H.). Programma in obitum N. Guibalii, pictoris primarii et artium professoris. Stuttgart, 1784. In-4.

1194. Notice biographique sur Guibal, sculpteur, par M. Guibal. Nancy, 1861. In-12.

Extr. des Mémoires de l'Académie de Stanislas.

1195. Émailleurs limousins. Les Guibert, les Vergnaud ; par Maurice Ardant. Limoges, 1861. In-8.

Extr. du Bulletin de la Société archéologique et historique du Limousin.

1196. Della vera età di Guido, pittore Senese e della celebre sua tavola in San Domenico di Siena. Lettera storico-critica di Gaetano Milanesi al cavaliere Anton. Francesco Rio. Firenze, 1859. In-8.

1197. Notice historique sur Laurent **Guyard**, sculpteur Chaumontais, extraite des « *Mémoires de la Société libre d'agriculture, de sciences et arts, et de commerce de la Haute-Marne,* » rédigée par M. Varney, et lue en séance publique en 1804. Chaumont, 1860. In-8.

1198. Catalogue des tableaux, gouaches, dessins, estampes, œuvres,... éditions diverses et autres objets après le décès de M. **Guyot**, graveur et marchand d'estampes. Vente à Paris, le 14 novembre 1808. In-8.

1199. Goethe (J. W. van). LebenPhilipp **Hackerts**. Stuttgart, 1811. In-8.

1200. Tessin (Ch. Gust.). Areminne öfver C. **Haerleman**. Stockholm, 1753. In-8.

1201 — Traduit en allemand par Johann Carl. Daehnert. Greifswalde.,1753. In-8.

1202. Hoepken (Anders Johan van). Tal öfver Friherren **Haerleman**. Stockholm. 1753. In-8.

1203. Even (Edward). Levensberigt van Hendrik Anna Victoria van de **Haert**. Diest. 1847. In-8.

1204. Catalogue des tableaux, dessins, estampes et autres objets de curiosité, provenant du cabinet de feu M. **Hallé**, chevalier de l'Ordre du roi, recteur de l'Académie de peinture et sculpture... Vente à Paris, le 2 juillet 1781. In-8.

1205. Eloge de M. **Hallé**. S. l. n. d. (Paris. 1782), In-8.
*Extr. du Nécrologe des Hommes célèbres.*

1206. Fumière (Louis). Notice biographique sur G. J. **Hallez**. S. l. n. d. (Bruxelles). In-8.
*Extr. de la Revue de Bruxelles.*

1207. — Deuxième édition considérablement augmentée. Mons, 1839. In-8.

1208. Notice historique sur le tableau de **Harvey** par le docteur Michel-Hyacinthe Deschamps. Paris, 1862. In-8.

1209. The Autobiography and Journals of the late B. R **Haydon**, historical-painter, arranged, edited and continued by mistress Haydon. London, 1847. In-8.

1210. Life of Benjamin Robert **Haydon**, historical Painter, from his autobiography and Journals, edited and compiled by Tom. Taylor. London, 1853. 3 vol. in-8.

1211. Œuvre du chevalier **Hedlinger**, ou Recueil des médailles de ce célèbre artiste, gravées en taille-douce, accompagnées d'une explication historique et critique, et précédées de la vie de l'auteur, par Chrétien de Mechel. Basle, 1776. In-4.

1212. A Catalogue of the prints which have been engraved after Martin **Heemskerck**; or rather an Essay towards such a Catalogue, by Thomas Kerrich. Cambridge, 1829. In-8, port.

1213. Meyer (H... A...). **Heemskerk**. Amsterdam, 1847. In-8.

1214. Blommaert (Philippe). Levensschets van Lucas d'**Heere**, Kunstschilder te Gent. Gand, 1853. In-8.

1215. Neujahrsblatt der Künstlergesellschaft in Zurich für 1851, enthaltend das Leben des Zeichners und Kupferstechers F. **Hegi** von Zurich. Zurich, 1854. In-4, port.

1216. Peintures de M. **Heim**, à Saint-Sulpice, par A. de la Fizelière. Paris, 1842. In-8.
*Extr. de l'Artiste.*

1217. Neujahrsblatt der Künstlergesellschaft in Zürich für 1842, enthaltend : Notiz über den Maler J. **Heinz**. aus Bern,... nebst einer Ubersicht der jetzt lebenden Schweizer Künstler. Zurich. 1842. In-folio, port.

1218. Delécluze. L'hémicycle du palais des beaux-arts, peinture murale exécutée par P. Delaroche et gravée au burin par **Henriquel - Dupont**. Paris, 1857. In-8, fig.

1219. L'hémicycle de Paul Delaroche, gravé par **Henriquel-Dupont**, par

Charles Blanc. S. l. n. d. (Paris, 1860 In-4.

*Extr. de la Gazette des Beaux-Arts.*

1220. Notice sur la vie et les œuvres d'Emmanuel **Héré de Corny**, premier architecte de S. M. Stanislas, de Pologne,... par M. P. Morey. Nancy, 1863. In-4.

*Extr. des Mémoires de l'Académie de Stanislas. 1862.*

1221. L'œuvre du peintre verrier **Herman** à la cathédrale de Metz, par Ch. Abel. Metz, 1865. In-8.

1222. Catalogue d'une belle collection de tableaux anciens... formant le cabinet de M. Martin **Hermanowska**, peintre verrier à Troyes... Vente à Paris, le 23 mai 1853. In-8.

**Hermanowska** (M.). Voyez **Vincent Larcher**.

1223. Catalogue d'une collection de tableaux et dessins faits d'après nature, par M. **Héroult**... Vente à Paris, le 23 mars 1850. In-8.

1224. Institut impérial de France. — Académie des beaux-arts. — Funérailles de M. **Hersent**. Discours de M. Gilbert, prononcé le 5 octobre 1860. Paris. In-4.

1225. Ecole impériale et spéciale des beaux-arts. Funérailles de M. **Hersent**. (Paris, 1860.) In-8.

1226. Catalogue des tableaux, esquisses, croquis et dessins de M. L. **Hersent**, peintre d'histoire.... Vente à Paris, le 10 avril 1862. In-8.

1227. Ludwig **Hess**, Landschaftsmaler nebst angabe seiner Blätter von J. H. Meyer. Zurich, 1800. In-8, port.

1228. Neujahrsblatt der Künstlergesellschaft in Zürich für 1844, enthaltend : Lebensbeschreibung von Dr. **Hess** und Dr. (Ludwig Meyer, seine Söhne und Enkel aus Zürich). Zurich, 1844. In-4, port.

1229. Notice historique sur la vie et les ouvrages de M. **Heurtier**, par M. de Quatremère de Quincy. (Paris) 2 octobre 1824. In-4.

1230. Vandermeersch (D. J.). G. **Heuvick**, Jean Snellinck et Simon de Pape, peintres belges et quelques-unes de leurs productions. Gand, 1845. In-8.

*Extr. du Messager des Sciences historiques.*

1231. Lambin (J.J.).J. M. **Hinderickx**. Gand, 1838. In-8.

*Extr. du Messager des Sciences et des Arts de Belgique.*

1232. Notice raisonnée sur la vie et les ouvrages de Mindert **Hobbema**, par Héris. Paris, 1854. In-8.

1233. Mäleren P. **Hoerberg's** Lefvernesbeskrifning. Upsal, 1817. In-8, port.

1234. — Traduit en allemand, par Carl Schildner. Greifswalde. 1819. In-8.

1235. Molbech (Christian). Leben und Kunst des Schwedischen Malers P. **Hoerberg**, traduit du danois, par Georg. Fries. Copenhague, 1819. In-8.

1236. Wallraf (Ferd.-Franz.). Trauerrede auf den geschichtsmaler J. **Hoffmann**. Cöln, 1812. In-8.

**HOGARTH.**

1237. Lettres de Monsieur... à un de ses amis pour lui expliquer les estampes de M. **Hogarth**. London, 1746. In-8.

1238. A poetical description of M. **Hogarth's** election prints in four Cantos Written under M. Hogarth's sanction and Inspection. London, 1759. In-4.

1239. Trusler (John). Hogarth moralized, being à complete edition of Hogarth's works... London, 1768. In-8.

1240. Will. Gostling's humorous account of **Hogarth's** Tour in verse. 1781. In-8.

1241. Biographical anecdotes of William **Hogarth**, and a catalogue of his works chronologically arranged ; with occasionnal remarks (by John Nichols). London, 1781. In-8.

1242. (Nichols, J.). Beiträge zu W. **Hogarth**'s. Lebensbeschreibung, nebst einem nach der Zeitfolge geordneten und mit Erklärung begleiteten Verzeichnisse seines Kupferstichwerks, traduit de l'anglais par A. W. Crayen. Leipzig, 1783, port.

1243. Explanations of several of **Hogarth**'s Prints. 1785. In-8.

1244. Biographical anecdotes of William **Hogarth**, and a catalogue of his works chronologically arranged, with occasional Remarks by John Nichols. London, 1785. In-8.

1245. — Autre édition. London, 1833. In-8.

1246. Sketches from **Hogarth** on 15 plates with the description by M. Livesoy. London, 1788. In-8.

1247. A catalogue of pictures and prints the property of the late M. **Hogarth**. 1790. In-8.

1248. Ireland (John). **Hogarth** illustrated. London, 1791-1798. 3 vol. in-8.
Les deux premiers volumes ont été réimprimés en 1793 et en 1804.

1249. Graphic illustrations of **Hogarth**, from pictures, Drawings and scarce Prints in the possession of Samuel Ireland. London, 1794-1799. 2 vol. in-8.

1250. Ireland (John). Graphic illustrations of **Hogarth**. London, 1794-1799. 4 vol. In-8.

1251. Lichtenberg (George Christophe). Erklärungen der **Hogarth** sen Kupferstiche, mit verkleinerten Copien derselben von Riepenhausen. Gœttingue, 1794-1851. 13 livraisons. In-8.

1252. Explication détaillée des gravures d'**Hogarth**; par M. C. Lichtenberg. — Ouvrage traduit de l'allemand en français; par M. M. Lamy. Gœttingue, 1797. In-12.

1253. A descriptive catalogue of **Hogarth**'s work, exhibited in Swallow Streett, 1801. In-8.

1254. Cook. **Hogarth** restored, with commentaries. London, 1802. 2 vol. in-8. Suivi du Clavis Hogarthiana. London, 1808. 3 vol. in-8.

1255. Pictures and prints by **Hogarth**, etc. Late the property of John Ireland, esq. deceased, author of Hogarth illustrated, etc. Vente à Londres, le 5 mars 1810. In-8.

1256. Clavis **Hogarthiana**; or illustrations of Hogarth (by Nichols). London, 1817. In-8, port.

1257. **Hogarth** moralized, by John Trusler, edited by John Major. London, 1831. In-8, fig.

1258. — Nouvelle édition. London. Washbourne, 1841. In-8.

1259. Anecdotes of William **Hogarth**, written by himself : with essays on his life and genius, and criticisms on his works, selected from Walpole, Gilpin, J. Ireland, Lamb, Phillips and others. To which are added a catalogue of his prints; account of their variations and principal copies; lists of paintings, drawings... by J. B. Nichols. London, 1833. In-8, fig.

1260. The complete works of William **Hogarth**, including the analysis of beauty, elucitated by descriptions critical moral and historical, founded on the most approbed authorities, to wich is prefixed some account of his life. London, 1837. 3 vol. in-8.

1261. Catalogue d'une collection de Tableaux modernes, peints par M. **Hoguet**. Vente à Paris le 12 avril 1851. In-8.

1262. Imitations of original drawings by Hans **Holbein**... with biographical tracts; published by J. Chamberlaine. London, 1792-1802. 2 vol. in-fol.

1263. Hegner (Ulrich). H. **Holbein** der Jüngere. Berlin, 1827. In-8, port.

1264. Hans **Holbein** der Jüngere in seinem Verhältniss zum deutschen Formschnittwesen von C. Fr. v. Rumohr. Leipzig, 1836. In-8.

1265. Rumohr (C. Fr. v.). Auf Veranlassung und in Erwiederung von Einwürfen eines Sachkundigen gegen die Schrifft : Hans **Holbein** der Jüngere in seinem Verhältniss zum deutschen

Formschnittwesen. Leipzig, 1836. In-8.

1266. Ueber ein Paar **Holbein'sche**. Forsmschnitte, vom Legations-Rath Detmold in Hannover. Leipzig, 1856. In-8, fig.

1267. Vie du peintre de Jean **Holbein**, traduit de l'allemand d'Auguste Lewald, par Frédéric Caumont. Bâle, 1857. In-12.

. **Holbein**, voyez **Reynolds**.

1268. Wagenseil (Chr. Jac.). E **Holl**, baumeister zu Augsburg, biographische Skizze. Augsbourg, 1818. In-8, port.

1269. A description of the works of the ingenious delineator and engraver Wenceslaus **Hollar** disposed into classes of different sorts ; with some account of his life ; by G. Vertue. London, 1745. In-4, port.

1270. — Seconde édition, avec additions. London, 1759. In-4.

1271. A Catalogue of a capital collection of prints. The works of that incomparable artist, Wenceslaus **Hollar**, formed... by the late John Towneley, esq. Vente à Londres, le 26 mai 1818 In-4.

1272. **Hollar's** Works. A Catalogue of a choice Collection of the Works of Winceslaus Hollar (Arranged according to Vertue's catalogue). — The property of a distinguished collector (général Dowdeswell). Vente à Londres, le 9 février 1821. In-8.

1273. Wenzel **Hollar**.—Beschreibendes Verzeichniss seiner Kupferstiche, von Gustav Parthey. Berlin, 1853. In-8.

1274. — Supplément. Berlin, 1858. In-8.

1275. Notice d'une vente de miniatures. de dessins, d'estampes, après le décès de M. J. F. **Hollier**, peintre en miniature. Vente à Paris le 26 novembre 1845. In-8.

1276. Goetghebuer ( Pierre-Joseph). Den architect de **Hoon** S. l. n. d. (Gand, 1850). In-12.

1277. Malaren Pehr **Horbergs** Lefwernes-Beskrifning författad af honom

sjelf. Met Företal och Tillagg af Atterbom. Nebst dem Portrait dieses Schwedischen Autodidakten in Kniestück vor der Staffelei sitzend, vom Künstler selbst im J. 1807 radirt. Upsala, 1817. In-8.

1278. De la Conception historique en peinture à propros d'un tableau récent de M. J. **Hornung**, de Genève,... par G. Mongeri. Genève. 1852. in-8.
    Extr. de la *Bibliothèque universelle de Genève*. Novembre. 1852.

1279. Réflexions sur les concours en général et sur celui de la statue de J. J. Rousseau en particulier, par **Houdon**, sculpteur du Roi... S. l. n. d. (Paris 1789). In-8.

1280. Copie de la lettre de M. **Houdon**, sculpteur (5 Juin 1791), à M. le président de la société des Amis de la constitution. S. l. n. d. (Paris 1791). In-8.

1281. Catalogue de quelques tableaux, statues, vases.... du cabinet du citoyen **Houdon**, statuaire.... Vente à Paris le 16 vendémiaire an IV (8 octobre 1795). In-8.

1282. Notice des objets d'art qui seront vendus après le décès de M. J. A. **Houdon**, statuaire... Vente à Paris, le 15 décembre 1828. In-8.

1283. Notice historique sur la vie et les ouvrages de M. **Houdon**, par M. Quatremère de Quincy. (Paris) 5 octobre 1829. In-4.

1284. Notice sur J. A. **Houdon**, 1741-1828, par MM. E. Délerot et A. Legrelle. Versailles, 1856. In-8.
    Extr. des *Mémoires de la Société des Sciences morales, des Lettres et des Arts de Seine-et-Oise.*

1285. Le beau Idéal, Ode à M. **Houdon**. S. l n. d. In-8.

1286. Notice sur M. **Houel**, peintre, lue le 1er décembre 1813 à la Société libre d'émulation de Rouen (par C. Lecarpentier). Rouen, 1813. In-8.

1287. Le sculpteur **Hubac**, sa vie et ses œuvres. — Étude biographique, par F. Tamisier. Marseille, 1858 In-8.

1288. Catalogue des tableaux, composant le cabinet de M. **Hüe**... Vente à Paris, le 6 mai 1824. In-8.

1289. Notice biographique et littéraire sur Charles van **Hulthem**, par A. Voisin. Gand, 1837. In-8.

1290. Meslange de poésie sur le chef-d'œuvre de feu Didier **Humbelot**, maître sculpteur et peintre à Paris, représentant en bosse la figure d'un Ecce homo, et présenté à Monseigneur l'Éminentissime Cardinal de Larochefoucault. Paris. 1636. In-4.

1291. Catalogue du fond de planches gravées et épreuves, outils et ustensiles de gravure, presse avec ses dépendances... de feu M. **Huquier**, graveur. Vente à Paris, le 4 novembre 1772. In-12.

1292. Catalogue de tableaux à l'huile, à gouasse et au pastel, peintures de la Chine, enluminures; dessins précieux... de feu M. **Huquier**, graveur, par F. C. Joullain fils. Vente à Paris, le 9 novembre 1772. In-12.

1293. Institut royal de France.—Académie royale des beaux-arts. — Funérailles de M. **Hurtault**. — Discours de M. Vaudoyer. (Paris, 4 mai 1824.) In-4.

1294. Discours prononcé aux funérailles de M. **Hurtault**, inspecteur général, membre du conseil des bâtiments civils et de l'institut royal de France, par M. Mazois, au nom du conseil des bâtiments, du ministère de l'intérieur. Paris. S. d. (1824). In-8.

1295. Catalogue de tableaux, dessins et estampes composant le cabinet de feu M. **Hurtault**, architecte. Vente à Paris, le 7 février 1825. In-8.

On trouve une notice biographique sur M. Hurtault, en tête du catalogue de la Bibliothèque de cet architecte célèbre, rédigé par M. Merlin. Cette vente eut lieu le 12 janvier 1825.

1296. Notice historique sur la vie et les ouvrages de M. **Hurtault**, architecte. lue en la séance publique de l'Académie royale des beaux-arts, le samedi 7 octobre 1826, par M. de Quatremère de Quincy. Paris. In-4.

1297. Notice des tableaux, gravures et autres objets provenant de la succession de M. Arsène **Hurtrel**, artiste peintre... Vente à Lille, le 23 décembre, 1861. In-8.

**Husson** voyez **Foyatier**.

1298. Institut national de France. — Académie des beaux-arts. — Funérailles de M. **Huvé**. Discours de M. Raoul-Rochette, prononcé le 25 novembre 1852. (Paris). In-4.

1299. Notice biographique sur J. J. Marie **Huvé**, architecte, membre de l'Institut, par Charles Lenormant. Paris, 1853. In-8.

1300. Institut royal de France.... Notice historique sur la vie et les travaux de M. **Huyot**.... par Raoul-Rochette. Paris. 1841. In-4.

1301. Intorno all'incisore Samuele. **Iesi**, da Correggio. Discorso biografico del Dott. Quirino Bigi, Correggiese. Milano, 1860. In-8.

1302. Catalogue d'estampes, recueils, livres à figures, planches gravées, tableaux, dessins... après le décès de M. François-Robert **Ingouf** jeune, dessinateur et graveur... et après le décès de Mme Ingouf. Vente à Paris, le 8 mars 1815. In-8.

1303. Laurent Jan. M. **Ingres**, peintre et martyr. S. l. n. d. (Paris vers 1842). In-8.

*Extr. du Plutarque drolatique.*

Cette facétie très-spirituelle a été réimprimée d'abord dans le *Figaro*, puis avec deux autres biographies drolatiques de MM. H. Vernet et Delacroix sous ce titre : *Légendes d'atelier.* (par Laurent Jan) (Paris 1859) in-8°.

1304. M. **Ingres**, par un homme de rien (L. de Loménie). Paris, 1844. In-12.

1305. Peintres et sculpteurs modernes. M. **Ingres**, par F. de Lagenevais. (Frédéric Mercey). Paris, 1846. In-8.

*Extr. de la Revue des Deux Mondes.*

1306. M. **Ingres**.... (Signé : Félix Drouin). S. l. n. d. (Paris, 1847). In-8.
Extr. des *Archives des hommes du jour*.

1307. Œuvres de J. A. **Ingres**, membre de l'Institut, gravées au trait sur acier par A. Reveil (publiées par Magimel). Paris, 1851. in-4.

1308. Œuvres de J. A. **Ingres**, gravées au trait par A. Reveil... par Alex. Corby Paris. S. d. (1851.) in-8.
Extr. du *Moniteur Universel*, du 26 novembre 1851.

1309. **Ingres**, par Eugène de Mirecourt. Paris, 1855. In-18.

1310. Notice sur le tableau du martyre de saint Symphorien, par M. **Ingres**. par MM. Devoucoux et Maron. Autun, 1856. In-8.

1311. **Ingres**, par Taxile Delord. Paris, 1860. In-8.

1312. Catalogue de dessins (de M. **Ingres**) tirés de collections d'amateurs et exposés dans les salons des artsunis. S. l. n. d. (Paris, 1861.) In-8.

1313. L'apothéose de M. **Ingres**, par Théophile Silvestre. Paris, 1862. In-8, port.

1314. Une visite à l'atelier d'**Ingres**, par M. Damay. Amiens. S. d. In-8.

1315. **Isabey** (Jean - Baptiste), par M. Ch. Lenormant. Paris (1858). In-8.
Extr. de la *Biographie universelle*.

1316. J. B. **Isabey**, sa vie et ses œuvres, par M. Edmond Taigny. Paris, 1859. In-8.
Extr. de la *Revue européenne*.

1317. Merlo (J. J.) Die Familie **Jabach** zu Köln und ihre Kunstliebe. Cologne, 1861. In-8. fig.

1318. **Jacmart-Pilavaine**, miniaturiste du xve siècle, par Léon Paulet. Bruxelles et Amiens, 1858. In-8.
Extr. de *la Picardie*.

1319. Histoire de la vierge, peintures murales exécutées par Claudius **Jacquand**, à l'église Saint-Philippe du Roule.... Paris (1861). In-8

1320. A propos des tableaux de M. Louis **Janmot**, exposés passage du Sau-

mon (par Victor Smith). Paris 1854. in-12.

1321. Popeliers (T. L. H.). Biographie du sculpteur F. J. **Janssens**. Bruxelles, 1843. In-8.
Extr. du *Trésor national*.

1322. Historich Berigt wegen Joost **Janszoon**, Beeldsnyder, en de door hem vervaardigde Stukken ; door Jacob Koning. (Amsterdam, 1831.) In-4.

1323. Madame Vittoria Maria **Jaquotot**, pittrice, musicista, con annotazioni. Scritta da M. A. Gualandi. Venezia, 1855. In-8.

1324. Colomb (R...). Notice biographique sur M. **Jay**, fondateur et ancien conservateur du Musée de Grenoble. Paris, 1836. In-8.

1325. Siècle de François Ier époque de 1518. Tableau de M. A. C. G. Lemonnier, gravé par M. **Jazet**. Paris. 1822. In-8.

1326. Catalogue de 250 planches gravées à l'aquatinte, par **Jazet**, d'après les grands maîtres de notre époque... Vente à Paris, le 2 décembre 1843. In-8.

1327. Mémoire pour le citoyen **Jean** marchand d'estampes, défendeur : contre le citoyen Auber, se disant propriétaire des tableaux historiques des campagnes d'Italie, demandeur, et contre le citoyen Desrais, dessinateur appelé en garantie. Paris, vendémiaire an X. In-4.

1328. Schæpkens (Alexandre). **Jean de Venloo**, fondeur du xve siècle. Gand, 1851. In-8.
Extr. du *Messager des sciences et des arts de Belgique*.

1329. Notice sur la vie et les ouvrages de M. Étienne **Jeaurat**, doyen de l'Académie royale de peinture. Paris, S. d. In-4.

1330. Le peintre Étienne **Jeaurat**. Essai historique et biographique sur cet artiste, par M. Sylvain Puychevrier. Paris, 1862. In-8.
Extr. de l'*Annuaire de l'Yonne*, pour 1863.

1331. Just Ulrik **Jerndorff**, characterbild von L. Starklof. Oldenbourg,
1848. In-8.

1332. Catalogue des tableaux, dessins,
croquis et gravures de Tony et Alfred
**Johannot**... Paris, 1852. In-8.

1333. Les **Johannot**, par M. Ch. Lenormant. Paris (1858). In-8.
> Extr. de la *Biographie universelle* de
> Michaud.

1334. Notice historique sur Alfred
**Johannot**, par M. Feuillet de Conches. Paris. S. d. In-8.
> Extr. de la *Biographie universelle.*

1335. Catalogue de cent cinquante dessins, mines de plomb, aquarelles...
provenant de l'album particulier de
Tony **Johannot**, artiste peintre....
Vente à Paris, le 26 mars 1853. In-8.

1336. Catalogue de tableaux, études,
peintes d'après nature.... par suite
du décès de M. André **Jolivard**,
paysagiste. Vente à Paris, le 28 janvier 1852. In-8.

1337. Mémoire pour le sieur François
Gérard **Jollain**, marchand graveur à
Paris, et le sieur Gérard Jollain, libraire à Paris, habiles à se dire et
porter héritiers de M. Jacques Jollain, prêtre, docteur en théologie, de
la maison et société de Navarre, curé
de la paroisse Saint-Hilaire à Paris.
Contre demoiselle Marie-Angélique
Delaforest, fille majeure.— M. Des-
tablet, avocat.— De l'imprimerie de
la veuve Merge, rue Saint-Jacques,
au Coq. S. d. In-folio.
> Le billet de faire part de ce même
> Jollain, qui se trouvait joint à la pièce
> précédente, nous apprit que ce gra-
> veur, enterré, le 19 juillet 1735, à l'é-
> glise Saint-Séverin, avait pour gendre
> un autre graveur, nommé Humblot.
>
> Mémoire pour demoiselle Marie-
> Angélique Delaforest, fille majeure,
> contre F.-G. Jollain, marchand graveur
> et Girard Jollain, libraire.
>
> M⁰ Forestier le jeune avocat, Paris
> 1725. In-f°.

1338. Depping (George Bernhard). Notice sur la vie et les travaux de J. B.
J. **Jorand**, membre résident de la

Société des antiquaires de France.
Paris, 1852. In-8
> Extr. de l'*Annuaire de la Société des
> antiquaires.*

1339. Cornelissen (Egide - Norbert).
Tombeau de **Jordaens**. Gand, 1830.
In-8.

1340. Alvin (Louis). J. **Jordaens**.
Bruxelles, 1844. In-8, port.
> Extr. des *Belges illustres.*
> **Jordaens**, voyez **Rubens**.

1341. Catalogue des estampes qui se
vendent chez **Joullain**, père et fils...
Paris ( 1760). In-4.

1342. Catalogue des planches gravées,
outils de gravures.... provenant de
la succession du sieur **Joullain**,
graveur.... Vente à Paris le 25 octobre 1779. in-8.

1343. Notice nécrologique sur Paul
**Jourdy**, peintre d'histoire, par Alphonse Pauly. Paris, 1856. In-8.
> Extr. du *Bulletin du comité central
> des artistes.* La pagination n'a pas été
> changée.

1344. Catalogue des tableaux anciens
et modernes, études et esquisses peintes... qui composaient le cabinet de
M. **Jousselin**, peintre. Vente à
Paris, le 16 avril 1858. In-8.

1345. Essai historique sur **Jouvenet**,
peintre, par Ch. Lecarpentier. Rouen,
an XII. In-8.

1346. Jean **Jouvenet** et sa maison na-
tale, par Houel. Rouen, 1836. In-8.

1347. Histoire de **Jouvenet**, par F. M.
Leroy. Paris et Rouen, 1860. In-8.

1348. — Supplément. Amiens.
1861. In-8, publié sous ce titre : « Le
peintre Jouvenet. »

1349. Lettre écrite à Monsieur.... qui
m'avait demandé mon sentiment sur
un grand ouvrage que M. **Jouvenet**
a peint depuis peu, et ce que repré-
sente ce tableau. S. l. n. d. In-12.
> Le tableau représentait le *Triomphe
> de la justice.*

1350. Catalogue de tableaux et dessins anciens et modernes... composant le cabinet de M. Jules **Joyant**,
peintre. Vente à Paris, le 22 mars
1855. In-8.

1351. Jules **Joyant**, par Ernest Desjardins Mâcon, 1856. In-8.

1352. Catalogue d'une jolie collection d'études peintes d'après nature par M, **Jugelet**.... Vente à Paris le 20 décembre 1847. in-8.

1353. Catalogue de tableaux et dessins peints par M. **Jugelet**.... Vente à Paris le 22 mars 1851. In-12.

1354. Catalogue des tableaux, études. croquis.... de M. A. **Jugelet**. Vente à Angers le 7 avril 1853. In-8.

1355. Catalogue des tableaux, études, croquis.... de M. A. **Jugelet**. Vente à Angers, le 2 avril 1855. In-8.

1356. Notice historique sur la vie et les ouvrages de Pierre **Julien**.... lue à la séance publique de l'Institut, du 6 vendémiaire an XIV par Joachim Le Breton... Paris, an XIV. In-8.
Extr. du *Magasin encyclopédique.*

1357. Mémoire sur Simon **Julien**, peintre d'histoire, par A. Bronze, conservateur du Musée de Toulon. Toulon, 1862. In-8.
Extr. du *Propagateur du Var.*

1358. Epistel an Ang. **Kauffmann** von Georg Keate, aus dem Engl. übersetzt von F. van Shaden. Nordlingen, 1782. In-8.

1359. Per la guarizione della signora Angelica **Kauffmann**, pittrice, seguita sul lago di Como. (Roma), 1802. In-4.
Placard-pièce de vers signée G. de R... (Rossi ?)

1360. Vita di A. **Kauffmann**, pittrice scritta dal cav. Giov. Gher. de Rossi. Firenze, 1810. In-8, port.

1361. — Traduit en allemand, par A. Weinhart. Bregenz, 1814. In-8, port.

1362. De Kunstverdiensten van Angelika **Kauffmann** en Raphael, geschest door J. Konynenburg. Amsterdam, 1810. In-8, port.

1363. Wailly (Ar. Fr. Léon de). A. **Kauffmann**. Paris, 1858. 2 vol. In-8.
Roman historique.

1364. — Nouvelle édition Paris, 1844, 2 vol. In-8.

1365. — Nouvelle édition. Paris, 1859. 2 vol. in-8.

1366. Angelika **Kaufmann**. Ein historischer Roman. Roma, London und Francfurt, 1860. 2 vol. in-8.

1367. Das Narrenhaus, von Wilhelm **Kaulbach**, gestochen von H. März erlautert von Guido Görres; nebst Ideen über Kunst und Wahnsinn. Munich, 1835. Texte in-8, pl. in-fol.

1368. Erklärungen zu dem Bilde : Die Zerstörung Jerusalems von W. **Kaulbach**. Munich, 1858. In-4.

1369. Neujahrsstück der Künstlergesellschaft in Zürich für 1839 enthaltend : Lebensbeschreibung und Characteristik des Bildhauers Hans **Keller**. Zurich, 1839. In-4, port.

1370. Vita di M. **Kessels**, scultore, scritta da Filippo Gerardi. Roma, 1837. In-8..

1371. Albitès (Ac. C.). Notice sur la vie et les ouvrages de **Kessels**, sculpteur belge, suivie du catalogue de ses ouvrages, dans l'ordre de l'exposition de l'église des Augustins, à Bruxelles. Bruxelles, 1857. In-8.

1372. Mathieu **Kessels**, statuaire, né à Mastricht, en 1784, mort à Rome en 1836; par M. Ar. Schaepkens. Anvers, 1854. In-8. fig.
Extr. des *Annales de l'Académie d'archéologie de Belgique.*

1373. Inauguration du tableau de M. de **Keyser**, *la Bataille des Éperons d'or;* souvenirs de l'exposition de tableaux et objets d'art et d'industrie, à Courtrai, en 1841,... par Jaspin aîné. Courtrai, 1842. In-18.

1374. Kurzgefasste Lebensgeschichte des berühmten Miniaturmalers Herrn C. F. C. **Kleemann**. S. l. n. d. (Altenburg). In-4, port.

1375. Verzeichniss der von Johann Adam **Klein**, Maler and Kupferstecher, gezeichneten und radirten Blätter (vom Jahr 1805 bis 1846), von Ludwig Ebner. Stuttgart, 1833. In-8.

1376. Das Werk von Johann Adam **Klein**,...beschrieben durch G. Jahn, Munich, 1863. In-8, port.

1377. Wiegmann (R.). Retter L. van **Klenze** und unsere Kunst. Dussel-dorf, 1839. In-12.

1378. Der Portrait Maler sir Godfrey **Kniller** im Verhältniss zur Kunstbildung seiner Zeit, dargestellt von W. A. Ackermann. Lubeck, 1845. In-8.

1379. Glausen (Enrico). Memorie della vita e delle opere di M. **Knoller**. Milano, 1838. In-8.

1380. Catalogue raisonné des estampes de Ferdinand **Kobell**, par Étienne, baron de Stengel. Nuremberg, 1822. In-8.

1381. Kugler (F.). Ueber Ferd. **Kobell** und seine Radirungen, nebst 12 Rad. von Ferd. Kobell, aus seinem Werke. Stuttgart, 1842. In-8.

1382. Neujahrsblatt der Künstlergesellschaft in Zürich für 1847, enthaltend : Lebensbeschreibung und Characteristik des Malers Niklaus **Kœnig**, aus Bern. Zurich, 1847. In-4, port.

1383. **Kolbe**, K. W., mein Lebenslauf und mein Wirken im Fache der Kunst... Berlin, 1825. In-8.

1384. Bertuch (Friedrich Justus). Biographie von G. M. **Krauss** Maler und Kupferstecher. Weimar, 1807. In-8, port.

1385. C. A. Böttigers Andeutungen am Grabe Gerhard von **Kügelgens** den 30 März 1820 ausgesprochen. Dresden. In-8.

1386. Hasse (Friedrich-Christian-August); Das Leben Gerhards von **Kügelgen** nebst einigen Nachrichten von dem Leben, des Kaiserlich russischen Cabinets Malers Carl von Kügelgen's (Zwillingsbruders G. van Kugelgen). Leipzig, 1824. In-8, port.

1387. Fuessli (Johann-Caspar). Leben der berühmten Maler Rugenda's und J. **Kupetzkij**. Zurich, 1758. In-8. port.

1388. Cottreau (J. B. H. Nelson). Une vie d'artiste. Essai biographique sur

C. **Kuwasseg**, peintre... Paris, 1843. In-8, port.

1389. — Appendice à la notice précédente. Paris, 1845. In-8.

1390. De gedachtenis van wijlen den heer J. **Kuyper**, lid van het Koninklyk Instituut, plegtig gevierd (bevattende eene lijkrede door Martinus Stuart). Amsterdam, 1808. In-8, port.

1391. Catalogue de tableaux, dessins et estampes qui composaient la collection de M. **Kymli**, peintre de la cour palatine de Bavière. Vente à Paris, le 22 février 1813. In-8.

1392. Jean-Baptiste-Auguste **Labadye**, architecte professeur,... mort à Paris, le 31 décembre 1850. par Ch. Ed. Saint-Maurice Cabany. Paris. In-8.

Extr. du *Nécrologe universel du* XIX° *siècle.*

1393. Essai d'un catalogue de l'œuvre d'Étienne de **La Belle**, par Charles-Antoine Jombert Paris, 1772. In-8.

1394. L'historien de Charlet (le colonel **Lacombe**), peint par lui-même. Étude biographique par Henri de Saint-Georges. Nantes, 1862. In-12. port.

1395. Société libre des beaux-arts de Paris. — Notice nécrologique sur Jacques **Lacornée**, architecte..., par A. L. Lusson. Paris. 1856. In-8.

1396. Notice biographique sur M. **Lacour**, ancien directeur... de l'école gratuite de dessin et de peinture, de Bordeaux, par Gustave Léony. Paris, 1851. In-8.

Extr. du *Panthéon biographique universel.*

1397. Deux Artistes bordelais. — De **Lacour** et Poitevin, par L. Lamothe. Paris, 1859. In-8.

1398. Éloge de Pierre **Lacour**,... par Jules Delpit. Bordeaux, 1862. In-8.

Extr. des *Actes de l'Académie de Bordeaux.*

1399. Histoire d'un précieux tableau peint par **Lacroix**, représentant madame la duchesse de Berry avec ses deux enfants, exposé au musée du Louvre, en 1822. Paris, 1859. In-8.

1400. Duchesne (Jean). Notice sur la vie et les ouvrages de M. L. **Lafitte**. S. l. n. d. (Paris, 1828). In-8.

1401. Catalogue de tableaux anciens de différentes écoles, tableaux modernes... après le décès de M, **Lafond**, peintre d'histoire... Vente à Paris, le 6 février 1835. In-8.

1402. Rapport sur une coupe en bois sculpté, exécutée par M. **Lagnier**. soumise à l'appréciation de l'Académie, par M. Brochon (14 décembre 1856). Bordeaux. 1858. In-8.
*Extr. des Actes de l'Académie impériale des sciences, belles-lettres et arts de Bordeaux.*

1403. Notice de tableaux et esquisses, gouaches.... après le décès de M. **Lagrenée** l'aîné, peintre.... Vente à Paris, le 12 novembre 1814. In-8.

1404. Notice chronologique sur **Lagrenée** l'aîné, par N. Renou. S. l. n. d. (Paris, 1815). In-8.

1405. Notices nécrologiques sur Louis-Jean-François **Lagrenée**, peintre (signée : Renou) et Anne-Agathe Isnard, son épouse (signée : A. L. T. Vaudoyer). (Paris.) S. d. In-8.

1406. Éloge de J. J. **Lagrenée**, peintre par A. L. T. Vaudoyer, son neveu. Paris. 1821. In-8.
*Extr. du Moniteur, 22 février 1821.*

1407. Philippe **Lallemant**, peintre de Reims (xviie siècle), par M. Max Sutaine. Reims. 1856. In-8.
*Extr. des Travaux de l'Académie impériale de Reims. 1856.*

1408. Éloge de M. **Lancret**, peintre du Roi (par Balot de Sovot). Paris, 1743. In-8.

1409. Catalogue de tableaux, dont le plus grand nombre des bons maîtres des trois écoles. de peintures à gouache et miniatures, dessins et estampes en feuilles et sous verre, livres et suites d'estampes. Après le décès de madame **Lancret**, et de M** , par P. Remy. Vente à Paris, le 3 (5) avril 1782. in-12.

1410. Elogio storico del cavaliere Gaspare **Landi**, pittore Piacentino, recitato all' Academia Tiberina nel di 25 Maggio 1840 da Ces. Masini, Bolognese pittore d'istoria. Roma, 1841. In-8.

1411. Hess (David). S. **Landolt**. Characterbild nach dem Leben. Zurich, 1821. In-8, port.

1412. Jean **Lanfranc**, né à Parme, par C. Lecarpentier. S. l. n. d. In-8.
*Extr. de la Galerie des peintres célèbres.*

1413. Institut royal de France.—Funérailles de M. **Langlois**. Discours de M. Lebas, prononcé le 30 décembre 1858. (Paris). In-4.

1414. Notice sur la vie de M. **Langlois**, par M. Raoul-Rochette. (Paris), 2 octobre 1847. In-4.

1415. Notice sur la vie et les travaux de E. H. **Langlois**, par Charles Richard. Rouen, 1838. In-8, port.

1416. Notice biographique sur M. E. H. **Langlois**,... par M. Gilbert. Paris, 1838. In-8.

1417. Catalogue raisonné de l'œuvre de **Langot**, graveur Melunois, par Eug. Grésy. Melun, 1858. In-8.

1418. Recherches historiques, biographiques et littéraires sur le peintre **Lantara**, par Em. B. de la Chavignerie. Paris, 1852. In-8.

1419. Boni (Mauro). Saggio di studj del P. Luigi **Lanzi**. Venezia, 1815. In-8, fig.

1420. Pierre de **L'apostolle**, peintre verrier à Champdenier. Fontenay-le-Comte, 8 mai 1865. In-4 de 4 pag.
*Extr. de Poitou de Vendée, études historiques et artistiques, par B. Fillon et O. de Rochebrune.*

1421. Catalogue de tableaux, estampes, dessins, bronzes, figures de marbre,... provenant du cabinet de M. **Largillière**, peintre ordinaire du Roi, recteur, directeur et chancelier de l'Académie royale de peinture et de sculpture. Vente à Paris, le 14 février 1765. In-8.

1422. Notice historique sur J. de **la Serrie** (de la Vendée), littérateur (et graveur amateur), dédié à la Société académique, par P. C. Nantes, 1855. In-8.

1423. Omaggio alla memoria del cavaliere Carlo **Lasinio**, di Treviso... pubblicato il giorno X ottobre 1839 in cui fu posta l'inscrizione lapidaria al suo sepolcro nel campo santo. Pisa (1839). In-8, port.

1424. Michel **Lasne**, de Caen, graveur en taille-douce, par Thomas Arnauldet et Georges Duplessis. Caen, 1856. In-8.

1425. Tableau de madame Vincent-Calbris, exposé chez M. Lebrun, rue Esquermoise, à Lille. Lithographie de M. Émile **Lassalle**, d'après la *Médée*, de M. Eugène Delacroix (Signé : Pierre Caloine). Lille. 1856. In-8.

1426. L'architecte **Lassus**. Notice par M. Troche. In-8 de 16 pag.

**Latini** (N.), voyez **Lippi**.

1427. Duplaquet... Éloge historique de Maurice Quentin de **Latour**, peintre du Roi... Saint-Quentin et Paris, 1788. In-8.

1428. Maurice Quentin de **la Tour**, peintre du roi Louis XV, par Charles Desmaze. Saint - Quentin, 1855. In-8.

1429. —Nouvelle édition. Paris, 1854. In-12.

1430. Les peintres de Laon et de Saint-Quentin. De **la Tour**, par Champfleury. Paris, 1855. In-8.

1431. Eloge biographique de Maurice Quentin de **Latour**,... par Ernest Dréolle de Nodon. Paris, 1856. In-8, port.

1432. Eloge de Maurice Quentin de **Latour**, par Emile Beaudemont. Saint-Quentin, mars 1856. In-8.

1433. Notice historique et biographique sur Maurice Quentin de **Latour**. Saint-Quentin. S. l. (1856) In-8.

1434. Notice historique et biographique sur Maurice Quentin de **Latour**. Saint-Quentin (1856). In-8.

1435. Catalogue de tableaux, aquarelles, dessins,... après le décès de

M. **Latteux**. peintre de paysage.... Vente à Paris, le 30 avril 1840. In-8.

**Laumans** (J. B.), voyez **Suetendael**.

1436. Catalogue d'estampes anciennes et modernes et de quelques tableaux et dessins après le décès de M. **Laurent**, graveur. Vente à Paris le 9 décembre 1844. In-8.

1437. Notice sur la vie de P. **Laurent**, graveur (par P. Dorange). S. l. ni d. In-4.
Extr. du *Moniteur universel*, juillet 1809.

1438. Eloge historique de M. **Laurent**, peintre, professeur de l'école de dessin et directeur du Musée d'Épinal,... lu à l'assemblée publique de la Société royale des sciences, lettres et arts de Nancy, le 7 juillet 1833, par M. de Haldat... Nancy, 1833. In-8.

1439. Voisin (Auguste). P. **Lauters**. Gand, 1858. In-8.

1440. The life and correspondence of sir Thomas **Lawrence**, Knight, president of the royal academy, by D. E. Williams. London, 1831. 2 v. in-8, port.

1441. Notice historique sur sir Thomas **Lawrence**, par M. Feuillet de Conches. Paris, 1842. In-8.
Extr. de la *Biographie universelle*, t. LXX.

1442. Even (Edward van). Notice sur M. de **Layens**, l'architecte de la ville de Louvain. Louvain. S. d. (1848). In-8.
Extr. du Journal : l'*Écho de Louvain*.

1443. Vita di Gregorio **Lazzarini**, pittore, scritta da Vincenzo da Canal. Venezia, 1809. In-4, port.

1444. Montanari (Gius. Ignaz.). Biografia del canonico G. A. **Lazzarini**, Pesarese. Roma, 1836. In-16.

1445. Lazzaro Baldi. Breve compendio della vita e morte di S. **Lazzaro**, monaco ed insigne pittore, che sotto Teofilo Imperatore Iconomaco molti tormenti patì per la pittura e culto delle sacre imagini. Roma, 1681. In-16.

1446. — Seconde édition. Roma, 1715. In-16.

1447. — Troisième édition.Roma, 1788. In-16.

1448. Vita diS. **Lazzaro**, monaco e pittore, preceduta da alcune observazioni sulla bibliomania (per Leopoldo Cicognara), Brescia, 1807. In-8.

1449. Catalogue des tableaux, dessins, livres et estampes, vendus après le décès de M. **Lebarbier**, peintre, membre de l'Institut, par P. Bénard. Vente à Paris, le 27 novembre 1826. In-8.

1450. Catalogue des tableaux, sculptures, dessins, estampes,... le tout provenant de la succession de feu M. **Lebas**, premier graveur du cabinet du Roy... Vente à Paris, au mois de décembre 1783. In-8, port.

1451. Henri **Lebert**, peintre et dessinateur. — L'industrie de l'indienne dans le Haut-Rhin (signé L. Spach). Colmar. (1863). In-8.
Extr. de la *Revue d'Alsace.*

1452. Notice des tableaux et études de M. Auguste **Lebouis**, artiste peintre... Vente à Paris, le 11 décembre 1854. In-8.

1453. Les Reines de Perse aux pieds d'Alexandre, peinture (de Ch. **Lebrun**) du cabinet du Roi (par A. Félibien). Paris, 1663. In-4.

1454. Les quatre éléments peints par M. **Lebrun**, et mis en tapisseries pour Sa Majesté (par Félibien). Paris, 1665. In-4.

1455. Les quatre saisons peintes par M. **Lebrun** et mises en tapisseries pour Sa Majesté (par Félibien). Paris, 1667. In-4.

1456. La grande galerie de Versailles et les deux salons qui l'accompagnent peints par Ch. **Lebrun**.... dessinés par J. B. Massé.... Paris 1752. In-12.

1457. Apologie des Allégories de Rubens et de **Lebrun**, introduites dans les galeries du Luxembourg et de Versailles, suivie de quelques pièces

fugitives relatives aux arts, par M. Dandré-Bardon. Paris 1777. In-12.

1458. Charles **Lebrun**, par M. de Pastoret. S. l. n. d. (Paris, 1835-1841.) In 8.
Extr. du *Plutarque français.*

1459. Découverte du portrait de Corneille, peint par Ch. **Lebrun**. Recherches historiques et critiques à ce sujet, par M. Hellis. Rouen. 1847. In-8, fig.
Extr. du *Précis analytique des travaux de l'Académie de Rouen,* ann. 1847.

1460. Description du plafond de l'Aurore peint par M. **Lebrun**, dans le pavillon des potagers de Sceaux vers l'an 1648. S. l. n. d. In-12.

1461. A M. **Lebrun** premier peintre du Roi et grand intendant des manufactures royales, sur son excellent tableau d'Alexandre. Sonnet par Carneau. S. l. n. d. In-4.

1462. Sur un tableau de la Nativité de Notre-Seigneur fait par M. **Lebrun**, premier peintre du Roi, à M. Helvetius, docteur en médecine par Saint-Ussans. Paris. S. d. In-8.

1463. Topino **Le Brund**, non jugé, mais condamné à la peine de mort, par le tribunal criminel de la Seine, le 19 nivôse an IX, onze heures du soir. S. l n. d. In-8.

1464. L'originale e il rittratto. Bassano, 1792. In-8.
Cet opuscule se compose des portraits d'Isabelle Teotochi Marin et de madame Lebrun, gravés à l'eau forte, d'une notice de M. Denon sur madame **Lebrun** et de plusieurs pièces de vers en italien par divers auteurs.

1465. Précis historique de la vie de la citoyenne **Le Brun**, peintre, par le citoyen J. B. P. Lebrun. Paris, an II. In-8.

1466. Notice sur la vie et les ouvrages de Mme **Lebrun**, par J. T. L. F. (Justin Tripier Le Franc). Paris, 1828. In-8.
Extr. du *Journal Dictionnaire de biographie moderne.*

1467. **Lebrun** (M. L. E.). Souvenirs de ma vie. Paris, 1835. 3 vol. in-8, port.

1468. Souvenirs de madame Louise-Élisabeth Vigée **Le Brun** de l'Académie royale de Paris, de Rouen, de Saint-Luc, de Rome et d'Arcadie, de Parme et de Bologne, de Saint-Pétersbourg, de Berlin, de Genève et Avignon. Paris, 1837. 3 vol. in-8.

1469. Etude d'art plastique. *Alma parens*, groupe colossal de M. Auguste **Lechesne**. Extrait d'un ouvrage inédit sur l'art, par G. Desjardins. Paris, 1858. In-8.

1470. Eloge de M. **Leclerc**, chevalier romain, par l'abbé de Vallemont. Paris, 1715. In-12, port.

1471. Catalogue des dessins, estampes, bronzes, etc., de **Leclerc** peintre du roi... Vente à Paris, le 17 décembre 1764. In-12.

1472. Catalogue raisonné de l'œuvre de Séb. **Leclerc**,... par Ch. Ant. Jombert. Paris, 1774. 2 vol. in-8.

1473. Notice sur une planche gravée par Sébastien **Leclerc**, par M. F. M. Chabert. Metz (1859). In-8.
Extr. des *Mémoires de l'Académie impériale de Metz*, années 1857-1858.

1474. Institut de France... Funérailles de M. Achille **Le Clère**. Discours de M. Raoul-Rochette,.. prononcé,.. le 26 décembre 1853. Paris. In-4.
Cette brochure contient également les discours de MM. Caristie et de Visconti.

1475. Ecole impériale et spéciale des beaux-arts. Discours prononcé sur la tombe d'Achille-René-François **Leclère**,... par M. Vinit .. le 26 décembre 1853. Paris, 1853. In-8.

1476. Funérailles de M. Achille **Le Clère**... Discours de M. Isabelle,... au nom des élèves de M. Achille Leclère. Paris (1854). In-4.

1477. Notice sur la vie et les travaux de M. Achille **Leclère**,.. par Ad. Lance. Paris, 1854. In-8.
Extr. de l'*Encyclopédie d'architecture*.

1478. Catalogue d'une collection de beaux dessins d'architecture, de quelques tableaux et esquisses... composant le cabinet de feu M. Ach. **Le-clère**. Vente à Paris, le 26 mai 1854. In-8.

1479. Discours de M. Quatremère de Quincy, prononcé aux funérailles de M. **Lecomte**, statuaire, le 13 février 1817. (Paris, 1817.) In-4.

1480. Notice sur **Lecomte** statuaire, membre de l'Institut. Paris. S. d. In-8.

1481. Notice nécrologique sur M. **Lecomte**, architecte. (Signé P. D. C.). S. l. n. d. In-4.
**Lecomte** voyez **Dejoux**.

1482. Catalogue de tableaux, chasses, chevaux, paysages et animaux, peints d'après nature par M. Philippe **Ledieu**... Vente à Paris, le 20 février 1851. In-8.

1483. Catalogue d'une intéressante collection de sujets de chasse,...peints par M. Ph. **Ledieu**... Vente à Paris, le 19 janvier 1852. In-8.

1484. Catalogue d'une intéressante collection de tableaux et dessins modernes,... peints d'après nature par M. Ph. **Ledieu**. Vente à Paris, le 10 mars 1858. In-8.

1485. Notice rapide sur la vie et les ouvrages de Cl. Nic. **Ledoux**, membre de l'ancienne académie royale d'architecture, par J. C. S. l. n. d. (Paris). In-8.

1486. Notice biographique sur Hilaire **Ledru**, peintre de genre, lue à la société du... Nord, réunion du 9 avril 1843... par M. S. Henry Berthoud... Paris, 1843. In-8.

1487. Catalogue de tableaux de M. V. **Le Gentile**, paysagiste. Vente à Paris, le 15 avril 1858. In-8.

1488. Corazzi (Ercole). Elogio storico di S. **Legnani**. Bologna, 1720. In-8.

1489 Catalogue d'estampes, œuvres, recueils, livres sur les arts... qui composaient le cabinet et le fonds de feu **Le Gouaz**, ancien graveur de l'Académie royale des sciences. Vente à Paris, le 18 mars 1816. In-8.

1490. Poésies choisies de Sauveur **Legros**, suivies du catalogue de ses eaux-fortes; par Fr. Hillemacher. Bruxelles, 1857. In-12, port.

1491. Les nouvelles peintures de M. **Le Hénaff**, à Notre-Dame-de-Bon-Port de Nantes, par Charles Marionneau. S. l. n. d. (Nantes, 1865.) In-8.

Extr. de la *Revue de Bretagne et Vendée.* liv. de septembre 1865.

1492. Peintures murale. Décoration générale de la chapelle des jeunes aveugles par Henri **Lehmann**. — Compte rendu par Aug. Galimard. Paris, 1852. In-18.

Extr. de la *Revue des Beaux-Arts.*

1493. Peintures de la grande galerie des fêtes à l'hôtel de ville de Paris, par H. **Lehmann** (25 novembre 1852). Paris, 1852. In-8.

1494. Galerie historique et critique du XIXᵉ siècle. Henri **Lehmann**, par par Henry Lauzac. Paris, 1858. In-8.

1495. Explication des détails histoririques contenus dans les trois tableaux de bataille de M. le général baron **Lejeune**, exposés cette année au salon du musée royal des Arts, sous les nᵒˢ 1119, 1120 et 1121. Paris, 1824. In-8.

1496. Notice sur les tableaux de bataille, peints par le baron **Lejeune**. Toulouse, 1850. In-8.

1497. Notice sur la vie et sur les tableaux de bataille du baron **Lejeune**, peintre d'histoire (par Eugène de Monglave). Paris, 1850. In-8.

1498. Notice sur le général baron **Lejeune**, par Lejeune. Pau, 1861. In-8.

1499. Catalogue du cabinet de M. **Lelorrain**. Vente à Paris, le 15 vendemiaire, an III (6 octobre 1794). In-8.

1500. Catalogue de tableaux, dessins, estampes, œuvres, .. après le décès de M. Pierre **Lélu**, peintre d'histoire. Vente à Paris, le 25 avril 1811. In-8.

1501. Notice historique sur Henri **Lemaire**, statuaire valenciennois... par Adolphe Martin. Valenciennes, 1846, In-8.

Extr. des *Mémoires de la Société de Valenciennes.*

1502. Notice de tableaux, études, esquisses peintes,... par suite du décès de M. **Lemercier**, peintre d'histoire. Vente à Paris, le 12 mai 1854. In-8.

1503. Notice sur la vie de **Lemonnier**, lue à la séance publique du Lycée des arts, le 30 floréal, an V, par F. V. Mulot. S. l. n. d. In-8.

1504. Notices historiques sur trois tableaux de M. A. C. G. **Lemonnier**. Paris, 1822. In-8

Ces trois tableaux étaient : François Iᵉʳ recevant la *sainte Famille* de Raphaël, Louis XIV assistant à l'inauguration de Milon de Crotone, statue du Puget et une lecture chez madame Geoffrin.

1505. Notice historique sur la vie et les ouvrages de A. C. G. **Lemonnier**, peintre d'histoire (par A. H. Lemonnier, son fils). Paris, septembre 1824. In-8.

1506. — Seconde édition. Paris, 1838 In-8.

Extr. de la *Mosaïque littéraire.*

**Lemonnier** voyez **Jazet**.

1507. Notes analytiques sur la statue équestre de Henri IV (par **Lémot**), érigée en bronze sur le terre-plein du Pont-Neuf à Paris, par Ph. Chéry, peintre d'histoire. Paris, 1819. In-12.

1508. Mélanges sur les beaux-arts. — **Lemot**,... par Passeron. Lyon et Paris, 1826. In-8.

1509. Institut royal de France. — Funérailles du baron **Lemot**. — Discours de MM. de Quatremère de Quincy et Cartellier, prononcés le 11 mai 1827. (Paris). In-4.

1510. Notice sur F. F. **Lemot**, par Z. (Passeron). S. l. n. d. (Lyon, 1827.) In-8.

Extr. des *Archives du Rhône.*

1511. Notice des sculptures antiques et modernes, plâtres,... qui seront vendus après le décès de M. le baron **Lemot**... Vente à Paris, le 26 décembre 1827. In-8.

1512. Institut royal de France. — Académie des beaux-arts. — Notice sur la vie et les ouvrages du baron **Lemot**

5

par Quatremère de Quincy. Paris, 1828. In-4.

1513. L'apothéose d'Hercule, peinte au plafond du salon de marbre, qui précède celui de la chapelle du Roy à Versailles, par M. François **Lemoyne**, premier peintre du Roi. Paris, 1756. In-8.

1514. Lettres sur les quatre modèles exposés au Salon (1743) pour le mausolée de S. É. Mgr le cardinal de Fleury. S. l. n. d. In-4.
Ces modèles étaient de J. B. **Lemoyne**.

1515. Catalogue des morceaux de sculpture, tableaux et estampes de Jean-Baptiste **Lemoyne**, sculpteur, directeur de l'Académie. Vente à Paris, le 10 août 1778. In-8.

1516. Vie ou éloge historique de Jean-Baptiste **Lemoyne**,... par Dandré-Bardon. Paris, 1779. In-12.

1517. Catalogue des tableaux, dessins, estampes, livres de M. Pierre-Hippolyte **Lemoyne**, architecte. Vente à Paris, le 19 mai 1828. In-8.

1518. Catalogue d'une riche collection de tableaux, de peintures à gouazze et au pastel... du cabinet de M*** (**Lempereur**). Vente à Paris, le 24 mai 1773. In-8.

1519. Essai sur la vie et l'œuvre des **Lenain**, peintres laonnois, par Champfleury. Laon, 1850. In-8.

1520. Catalogue des tableaux des **Lenain** qui ont passé dans les ventes publiques de l'année 1755 à l'année 1855, par Champfleury. Bruxelles, 1861. In-8.
Extr. de la *Revue universelle des Arts.*

1521. Les peintres de la réalité sous Louis XIII. Les frères **Lenain**, par Champfleury. Paris, 1862. In-8.

1522. Documents positifs sur la vie des frères **Lenain**, par Champfleury. Paris, 1865. In-8.

1523. Stassart (Goswin Joseph-Augustin de). A. C. **Lens**. Liége, 1846. In-8.
Extr. de la *Revue de Liége,*

1524. Notizie storiche spettanti la vita e le opere di Lorenzo **Leonbruno** insigne pittore Mantouano del secolo

xvi, scritte da Girolamo Prandi. Mantoua, 1825, in-8, fig.

1525. — Autre édition. Mantoua, 1840. In-8, port.

1526. Notice indicative des tableaux, dessins, estampes,... après le décès de M. (**Le**)**Paon**, peintre de batailles de S. A. S. Monseigneur le prince de Condé... Vente à Paris, le 20 avril 1786. In-8.

1527. Notice des tableaux, dessins, terres cuites et estampes, provenant des décès de madame **Le Paon**, de M. Surugue, sculpteur, et d'un amateur des Pays-Bas. Vente à Paris, le 8 mai 1788. In-8.

1528. Notice biographique sur Jean Baptiste **Lepère**, architecte,... par M. Galimard. Paris, 1847. In-8.

1529. M. **Lepetit** et MM. Casimir Oulif père et fils, artistes Messins. Notice lue par M. F. M. Chabert à la séance extraordinaire de l'Académie impériale de Metz, du 3 mai 1860. Metz, 18.0. In-8.

1530. Vente de tableaux, dessins, estampes et ustensiles de peinture, après le décès de M. **Lepicié**, peintre du roi en son Académie royale de peinture, sculpture... Vente à Paris, le 10 février 1785. In-8.

1531. Catalogue d'une collection d'études peintes par feu Gustave **Leprince**... Vente à Paris, le 5 juin 1837. In-8.

1532. Catalogue des tableaux, dessins, estampes, terres cuites, planches gravées... de J. B. **Leprince**, peintre du Roi. Vente à Paris, le 28 novembre 1781. In-8.

1533. Catalogue des tableaux, dessins, estampes, études peintes.... de M. Xavier **Leprince**. Vente à Paris, le 12 mars 1826. In-8.

1534. Autobiographical recollections of the late Charles Robert **Leslie**, edited and with a prefatory Essay on Leslie as an artist, and selections from his correspondence by T. Taylor. (London, 1860.) 2 vol. In-8.

1535. Recollections of C. R. **Leslie** R. A. by Tom. Taylor. S. l. n. d. (London. 1860). In-8.

> Extr. de la *Quarterley Review. n° 214 Avril. 1860.*

1536. Catalogue d'une collection d'études et esquisses peintes par M. **Lessore**... Vente à Paris, le 9 février 1850. In-8.

1537. Notice sur la vie et les ouvrages de **Lesueur**, par Gence. S. l. n. d. (Paris, 1819). In-8.

> Extr. de la *Biographie universelle* des frères Michaud.

1538. Eustache **Lesueur**, par Feuillet de Conches. S. l. n. d. (Paris, 1835-1841). In-8.

> Extr. du *Plutarque français*

1539. Vitet (Louis). Eustache **Lesueur**. Paris, 1844. In-8.

1540. — Bruxelles, 1841. In-18.

1541. Eustache **Lesueur**, sa vie et ses œuvres, texte par M. L. Vitet,... dessins par MM. Gsell et Challamel. Paris, 1849. In-4.

1542. Eustache **Lesueur**, sa vie et ses œuvres, par L. Vitet de l'Académie française. Paris, 1853. In-8, port.

1543. Blanc (Charles). Étude sur Eustache **Lesueur**. (Paris, 1845.) In-8.

> Extr. de l'*Histoire des peintres français.*

1544. Rapport fait au nom de la Société libre des beaux-arts, par M. Auguste Galimard, sur un ouvrage ayant pour titre : « Eustache **Lesueur**, sa vie et ses œuvres, » par M. Louis Vitet. Paris, 1847. In-8.

1545. Nouvelles recherches sur la vie et les ouvrages d'E. **Lesueur**,.... par Louis Dussieux avec un catalogue des dessins de Lesueur, par Anatole de Montaiglon. Paris, 1852. In-8.

> Extr. des *Archives de l'art français.*

1546. Eustache **Lesueur**, érection de sa statue, par M. Auguste Maillet. Discours en vers lu à la séance publique de la Société libre des beaux-arts, le 19 juin 1855. Paris. In-8.

1547. Institut de France... Funérailles de M. **Lesueur**, statuaire. Discours de M. Ramey fils,.. prononcé,... le 5 décembre 1830. (Paris). In-4.

1548. Notice sur la vie et les travaux de Paul-Marie **Le Tarouilly**, architecte, par Adolphe Lance. Paris, 1855. In-8.

1549. Notice sur Jean **Letellier**, peintre au XVIIe siècle, par C. Lecarpentier. S. l. n. d. (Rouen, 1817). In-8.

1550. Institut de France... Funérailles de M. Guillon **Lethière**. Discours de M. Debret,... le mardi 24 avril 1832. (Paris). In-4.

1551. Catalogue des tableaux et vases grecs, bustes, émaux, faïences, de M. **Lethière**, membre de l'Institut. Vente à Paris, le 24 novembre 1829. In-8.

1552. Discours prononcé sur la tombe de J. C. **Levasseur**, doyen des graveurs du Roi, par Ch. Fr. Bidou. S. l. n. d. (Paris, 1816). In-8.

1553. Catalogue des planches gravées par différents maîtres, et des estampes composant le cabinet de Jean-Charles **Levasseur**, graveur du Roi,... Vente à Paris, le 24 avril 1817. In-8.

1554. Catalogue raisonné de l'œuvre gravé de Jean-Charles **Levasseur**. d'Abbeville, précédé d'une notice sur sa vie et ses ouvrages par Ém. Delignières. Abbeville, 1865. In-8, port.

> Extr. des *Mémoires de la Société d'émulation d'Abbeville.*

1555. Fumagalli (Ignazio). Elogio storico di G. **Levati**, pittore prospettivista. Milano, 1836. In-8.

1556. A Armand **Leveel**, son compatriote, Aristide Fremine. — La statue de Napoléon Ier à Cherbourg. Cherbourg, 1859. In-8.

1557. Biographie des artistes lyonnais. — H. **Leymarie**, peintre et écrivain, par Léon Boitel. S. l. n. d. (Lyon, 1854). In-8.

1558. Gualdo-Priorato (Galeazzo). Vita del cavaliere Pietro **Liberi**, pittore Padovano, riprodotta dal Conte Lunardo Trissino. Vicenza 1818. In-8.

1559. Recherches sur Louis **Licherie**, peintre normand, membre de l'ancienne Académie royale de peinture et de sculpture (1629-1687). par Ém. Bellier de la Chavignerie. Caen, 1860 In-8.
*Extr. du Bulletin de la Société des beaux-arts de Caen.*

1560. (Mantica, Urbano Valentinis.) Un periodo della vita, di G. A. **Licinio**, detto il Pordenone. Udine, 1856, In-8.

1561. J. B. **Liénard**, peintre Rémois. Notice biographique par M. Max Sutaine. Reims, 1862. In-8.

1562. Émailleurs limousins. Les **Limosins**, par Maurice Ardant, archiviste de la Haute-Vienne. Limoges, 1860. In-8.
*Extr. du Bulletin de la Société Archéologique et historique du Limousin.*

1563. Léonard **Limosin**, émailleur. Esquisse biographique, par Maurice Ardant. Limoges. S. d. In-8.

1564. Les douze Apôtres, émaux de Léonard **Limosin**. Gravures par Alleaume. Texte par Georges Duplessis. Paris, 1865. In-folio, fig.

1565. Delle pitture di Fra Filippo **Lippi** nel coro della cathedrale di Prato, e de' loro restauri. Relazione compilata dal C. F. B. Prato, 1835. In-8, fig.

1566. Filippo **Lippi**. Drama in fünf Aufzügen von H. Rustige. Stuttgart, 1852. In-8.

1567. Una pittura di Filippino **Lippi** in Prato, e cenni storici di due pittori Pratensi (N. Latini e Michele Tosini). Prato, 1840. In-8.

1568. (Veith, Johann Wilhelm). H. **Lips**. Zurich, 1817. In-8.

1569. Meneghelli (Ant. Maria). Cenni di E. **Livizzani** e de' suoi intagli. Padoua, 1838. In-8.

1570. Notes de voyages sur l'état actuel des arts en province.—Irᵉ lettre. Tours.— **Lobin**, Avisseau, Guérin, par Philippe de Chennevières. Paris, 1853. In-12.
*Extr. de l'Athénæum français.*

1571. J. Léopold **Lobin**, peintre d'histoire, directeur de la manufacture de vitraux peints, de Tours. — Notice biographique. — (Signée J. J. Bourassé, à Tours, le 15 mai 1864). Tours, 1864. In-8.

1572. Baruffaldi (Girolamo). Vita di A. **Lombardi**, scultore Ferrarese. Bologna, 1839. In-8.

1573 Vita di Alfonso da Ferrara, cioè di Alfonso **Lombardi**, scultore, scritta da Girolamo Baruffaldi, ed ora per la prima volta pubblicata Venezia. 1847. In-8

1574. Lampsonius (Dom.). L. **Lombardi** pictoris Leodiensis celeberrimi vita. Bruges, 1565. In-8.

1575. Goltzius (Ubertus). Vita Lamberti **Lombardi**, pictoris celeberrimi. Bruges, 1565. In-8.

1576. Étude sur Lambert **Lombard**, peintre Liégeois 1506-1566. (par M. F. C., Capitaine). Liége, 1858. In-8.

1577. Esequie di Giuseppe **Longhi**, incisore celeberrimo, descritte da Francesco Longhena. Milano, 1831. In-8, port.

1578. Francesco Longhena. Notizie biographice di G **Longhi**. Milano, 1831. In-8, port.
*Cette notice accompagne l'Histoire de la gravure, de Longhi.*

1579. Biografia di Gius. **Longhi**, con un cenno dei funerali celeb. ed il catalogo delle sue incisioni, scritta da Defendente Sacchi. Milano, 1831. In-8, port.

1580. Della vita, delle opere ed opinioni del Cav. Giuseppe **Longhi**, Commentario dell' allievo Gius. Beretta. Milano, 1837. In-8.

1581. Carrari (Vincenzio). Orazioni e rime di diversi, in morte di Luca **Longhi**. Ravenna. 1681. In-4.

1582. Notice d'estampes, fonds de planches gravées, et autres objets de ce genre, provenant du cabinet de feu M. de **Longueil**, graveur du Roi, membre de l'Académie impériale et royale de Vienne. Vente à Paris, le 13 août 1792. In-8.

1583. Catalogue d'une collection de tableaux, compositions et études peintes d'après nature par M. **Longuet**. Vente à Paris, le 50 avril 1851. In-8.

1584. Neujahrsblatt der Künstlergesellschaft in Zurich für 1848, enthaltend unt. a. Lebensabriss und Characteristik der Landschaftsmaler G. **Lory**, Vater, und G. **Lory**, Sohn, von Bern... Zurich, 1848. In-4. port.

1585. Catalogue d'une collection de tableaux et d'études peintes d'après nature, par M. Em. **Loubon**... Vente à Paris, le 3 mai 1852. In-8.

1586. Douze lettres de Victor **Louis**, 1776-1777. Paris, 1858. In-12.

1587. Notice biographique sur M. **Loutherbourg**. Paris (1809). In-8.
Extr. du *Magasin encyclopédique*, tome IV.

1588. Cochet (Cl. E. B.) Notice historique sur M. **Loyer**, architecte, membre de l'Académie de Lyon. Lyon. S. d. (1808). In-8.

1589. Catalogue raisonné de toutes les estampes qui forment l'œuvre de **Lucas, de Leyde**, par Adam Bartsch. Vienne, 1798. In-8.

1590. Lauzac (Henri). **Lucy-Fossarieu** (Louis-Godefroy de), peintre d'histoire, directeur de la photographie parisienne. — Paris, 1862. In-8.
Extr. du IIIᵉ volume de la *Galerie historique et critique du XIXᵉ siècle*.

1591. Catalogue de quelques tableaux, dessins, estampes et planches gravées de M. C. **Macret**, graveur. Vente à Paris, le 13 janvier 1784. In-8.

1592. Meneghelli (Ant. Maria). Elogio di A. **Maganza**... Venezia, 1845. In-8.

1593. Ponsiglione (Luigi). Elogio storico del conte F. O. **Magnocavalli**. Torino, 1789. In-8.

1594. M. **Maindron**, statuaire (Signé A. de Rouyères) (Paris, 1843). In-8.
Extr. des *Archives de la France contemporaine*.

1595. M. **Maindron** (Signé : Sainte-Vallière) (Paris, 1847). In-8.
Extr. des *Archives des Hommes du jour*.

1596. Catalogue d'une vente d'objets d'art, tableaux, dessins, estampes, recueils d'architecture,... provenant du cabinet de M. **Maingot**, architecte. Vente à Paris, le 11 novembre 1850. In-8.

1597. Catalogue de tableaux de différentes écoles, d'estampes anciennes et modernes,... dont la vente aura lieu après le décès de M. **Malbeste**, dessinateur et graveur. Vente à Paris, le 4 avril 1844. In-8.

1598. Catalogue des tableaux et études de M. **Malbranche**, peintre d'effets de neige. Vente à Paris, en 1839. In-8.

1599. Catalogue de dessins, livres d'architecture, estampes, formant le cabinet de M. **Malpièce**, architecte. Vente à Paris, le 23 décembre 1861. In-8.

1600. Gheslacht, gheboort, plaets, tijd, leven ende Werken van K. van **Mander**, schilder ende poet... Amsterdam, 1624. In-8.

1601. Biographie de Karel van **Mander**, peintre et poëte (par l'abbé Carton). Bruges, 1844. In-8.

1602. Catalogue d'une collection de dessins, tableaux et estampes, du cabinet de feu M. **Manglard**, peintre de l'Académie de Saint-Luc, à Rome, par les sieurs Helle et Remy. Paris, 1762. In-12.

1603. Notice historique sur la vie et les ouvrages de Jules Hardouin **Mansart**, par J. Duchesne, lue le 12 messidor à l'Athénée des arts de Paris Paris (août 1805). In-8.
Extr. du *Magasin encyclopédique*, août 1805,

1604. Brandolese (Pietro) Testimonianze intorno alla Patavinità di A. **Mantegna**, Padoua. 1805. In-8.

1605. Gennari (Giuseppe). Notizie intorno alla patria del celebre pittore A. **Mantegna**. Padoua, 1829. In-8.

1606. — Nouvelle édition. Venezia, 1854. In-8.

1607. Sopra un Dipinto del **Mantegna** nella Galleria scarpa alla Motta di Friuli, Cenni storico-critici (di P. E. Selvatico). Padova, 1839. In-8.

1608. Sul merito artistico del **Mantegna**. Memoria letta nell' I. R. Accademia di scienze, lettere ed arti di Padova nella seduta XI giugno 1839, da P. E. Selvatico. Padova, 1841. In-8.

1609. Waagen. Ueber die Maler Andrea **Mantegna** und Luca Signorelli. Leipzig., 1850. In-8.

Extr. de l'*Historisch. Taschenbuch.*

1610. Catalogue raisonné des planches gravées à l'eau-forte, par Jérôme **Mantelli**, peintre et graveur Milanais, sur les dessins de Léonard de Vinci... Milan. S. d. In-4.

1611. Nicolaus **Manuel**. Leben und Werke eines Malers und Dichters, Kriegers, Staatsmanns und Reformators im sechzehnter. Jahrhunderts. Mitgetheilt von Dr C. Gruneisen. Stuttgart et Tübing., 1837. In-8, port.

1612. Fiori d'ingegno. Composizioni in lode dell'effigie della Primavera dipinta da Carlo **Maratti**, presso il sign. Niccolo Michieli, Senatore Veneto. Venezia. 1685. In-12.

1613. Vita di Carlo **Maratti**, pittore, scritta da Gian. Pietro Bellori. Roma, 1731. In-4, port.

1614. Bellori (Giov. Petro). Vita di C. **Maratti**, pittore; continuata e terminata da altri. Roma, 1732. In-4.

1615. Catalogue des estampes qui forment l'œuvre de M. de **Marcenay de Ghuy**.... avec différentes descriptions des tableaux qui y ont donné lieu, à Paris, chez l'auteur,... et chez M. Wille... S. d. In-4.

1616. Notice des tableaux, estampes en feuilles et planches gravées après le décès de M. de **Marcenay de Ghuy**,... par F. L. Regnault-Dela-lande. Vente à Paris, le 26 juin 1811. In-8.

**Marcenay de Ghuy** voyez **Poussin** (Nic.).

1617. B. C. La Venere e la Deposizione del Salvatore, di Pomp. **Marchesi**. Milano, 1826. In-8.

1618. Ambrosoli (Fr.). Lettera su alcune sculture di **Marchesi**. Milano, 1832. In-8.

1619. Relazione dell'eleganti pitture fatte dal ch. sig. Gio. Battista **Marchetti**, Sanese, nel teatro dell'illust. Accad. intronata di Siena, scritta del signor G. D. O. Roma, 1790. In-4.

1620. Venturi G. B.—Memorie intorno alla vita ed alle opere del capitano Francesco de **Marchi**, celebre architetto. Milano, 1816. In-4.

1621. Elogio di Francesco de **Marchi**, Bolognese architetto militare. Bologna, 1819. In-4.

1622. **Marilhat**, par Théophile Gautier. (Paris, 1848). In-8.

Extr. de la *Revue des Deux Mondes*, 1er juillet 1848.

1623. Catalogue des tableaux, dessins et lithographies... provenant de M. L. **Marin-Lavigne**, peintre et lithographe. Vente à Paris, le 16 janvier 1861. In-8.

1624. Catalogue de tableaux, esquisses, dessins, études, compositions et œuvres diverses de M. **Marlet**, artiste peintre... Vente à Paris, le 8 avril 1845. In-8.

1625. Catalogue de tableaux, dessins, lavis, aquarelles.... après le décès de M. **Marlet**, artiste peintre... Vente à Paris, le 18 novembre 1846. In-8.

1626. Catalogue de toutes les estampes qui forment l'œuvre de Daniel **Marot**, architecte et graveur français, par A. Bérard. Bruxelles, 1865. In-8.

Extr. de la *Revue universelle des Arts.*

1627. Catalogue de toutes les estampes formant l'œuvre de Jean **Marot**, architecte et graveur, précédé d'une

notice sur sa vie et ses œuvres, par A. Bérard. Paris, 1864. In-8.
*Extr. de l'Annuaire de l'Architecte.*

1628. Memorie della vita di D. **Martinelli**, sacerdote Lucchese e insegne architetto. Lucca, 1772. In-8, port.

162J. Nouvelle exposition de deux grandes planches gravées et dessinées d'après nature, par Chrysostome **Martinez**, espagnol... Paris, 1780. In-12.

1630. Patch (Tommaso). Vita di **Masaccio**...Firenze, 1770. In-folio.

1631. **Masaccio**, orazione di Melchior Missirini... Firenze, 1846. In-8.

1632. Notice nécrologique sur N. F. J. **Masquelier**, graveur lillois; par S. Bottin. (Lille), 11 août 1809. In-8.

1633. Notice nécrologique sur feu M. **Masquelier**, graveur; par Ch. Lecarpentier. (Rouen.) Juillet, 1811. In-8.

1634. Notice nécrologique sur M. Claude-Louis **Masquelier**, graveur, mort le 15 avril 1852, par M. A. G. Balin. Rouen, 1852. In-8:
*Extr. des Mémoires de la Société d'émulation de Rouen.*

1635. Notice d'une vente d'estampes anciennes et modernes,.. après le décès de M. **Masquelier**, graveur et ancien pensionnaire de l'Académie de France à Rome... Vente à Paris, le 31 janvier 1853. In-8.

1636. Catalogue d'estampes anciennes et modernes encadrées, en feuilles et en suite planches gravées....après le décès de M. **J. Massard**, père, graveur du Roi et membre de l'ancienne Académie, par Regnault-Delalande. Vente à Paris, le 29 mai 1822. In-8.

1637. Goetghebuer (Pierre-Joseph). Notice sur G. J. **Massaux**, sculpteur et graveur à Gand. Gand, 1851. In-8, port.

1638. Eloge historique de Jean-Baptiste **Massé**, peintre, par Cochin, secrétaire de l'Académie de peinture. Paris, 1771. In-12.

1639. Notice historique sur François **Masson**, statuaire, par Renault. Paris, 1807. In-8.

1640. Van Even. — Le peintre L. **Mathieu**, sa vie et ses œuvres. Bruxelles, 1862. In-8.
**Mathieu** voyez **Foyatier**.

1641. Atti (Gaetano). Vita di L. **Mattioli** di Crevalcore, incisore del secolo XVIII. Bologna, 1836. In-8.

1642. Mayer, W. J. Historische Beschreibung der vom Maler A. **Maulbertsh** am Bibliothekgebaude der K. Prämonstratenserordens-Kanonie am Berge Sion zu Prag, im J. 1794 im Plafond in Fresko dargestellten Kalkmalerei. Prague, 1797. In-4, fig.

1643. Catalogue des tableaux, gouaches, pastels, dessins et curiosités de **Mauperin**, peintre. Vente à Paris, le 4 décembre 1780. In-8.

1644. Catalogue des curiosités antiques et modernes; vases colonnes, trépieds... de M. **Maurice**, ancien peintre des Impératrices Élisabeth et Catherine II, de Russie. Vente à Paris, en 1820. In-8.

1645. Catalogue d'une collection de tableaux et de dessins modernes,... par suite du décès de M. **Mauzaise**, peintre d'histoire... Vente à Paris, le 19 mars 1845. In-8.

1646. Notice biographique sur F. **Mazois**, par M. Varcollier. Paris, 1860. In-8.

1647. Vita del graziosissimo pittore Francesco **Mazzola** detto il Parmigianino, scritta dal P. Ireneo Affo. Venezia, 1785. In-4.

1648. — Seconde édition. Parma, 1784. In-4.

1649. Bellini (Filippo). Cenni intorno alla vita ed alle opere di F. **Mazzola**, denominato il Parmigianino. Parma, 1844. In-8.

1650. Della vita e dei Lavori di Francesco **Mazzola** detto il Parmigianino. Memoria di Anton Enrico Mortara. Casalmaggiore, 1846. In-8, port.

1651. Memorie intorno alla Rocca di Fontanello ed alle pitture che vi fece Francesco **Mazzola** detto il Parmigianino. Parma, 1857. In-4, fig.

1652. Guizzardi e Tomba. — Le opere di Guido **Mazzoli** e di Antonio Begarelli, celebri plastici modenesi, e le pitture di Niccolo Abati, Bartolomeo Schedoni ed Ercole Abati. Modena, 1823. In-f°, fig.

**Mazzuoli**, voyez **Allegri**.

1653. Catalogue d'une belle et intéressante collection de planches gravées sur cuivre, de dessins sur pierres lithographiques,... par suite du décès de J. **Mécou**, artiste graveur. Vente à Paris, le 24 novembre 1838. In-8.

1654. Verzeichniss sämmtlicher Titelkupfer und Vignetten-Abdrücke von J. W. **Meil**. Gesammelt und zusammengetragen von F. L. Hopffer. Berlin, 1809. In-8.

1655. Catalogue raisonné de l'œuvre de Claude **Mellan**, d'Abbeville ; par Anatole de Montaiglon. Abbeville, 1856. In-4.
Extr. des *Mémoires de la Société impériale d'émulation d'Abbeville.*

1656. Institut royal de France.. . Funérailles de M. **Menageot**, le 6 octobre 1816. (Paris). In-4. (Discours de M. Quatremère de Quincy.)

1657. Ursula, princesse britannique d'après les légendes et les peintures d'Hemling (**Memling**), par un ami des lettres et des arts (le baron de Keverberg). Gand, 1818. In-8, port.

1658. La Châsse de sainte Ursule, gravée au trait par Ch. Onghena d'après J. **Memling**, avec texte par Oct. Delepierre et Aug. Voisin. Bruxelles, 1841. In-4.

1659. Tableaux de l'hôpital civil de Bruges, précédés de la vie de Jean **Memling**. Bruges, 1842. In-8.

1660. **Memling**. Étude sur la vie et les ouvrages de ce peintre, suivie du catalogue de ses tableaux, par P. Hédouin. Paris, 1847. In-4.
Extr. des *Annales archéologiques*, de Didron.

**Memling** (H.) voyez **Eyck** (van).

1661. Catalogue des tableaux, dessins, estampes, curiosités de F. G. **Ménageot**, de l'Institut et ancien directeur de l'école de France à Rome. Vente à Paris, en 1816. In-8.

1662. Catalogue de tableaux peints par M. Réné **Ménard**... Vente à Paris, le 12 avril 1858. In-8.

1663. Epilogo della vita del fu cavaliere Antonio Raffaelo **Mengs**, primo pittor di camera di sua maestà cattolica,... scritto da Carlo Giuseppe Ratti. Genova, 1779. In-folio.

1664. Amaduzzi (Giovanni Cristoforo). Discorso funebre in lode del cavaliere A. R. **Mengs**. Roma, 1780. In-8.

1665. Adunanza Tenuta dagli Arcadi in morte del cavaliere Antonio Raffaele **Mengs**, detto in Arcadia Dinia sipilio. Roma, 1780. In-8.

1666. Bianconi (Giov. Lov). Elogio storico del cavaliere Raffaele **Mengs** con un catalogo delle opere da esso fatte. Milano, 1780. In-8.

1667. — Traduit en allemand, par J. E. W. Mueller. Zürich. 1781. In-8

1668. — Traduit en allemand, par un anonyme. Wien, 1781. In-8.

1669. — Traduit en allemand, par un anonyme. Leipzig, 1800. In-8.

1670. Guibal (Nicolas). Eloge historique de **Mengs**. Paris, 1781. In-8.

1671. Vergleichende Züge zwischen Ant. Raph. **Mengs** und sir Josua Reynolds, von A. J. L. Wackerbart. London, 1794. In-4.

1672. Elogio storico del cavaliere Anton. Raffaele **Mengs** con un catalogo delle opere da esso fatte. Pavia, 1795. In-8, fig.

1673. D'Azara (Chev. Don J. N.). The works of Anthony Raphael **Mengs**, first painter to his catholic Majesty Charles III. Translated from the Italian. London, 1796. 2 vol. In-8.

1674. Raphael **Mengs**, oder die Künstlerliebe. Drama in drei acten von C. S. Schier. Cologne, 1822. In-4, port.

1675. Catalogue de dessins, estampes en feuilles.... après le décès du sieur **Merelle**, peintre, ancien conseiller de l'Académie de peinture et sculpture de Saint-Luc... Vente à Paris, le 27 janvier 1783. In-8.

1676. Memoria **Merian**æa sive epicedia, in præmaturum et luctuosum obitum viri egregii et artium celebritate nominatissimi, Domini Matthæi Meriani, Civis Francofurto-Mœnani, bibliopolæ ac cælatoris ingeniosissimi... Francofurti (1650). In-4, port.

1677. Matth. **Merian** und seine Topographien. Einleitung zu den mittelalterlichen Bauwerken nach Merian gezeichnet von V. Statz, von A. Reichensperger. Leipzig, 1856. In-8.

1678. Notice sur Hugues **Merle**, par V. Advielle. Grenoble, 1860. In-16.
*Extr. du Mémorial de l'Isère.*

1679. Notizen aus dem Leben von J. **Merz**, Maler und Kupferätzer, herausgegeben von J. W. Veith. Stuttgart, 1840. In-8.

1680. Fickaert (Fr.). Metamorphosis, ofte wonderbaere veranderingh ende leven van den vermaerden M. Q. **Metsys**, constigh grossmit en de daerna fameus schilder binnem Antwerpen. Anvers, 1648. In-8.

1681. Fornenberg (Alexandre van). Den Antwerpschen Proteus ofte Cyclopschen Apelles; dat is : het leven ende Konstrycke daden der uytnemenden ende Hoogberoemden M. Q. **Matsys**. Anvers, 1658. In-8.

1682. Ewen (Edward van). Notice biographique sur le peintre Q. **Metsys**, de Louvain. Louvain, 1846. In-8.

1683. Biographie historique et artistique de J. C. de **Meulemeester**, de Bruges; par Edmond de Busscher. Gand, s. d. (1838). In-8, portr.

1684. Les loges de Raphaël et Jos. Ch. de **Meulemeester**, par le baron de Reiffenberg. S. l. ni. d. In-8.

1685. Stassart (Goswin Jos. Aug. de). Notice sur A. F. Vander **Meulen**. Bruxelles. S. d. In-8.
*Extr. des Belges illustres.*

1686. Tempelman (Oskar). Minne af G. **Meyer**. Stockholm, 1785. In-8.

1687. Runeberg (Erik F...). Aminnelse-Tal. ofver G. **Meyer**. Stockholm, 1797. In-8.

1688. Catalogue de tableaux, dessins, aquarelles.... provenant du cabinet et des ateliers de M. **Meynier**, peintre d'histoire. Vente à Paris, le 26 novembre 1831. In-8.

1689. Funérailles de M. Charles **Meynier**. — Discours de M. Garnier (8 septembre 1832). (Paris). In-4.

1690. Leben des Mastricher Malers **Michaels**. Dresde, 1756. In-8.

1691. Oraison funèbre de feu Achille-Etna **Michallon**, pensionnaire du roi, peintre en paysage historique, prononcée par V. A. Vanier, son cousin, le 25 septembre 1822. Paris, 1822. In-8.

1692. Catalogue des tableaux, études peintes et dessins de feu Achille-Etna **Michallon**. (Paris, 1822). In-12.

1693. Catalogue de tableaux, tous peints par T. **Michau**, peintre renommé... Vente à Anvers, le 15 juin 1772. In-12.

1694. Grossi (Mariano). Memoria su la vita e su le opere di **Michele** Vecchio di Arci-Reale. Palerme, 1838. In-4, port.

1695. Discours prononcé au nom de la Société libre des beaux-arts, aux funérailles de M. **Miel**, par M. Hittorff, président. (Paris, 1845.) In-4, port.
*Extr. des Annales de la Société libre des beaux-arts.*

1696 (Lettre anonyme contre le graveur **Miger**, au sujet de la lettre à Vien ; commençant par ces mots) : « M. le comte un véritable amateur des beaux-arts... « S. l. n. d. In-8.

1697. Biographie et catalogue de l'œuvre du graveur **Miger**, par Emile Bellier de la Chavignerie. Paris, 1856. In-8, port.

1698. La Vie de Pierre **Mignard**, premier peintre du roy, avec le poëme de Molière sur les peintures du Val-de-Grâce, et deux Dialogues de Fénelon, archevêque de Cambray, sur la peinture, par l'abbé de Monville. Paris, 1730, in-12.

1699. — Contrefaçon. Amsterdam. 1731. In-12, port.

1700. Éloge de Pierre **Mignard**, par Courtalon-Delaistre. Troyes, 1781. In-8.

1701. Londres et Grenoble. Henri VIII et les Chartreux. **Mignard** et les supplices. Grenoble, 1838. In-12.

1702. Notice sur Pierre **Mignard** et sa famille, par M. Auguste Huchard. Paris, 1861. In-8.
Extr. de la *Gazette des beaux-arts*.

1703 Notice biographique sur Jacques-Gérard **Milbert** (peintre français), par Jules Janin. (Paris) 1840. In-8.
Extr. du *Journal des Débats*.

1704. Notice sur la vie et les ouvrages de **Milhomme**, statuaire, grand prix de 1801, né à Valenciennes. Paris, 1844. In-8, port.

1705. **Milizia** (Franc.). Notizia intorno alla sua vita, scritta da lui medesimo, col catalogo delle sue opere. Bassano. 1804. In-8.

1706. Cicognara (Leopoldo). Memoria intorno all' indole ed agli scritti di F. **Milizia**... Pisa, 1808. In-4.

**Mitelli** (Agostino), voyez **Curti** (Gir.).

1707. Neujahrsstück der Künstlergesellschaft in Zürich für 1840, enthaltend : Leben und Character des Malers J. C. **Miville**. Zürich, 1841. In-4, port.

1708. Girolamo **Mocetto**, par Emile Galichon. Paris, 1859. In-8, fig.
Extr. de la *Gazette des beaux-arts*.

1709. Notice d'une vente de dessins, estampes anciennes et modernes.... après le décès de M. **Moenet**,

artiste peintre... Vente à Paris, le 8 février 1832. In-12.

1710. Catalogue des tableaux, dessins, estampes, planches gravées de Pierre Etienne **Moitte**, graveur du Roi en son Académie de peinture. Vente à Paris le 14 novembre 1780. In-8.

1711. Notice de quelques tableaux, dessins, estampes, galeries.... après le décès de madame **Moitte**, peintre, épouse de M. Moitte, sculpteur, membre de l'Institut de France... Vente à Paris le 20 août 1807. In-8.

1712. Institut de France, — Funérailles de M. **Moitte**, le 5 mai 1810 (Paris), 1810. In-4. (Discours de Quatremère de Quincy.)

1713. Catalogue des statues en bronze et en plâtre, tableaux, dessins,... de M. **Moitte**, sculpteur, secrétaire de l'ancienne Académie de peinture et de sculpture, membre de l'Institut. Vente à Paris, le 7 juin 1810. In-8.

1714. Catalogue de tableaux et dessins de l'école moderne, estampes,... composant le cabinet de M. J. **Molinos**, architecte. Paris, 1851. In-8.

1715. Catalogue raisonné de l'œuvre d'estampes de Martin de **Molitor**,... par Adam de Bartsch. Nuremberg, 1813. In-8.

1716. Henri **Monnier**, par Eug. de Mirecourt. Paris, 1857. In-12.

1717. Catalogue des tableaux,... dépendant de la succession de M. **Monsiau**, peintre.... Vente à Paris le 30 août 1857. In-8.

1718. Notice sur M. de **Montabert**, peintre et homme de lettres, par Paul Carpentier. Paris, 1851. In-8, port.
Extr. des *Annales de la Société libre des beaux-arts*, 1850-1851.

1719. Longhena. Di un dipinto di Enrico **Monti**, Pesarese. Milano, 1842. In-8.

1720. Notice biographique sur A. V. de **Montpetit**, par J. J. le François de Lalande. Paris, 1800. In-8.
Extr. du *Magasin encyclopédique* de Millin, 6ᵉ année.

1721. Mémoire sur délibéré pour le sieur **Montulay**, graveur,... contre le sieur Fessard, graveur du Roy. (Paris.) 1767. In-4.

1722. Notice sur **Moreau** le jeune (par L. F. Feuillet), Paris, 1814. In-8.

Extr. du *Moniteur*.

1723. Notes biographiques sur Charles Norry et sur **Moreau-le-Jeune** (signé H. Lemonnier). Paris, s. d. In-12.

1724. Catalogue de planches gravées, tableaux, ... dont la vente aura lieu après le décès de M. Alex. **Morel**, graveur d'histoire. Vente à Paris, 16 avril 1830. In-8.

1725. Discours sur la vie et les œuvres de J. M. **Morel**, architecte, auteur de la théorie des jardins, par Savalète de Fortair. Paris, 1813. In-8.

1726. Dumas (J. B.). Biographie lyonnaise. Notice sur J. M. **Morel**, né à Lyon et mort dans cette ville à l'âge de 83 ans. S. l. n. d. (Lyon, 1825.) In-8.

**Moretto** voyez **Bonvicino**.

1727. Catalogo ragionato della collezione delle' opere intagliate dal celebre Raffaelle **Morghen**, possedute da Gaetano Poggiali. Livorno, 1810. In-4.

1728. Opere d'intaglio del cav. Raffaello **Morghen**,... da Nic. Palmerini. Firenze, 1824. In-8, fig.

1729. Sul sepulcro del cavaliere Raffaello **Morghen** genuflessa piangente la vecchia Musa ed incolta di orang-utang cosi con Venerazione esprimevasi. S. l. n. d. In-8.

1730. Notice historique sur Raphael **Morghen**, par M. Feuillet de Conches. S. l. ni. d. In-8.

Extr. de la *Biographie universelle*.

1731. Authentic memoirs of the late George **Morland**, together with specimens of his sketches, etc., by Francis William Blagdon. London, 1806. In-fol.

1732. Hassell (John). Life of the late G. **Morland**. London, 1806. In-4.

1733. Memoirs of George **Morland**, including an account of his works, by W. Collins. London, 1806. In-8.

1734. The life of George **Morland**, with remarks on his works, by G. Dawe. London, 1807. In-8.

1735. Vente de tableaux des écoles italienne, espagnole, française, flamande et hollandaise, provenant du cabinet de M. **Morland**, peintre. Londres, 1863. In-8.

1736. Les peintures de Jean **Mosnier**, de Blois, au château de Cheverny, par A. de Montaiglon. Paris, mars 1850. In-8.

Extr. du tome second des *Peintres provinciaux de l'ancienne France*, par PH. DE CHENNEVIÈRES-POINTEL.

1737. Bodel Nijenhuis (J. T.). Iets over Guillaume of W. **Mostaert**, van Alkmaar. S. l. n. d. (Gorinch, 1844). In-8.

1738. Valli (Carlo). Trattato della vita di R. **Motta**, Reggiano pittore famoso. Reggio, 1657. In-8.

1739. Notice explicative des peintures à fresque exécutées par M. Victor **Mottez**, sous le portique de l'église Saint-Germain-l'Auxerrois,... par J. C. Paris, 1846. In-12.

1740. Catalogue des tableaux, aquarelles, dessins et croquis de M. Louis **Moullin**, peintre de Paris. Vente à Nantes, le 28 janvier 1857. In-8.

1741. Catalogue des planches gravées appartenant à Jean **Moyreau**, graveur du Roy. Paris, 1749. In-fol.

1742. Catalogue d'une jolie collection de tableaux, marines et paysages d'après nature, peints par M. **Mozin**... Vente à Paris, le 15 mars 1852. In-8.

1743. Förster (Ernst). J. G. **Müller** ein Dichter und Künstler-Leben. Saint-Gall, 1851. In-8.

1744. Joh. Gotthard von **Müller** und Johann Friedr. Wilhelm **Müller**. Beschreibendes Verzeichniss ihrer Kupferstiche von Dr A. Andresen. Leipzig, 1865. In-8.

1745. Neujahrsblatt der Künstlergesellschaft in Zurich für 1860, enthaltend Joh. Georg. **Müller**, Architekt, und Joh. Mart. Usteri's Artist Nachlass. Zurich, 1860. In-4.

1746. Catalogue d'estampes anciennes et modernes des meilleurs graveurs français et étrangers composant le cabinet de M. Ch. Henri **Müller**, graveur. Vente à Paris, le 1er mars 1847. In-8.

1747. Carta de D. Juan Ag. Cean Bermudez a un amico suyo, sobre el estilo y gusto en la pentura de la escuela Sevillana; y sobre el grado de perfeccion a que la elevo B. E. **Murillo**; cuya vida se inserta y se describen sus obras en Sevilla. Cadiz, 1806. In-8.

1748. The life of Bartholomé E. **Murillo**, and the style and taste of the school of Seville, compiled from the writings of various authors. Translated by E. Daviès. London, 1819. In-8.

1749. Un tableau de **Murillo**.— Moïse frappant le rocher, par H. H. Lyon, 1846. In-8.

1750. Grafofilo. — Lettera sopra un quadro del cav. Cesare **Mussini**. Firenze, 1855. In-8.

1751. Del purismo. — A proposito delle natalizie e dei parentali di Platone celebrati nella villa di Careggi da Lorenzo il magnifico, quadro dipinto per commissione del governo francese dal prof. Luigi **Mussini**... (Signé : Carlo Milanesi, Gaetano Milanesi, Cesare Guasti, Carlopini). Firenze, 1852. In-8.

Extr. du *Monitore Toscano*. n° 247, 248.

1752. Dello stato presente della pittura e di un nuovo quadro del prof. Luigi **Mussini**, rappresentante Eudoro e Cimodoce... (Signé L. V.) Firenze, 1855. In-8.

Extr. du *Monitore Toscano*, n° 241.

1753. Notice sur M. **Mutin**, par A. de Roosmalen. S. l. n. d. (Paris). In-8

*Biographe universel.*

1754. Notice historique sur **Naigeon**, peintre d'histoire (par Naigeon fils). Paris, 1848. In-8.

1755. **Nanteuil**, graveur, par Joly fils. (Paris, 1785). In-8.

Cette notice a paru dans: « le *Portique ancien et moderne.* » Le nom de l'auteur nous a été révélé par le privilége du roi, daté du 15 avril 1785.

1756. Mémoire pour le sieur **Natoire**, peintre du Roy, chevalier de l'ordre de Saint-Michel, directeur de l'Académie royale de France à Rome, défendeur contre le sieur Adrien Mouton, ci-devant l'un des élèves de ladite Académie royale, demandeur. (Paris). Hérissant. 1769. In-4.

1757. Catalogue des tableaux, dessins, gouaches, terres cuites, pierres gravées, vendues après le décès de Ch. **Natoire**, peintre, ancien directeur de l'Académie de France à Rome. Vente à Castel-Gandolfe, près de Rome, le 28 août 1777. In-8.

1758. Catalogue de tableaux et dessins originaux des plus grands maîtres des différentes écoles, morceaux à gouazze, terres cuites... provenant du cabinet de M. (Charles **Natoire**). Vente à Paris, le 14 décembre 1778. In-8..

1759. Explication des ouvrages de peinture, qui viennent d'être faits par M. **Natoire**, dans la nouvelle chapelle de l'hôpital des Enfants-Trouvés. La partie feinte d'architecture est de MM. Brunetti, père et fils, peintres italiens. S. l. n. d. In-12.

1760. Catalogue des dessins, tableaux, estampes, bronzes, porcelaines et livres du cabinet de M. D*** (**Nattier**). Vente à Paris, le 27 juin 1763. In-8.

1761. Notice sur Thomas Charles **Naudet**, peintre de paysage, par Brun-Neergaard. Paris, s. d. ( 1811 ). In-8.

1762. Memorie storiche di Ottavio **Nelli**, pittore Eugubino, illustrate con documenti da Luigi Bonfatti. Gubbio, 1843. In-8.

1763. Layard (A. H.). Madonna and Saints, painted in fresco by Ottaviano **Nelli** in the church of S. Maria nuova at Gubbio. London, 1857. In-8.

Publication de l'*Arundel Society*.

1764. Della vita e delle opere del cav. prof. Francèsco **Nenci**, direttore nell' Imp. e R. Accademia delle belle arti in Siena. Siena, 1850. In-8.

1765. Catalogue des dessins, études et croquis de M. **Nicolle**, artiste dessinateur... Vente à Paris, en 1826. In-8.

1766. xviiie siècle. — Jean-Baptiste **Nini**. — Ses terres cuites par A. Villers. Blois, 1862. In-8.

1767. Della vita e delle opere del pittore Pietro **Nocchi** di Lucca, discorso letto all' I. et R. Accademia Lucchese, 27 luglio 1855, dal prof. Ab. M. Trenta. Lucca, 1855. In-8.

1768. Notice d'une collection de tableaux, dessins, aquarelles... après le décès de M. Alex. **Noel**, peintre. Vente à Paris, le 6 décembre 1858. In-8.

1769. Tableaux peints par Jules **Noel**. Vente à Paris, le 26 mars 1860. In-8, fig.

1770. Paul **Noel**, peintre de genre, né à Waulsor, par Jules Petit de Roosen. Liége, 1845. In-8, port.

1771. Smith (J, T.). **Nollekens** and his times; comprehending a life of that celebrated sculptor, and Memoirs of several contemporary artists, from the time of Roubiliac, Hogarth and Reynolds, to that of Fuseli, Flaxman, and Blake. London, 1829. 2 vol. in-8, 2e édition.

1772. Succession de J. **Nollekens**, célèbre sculpteur anglais, petit-fils de Jean-Baptiste Nollekens et de dame Anne-Angélique Leroux, décédé à Londres, laissant une fortune de plus de trois mille livres sterlings. Paris, 1833. In-8.

1773. Catalogue des estampes qui composent l'œuvre de J. P. **Norblin**,... par F. H. (Frédéric Hillemacher.) Paris, 1848. In-8, port.

1774. Notice sur la vie et les ouvrages de C. P. J. **Normand**, architecte, dessinateur et graveur, ancien pensionnaire de l'Académie de France à Rome, par C. S. Paris, s. d. (1842.) In-8, port.

1775. Cornélissen (Egide Norbert). Notice biographique sur P. D. de **Noter**, peintre. Gand, 1843. In-8.

Extr. du *Messager des sciences historiques de Belgique.*

1776. Memoria intorno alla vita di G. B. **Novelli**. architetto Padovano. Venezia, 1799. In-8.

1777. Elogio storico di Pietro **Novelli** da Monreale, in Sicilia, pittore, architetto, ed incisore, scritto da Agost. Gallo, Palermitano. 3e édition. Palerme, 1830. In-4, port.

1778. Avelloni (Giuseppe). Visione in morte di Pietro Antonio **Novelli**, celebre pittore e poeta. Venezia, 1804. In-8.

1779. Memorie della vita di P. A. **Novelli**. Padoua, 1833. In-8, port.

1780. Émailleurs limousins. — Couly **Noylier**, par M. Maurice Ardant. Angoulême, 1865. In-8.

1781. Notice biographique sur W. J. J. **Nuijen**, peintre hollandais, par F. Bogaerts. Bruxelles, 1839. In-8. port.

1782. Catalogue des portraits des princes, des personnes illustres, des savants, gravés par les soins de Michel **Odieuvre**, maître peintre à à Paris... Paris, 1752. In-8.

1783. — Autre édition. Paris, s. d. In-4.

1784. Notice sur M. **Ogée** fils, architecte-voyer de la ville de Nantes,... par M. Thiollet. Paris, s. l. n. d. (1837). In-8.

1785. Marggraff (Rudolph.). Daniel Joseph **Ohlmüller**. Munich, 1840. In-8.

1786. Recueil de pièces sur **Ohmacht**, statuaire. Colmar, 1849. In-4.

Extr. du *Journal du Haut et du Bas Rhin*, 7 et 8 avril 1854.

1787. Notice sur **Ohmacht**, surnommé le Corrége des statuaires, et sur les derniers moments de sa fille, M^me Sophie Gros. Paris, 1854. In-4.

**Ohmacht**, voyez **Grass**.

1788. Memorie intorno alla vita ed a gli studj di Bald. **Oltrocchi**, da P. Cighera. Milano, 1804. In-8.

1789. (Voisin, Auguste). Éloge du peintre B. P. **Ommeganck**. Gand, 1826. In-8.

Extr. du *Messager des Sciences et des Arts*.

1790. Snyers (Jan Adriaan). Lofrede op B. P. **Ommeganck**... S. l. n. d. (Anvers, 1826). In-8.

1791. Catalogue du magnifique cabinet de dessins, estampes, tableaux, formé et délaissé par M. P. **Ommeganck**, composé pour la majeure partie de ses propres ouvrages. Vente à Anvers, le 19 juin 1827. In-8.

1792. Plaidoyer pour le sieur Girard van **Opstal**, un des recteurs de l'Académie royale de peinture et sculpture, par Lamoignon. Paris, 1668. In-4.

1793. Elogio d'Andrea **Orgagna**, composto da Gio-Batista Niccolini. Firenze, 1816. In-8.

1794. Moïse présenté à Pharaon, tableau peint à Rome par M. Victor **Orsel**, et exposé au musée de Lyon. Paris, 1830. In-8

1795. Victor **Orsel**, par Henri Trianon. Paris, 1851. In-8.

Extr. de l'*Artiste*, Janvier 1851.

1796. Victor **Orsel**, à M. Alphonse Périn, Henry Trianon. Paris (1851). In-fol.

1797. Victor **Orsel**, notice biographique, par Henry Trianon. Paris, 1851. In-8.

1798. Notice sur Victor **Orsel**, de Lyon, par M. E. C. Martin-Daussigny. Lyon, 1851. In-8.

Extr. de la *Revue du Lyonnais*.

1799. Beaux-arts. 1851. **Orsel** et Overbeck, par Ch. Lenormant, membre de l'Institut. Paris, 1851. In-8.

Extr. du *Correspondant*.

1800. Peintures des litanies exécutées par Victor **Orsel** dans la chapelle de la Vierge à l'église de Notre-Dame-de-Lorette, à Paris, décrites par E. C. Martin-Daussigny. Lyon, 1851. In-8.

1801. V. **Orsel**. Extrait du journal l'*Univers* (23 décembre 1850). (Signé : Roux-Lavergne). — Notes de M. l'abbé Pron sur Orsel à M. Perin (1er mai 1852). Paris, s. d. In-fol.

1802. Biographie de Victor **Orsel**, par Martin-Daussigny. Lyon, 1852. In-8.

Extr. du *Journal des Bons Exemples*. 1er octobre 1852.

1803. Tableau votif du choléra peint par Victor **Orsel** pour la chapelle de Fourvières. — Explication raisonnée lue à la séance littéraire de Lyon... par E. C. Martin-Daussigny... Lyon, 1852. In-8.

1804. Extraits du *Journal des Débats* sur Victor **Orsel**. Paris. (1854.) In-fol.

1805. Extrait du journal l'*Illustration* sur V. **Orsel**. Paris (1854). In-fol.

1806. Souvenirs artistiques : Victor **Orsel**, par Louis Énault. Paris, 1854. In-8.

1807. E. Cartier. Le Bien et le Mal. Tableau de M. V. **Orsel**, gravure de V. Vibert. Paris, 1859. In-8.

Extr. du *Correspondant*.

1808. Explication des peintures de la chapelle de la Vierge à l'église Notre-Dame-de-Lorette (par Victor **Orsel**). S. l. n. d. (Paris). In-4.

1809. Canali (Luigi). Elogio funebre del signor B. **Orsini**, direttore dell' Accademia di belle arti in Perugia. Perugia, 1811. In-8.

1810. **Otfrit**, le moine de Wissembourg, par M. Louis Spach, archiviste du Bas-Rhin. Strasbourg, 1865. In-8.

Extr. du *Bulletin de la Société pour la Conservation des monuments historiques d'Alsace*.

1811. Meuse. M. T. **Oudet**, architecte. Commission départementale des bâtiments civils. 1862. Bar (1862). In-fol.

**Oulif** (C.), voyez **Lepetit**.

1812. Overstraeten (Isidore van). Hommage funèbre à la mémoire de H. D. L. van **Overstraeten**. Bruxelles, 1849. In-8.

1813. Die Merkwürdigkeiten der Marien- und dom-kirche in Lübeck, nebst angehängtem Nachtrage, das **Overbeck'** sche Gemälde betreffend. Lubeck, 1834. In-8.

1814. Friedrich **Overbeck**'s Triumph der Religion in den Künsten. Oelgemälde im Besitz des Städel'schen kunstinstituts zu Frankfurt am Main. Erklärung vom Meister selbst. Frankfurt, 1840. In-8.

**Overbeck**, voyez **Orsel** (V.).

**Ozanne**, voyez **Coiny**.

1815. Hilaire **Pader**, peintre et poëte toulousain, par Philippe de Chennevières. Bruxelles, 1861. In-8.

Extr. de la *Revue universelle des Arts*. Cet extrait forme le 4ᵉ volume des *Recherches sur la vie et les ouvrages des quelques Peintres provinciaux de l'ancienne France*.

1816. Plan ou dessein idéal pour le tableau du déluge qui doit estre représenté dans la chapelle de messieurs les pénitents noirs de Tolose (par Hilaire **Pader**). S. l. n. d. In-4.

1817. Alvin (Louis). Eloge funèbre de J. **Paelinck**. Bruxelles, 1839. In-8.

1818. Statue de marbre blanc à vendre. — La Charité, par **Pajou**. S. l. n. d. (Paris, 1771). In-8.

1819. Chaussard. Notice inédite et historique sur la vie et les ouvrages d'Augustin **Pajou**, statuaire. Paris, 1806. In-8, port.

Extr. du *Pausanias français*.

1820. Institut de France.—Notice historique sur la vie et les ouvrages de M. **Pajou**, lue dans la séance publique du 6 octobre 1810, par Joachim Lebreton. (Paris). In-4

1821. Le célèbre artiste ou vie d'Augustin **Pajou**, le sculpteur, par Mᵐᵉ A. Grandsand. Limoges et Paris (1864). In-8.

1822. Catalogue des tableaux, bronzes, ivoires, médailles, marbres, .. après décès de M. **Pajou**, peintre, fils du célèbre sculpteur. Vente à Paris, le 12 janvier 1829. In-8.

**Pajou**, voyez **Drouais**.

1823. Bernard **Palissy**. 1500-1589, par E. J. Delécluze (Paris), 1838. In-8.

Extr. de la *Revue française*.

1824. Bernard **Palissy**, par Paul-Ant. Cap. Paris, 1844. In-8.

1825. Légendes françaises. — Bernard **Palissy**, le potier de terre, par Alfred Dumesnil. Paris, 1851. In-8.

1826. Bernard **Palissy**, par de Lamartine. Paris, 1852. In-8.

Extrait du *Civilisateur*.

1827. The life of Bernard **Palissy**. of Saintes; his labours and discoveries in arts and science : with an outline of his philosophical doctrines, and a translation of illustrative selections from his works. By Henry Morley. London, 1852. 2 vol. in-8.

1828. — 2ᵉ édition. London, 1855. In-8.

1829. Essai sur la vie et les travaux de Bernard **Palissy**, précédée de quelques recherches sur l'histoire de l'art céramique, par Jules Salles. Nîmes, 1855. In-8.

1830. Étude sur Bernard **Palissy**, sa vie et ses travaux, précédée de quelques recherches sur l'art céramique par Jules Salles. Nîmes, 1856. In-12. Deuxième édition.

1831. Bernard **Palissy**. Paris, 1856 In-8.

Discours adressé par M. de Triqueti, secrétaire du comité de patronage de l'église réformée aux jeunes apprentis réunis en séance générale le 2 décembre 1855.

1832. — 2ᵉ édition. Paris, 1856. In-8.

1833. Bernard **Palissy**, par M. Doublet de Boisthibault. Paris, 1857. In-8.

1834. L'art céramique et Bernard **Palissy**, par M. Émile Enjubault. Moulins, 1858. In-8.

1835. Les protestants illustres.—Portraits biographiques publiés par M. Ferdinand Rossignol. — IV. — Bernard **Palissy**. Paris, 1861. In-12.

1836. Bernard **Palissy**. — Etude de ses ouvrages au point de vue forestier. Signé X. Paris (1862). In-8.
Extr. des *Annales forestières et métallurgiques*. 21ᵉ année, nᵒˢ de mars, avril et mai 1862.

1837. Les terres émaillées de Bernard **Palissy**, inventeur des rustiques figu.nes.—Etude sur les travaux du maître et de ses continuateurs, suivie du catalogue de leur œuvre, par A. Teinturier. Paris, 1863. In-8, fig.

1838. Les oubliés. Bernard **Palissy**, par Louis Audiat. Saintes, 1864. In-12.

1839. Notice populaire sur Bernard **Palissy**,....par P. Jomain. Paris, 1864. In-16.

1840. Gualdo (Paolo). Vita di A. **Palladio**, pubblicata da Giuseppe Montanari. Venezia, 1749. In-8.

1841. Temanza (Tommaso). Vita di A. **Palladio**, Vicentino. Venezia, 1763. In-4.

1842. Rigato (Andrea). Osservazioni sopra Andrea **Palladio**. Padova, 1811. In-8.

1843. Osholi, (Matteo). Progetto di un monumento ad A. **Palladio** nel cimetero Vicentino. Vicenze, 1856. In-8.

1844. Memorie intorno la vita e le opere di Andrea **Palladio**, pubblicate nell' inaugurazione del suo monumento in Vicenza, li 19 agosto 1845, colla serie di Ventisette scritture del medesimo architetto in parte inedite ed ora la prima volta unite dall' abate Antonio Magrini. Padova, 1845-1846. In-4, port.

1845. Léon **Pallière**, peintre. (Notice en tête de l'ouvrage suivant ; *Album bordelais ou Caprices par Gustave de Galard*. (Bordeaux). S. d. In-fol.

1846. Description d'un tableau de Jacques **Palma** le jeune, appartenant à M. P. Pianton, par G. Passeri Bragadin. Venise, 1845. In-8.

1847. C(asale), G(iovani). Intorno A. M. **Palmezani**, da Forli e ad alcuni suoi dipinti. Forli, 1844. In-8.

1848. Di una statua rappresentante Amore di Luigi **Pampaloni**. Firenze, 1835, In-12.

1849. La Cloe, statua di Luigi **Pampaloni**, esposizione di M. Missirini. Firenze, 1837. In-8.

1850. Delle opere del sign. professore Luigi **Pampaloni**. Roma, 1839. In-8.
Extr. dal *Tiberino*, nᵒ 49.

1851. Memoria della vita di Pio **Panfili**, pittor e scultor (di Ant. Bolognini Amorini) Bologna, 1835. In-8. port.

1852. Parole sulla tomba di Agostino **Panozzi**. Vicenze, 1830. In-8, port.

1853. Rosso (Giuseppe del). Vita di N. M. G. **Paoletti**, architetto Fiorentino. Firenze, 1813. In-8.

**Pape** (S. de), voyez **Heuwik**.

1854. Dominique **Papety**, sa vie et les œuvres, étude biographique et littéraire, par F. Tamisier. Marseille, 1857. In-8.

1855. Catalogue des tableaux du cabinet de M. **Parizeau**, peintre et graveur. Vente à Paris, le 26 mars 1789. In-8.

1856. Etienne Parrocel —Monographie des **Parrocel**. —Essai. —Marseille. 1861. In-12.

1857. Notice abrégée des tableaux, dessins et estampes, tant reliés qu'en feuilles, et autres objets relatifs à la peinture, trouvés après le décès de M. J. F. **Parrocel**, peintre du roi. Vente à Paris, le 18 février 1782. In-8.

1858. Notice biographique sur François **Pascalon**, architecte par Henri Feuga. Lyon, 1861. In-12.
Extr. des *Mémoires de la Société académique d'architecture de Lyon*.

1859. Wenberg (Thure). Aminnelse-Tal ofver Ulrica Fredrika **Pasch**. Stockholm. 1798. In-4.

1860. Zanotti (Giov. Piet.). Nuovo fregio di gloria a Felsina sempre pittrice nella vita di L. **Pasinelli** pittore Bolognese. Bologna, 1703. In-8.

1861. Vente d'un nombre de très-belles planches d'architecture, de perspective,... dans la maison de M. **Patte**, architecte. Vente à Paris le 13 avril. S. d. In-4.

1862. Notice d'études peintes d'après nature par M. **Pau de Saint-Martin**... Vente à Paris, le 24 février 1840. In-8.

1863. Notice historique et bibliographique sur Jean **Pélerin**,... par An. de Montaiglon. Paris, mai 1861. In-8.

Voir à propos de ce travail : « *Lettres écrites de la Vendée à M. Anatole de Montaiglon*, par Benjamin Fillon. Paris, 1861, in-8. »

1864. Les **Pénicaud** par Maurice Ardant. Limoges, 1860. In-8.

1865. Ricci (Amico). Memorie della vita di G. **Pennachi**, di Treviso, pittore del secolo XVI. Bologna, 1835. In-12.

1866. Institut royal de France... Funérailles de M. **Percier**. Discours de M. Lebas... le 7 septembre 1838 (Paris). In-4.

1867. Explication des peintures de la chapelle de l'Eucharistie à Notre-Dame-de-Lorette (par M. Alphonse **Périn**). Paris. S. d. (1852). In-4.

1868. Chapelle de l'Eucharistie à Notre-Dame-de-Lorette, par M. A. **Périn**, par Ch. Lenormant. Paris, 1852. In-8.

1869. Notice biographique sur Louis-Alexandre **Péron**, peintre d'histoire, professeur à l'École impériale de dessin, par L. M. Moultat, lue à la séance de la Société libre des beaux-arts, le 4 décembre 1855. Rouen, 1856. In-8.

1870. Observations sur la correspondance de Jean **Perréal**, dit de Paris, avec Marguerite d'Autriche, concernant l'église de Brou, par M. Dufay. Bourg-en-Bresse, 1853. In-8.

1871. Notice sur Jehan **Perréal**, dit Jean de Paris, par A. Péricaud. S. l. n. d. (Lyon, 10 février 1858.) In-8.

1872. Jehan de Paris, varlet de chambre et peintre ordinaire des rois Charles VIII et Louis XII, par J. Renouvier ; précédée d'une notice biographique sur la vie et les ouvrages et de la bibliographie des œuvres de M. Renouvier, par Georges Duplessis. Paris, 1861. In-8.

1873. Recherches historiques sur l'architecture de l'église de Brou. — Jehan **Perréal** (Essai historique, par M. Dufay). Rapport présenté à la Société d'émulation de l'Ain, par M. Cuaz, substitut. Bourg, 1865. in-8.

1874. Notice sur Pierre **Perret**, graveur belge, du xvie siècle, par Edmond van der Straeten. Anvers, 1861. In-8.

Extr. des *Annales de l'Académie d'archéologie de Belgique.*

1875. Catalogue des tableaux, dessins, livres d'art,... de M. **Perrier**, architecte de la Légion d'honneur. Vente à Paris le 14 novembre 1832. In-8.

1876. Duval (Alexandre). Notice sur la vie de M. Olivier Stanislas **Perrin**. Paris, 1835. In-8.

Extr. de *Breis-Isel* ou *la Basse-Bretagne.*

1877. Notice pour servir à l'Éloge de M. **Perronet**, par Lesage. Paris, 1805. In-4, portr.

1878 Catalogue d'une collection de tableaux peints d'après nature, par feu Antoine **Perrot**, d'après les monuments de Venise, Pise, Florence... Vente à Paris, le 6 mai 1852. In-8.

1879. Catalogue des tableaux, dessins, bronzes et estampes de **Péters**, peintre en miniature... Vente à Paris en 1779. In-8.

1880. Notice sur M. Michel **Petit**, graveur, par F. Demoyencourt. S. l. n. d. (Paris, 1844.) In-8.

Extr. du *Journal d'éducation populaire.*

1881. Notice sur L. Michel **Petit**, graveur en médailles, par Alph. Pauly. Paris, 1858. In-8.

1882. Institut impérial de France...

6

Funérailles de M. **Petitot.** — Discours de M. Beulé, prononcé le 3 juin 1862. Paris. In-4.

1883. École impériale et spéciale des beaux-arts. — Discours prononcé sur la tombe de Louis **Petitot,** professeur sculpteur, par M. Gilbert..., le 3 juin 1862. Paris, 1862. In-8.

884. Les émaux de **Petitot,** du Musée impérial du Louvre. Paris, 1862-1864. 2 vol. in-4 port.

Le premier volume contient une intéressante notice sur Jean Petitot, due à la plume de M. Henry Bordier.

1885. Institut royal de France.— Académie des beaux-arts. — Funérailles de M. **Peyre.**— Discours de M. Quatremère de Quincy, prononcé le 9 mars 1823. (Paris.) In-4.

1886. Notice historique sur la vie et les ouvrages de M. A. F. **Peyre,** architecte, par Quatremère de Quincy. Paris, 1823. In-4.

1887. Catalogue des tableaux, dessins, bronzes, terres cuites vendus après le décès de M. Ant.-François **Peyre,** architecte du roi, membre de l'Institut. Vente à Paris en 1823. In-8.

1888. Gault de Saint-Germain (P. M.). Notice sur la vie de M. **Peyron.** Paris, 1814. In-8.

Extr. du *Magasin encyclopédique.*

1889. Catalogue de tableaux, dessins, estampes... après le décès de M. **Peyron,** peintre, membre de l'ancienne académie royale de peinture et de sculpture. Vente à Paris, le 10 juin 1816. In-8.

1890. Müller (Carl Otfried). Commentationes III de **Phidiæ** vita et operibus. Gœtting, 1782. In-4.

1891. **Phidias,** sa vie et ses œuvres, par L. de Ronchaud. Paris, 1861. In-8.

1892. **Phidias,** drame antique, par M. Beulé, membre de l'Institut. Paris, 1863. In-18.

1893. Cornazzani (Lazzaro Uberti). Cenni intorno la vita e le opere di A. **Piazza,** miniatore Parmigiano. Parma, 1837. In-8.

1894. Catalogue d'une belle partie de planches de cuivre, gravées la plupart par Bernard **Picart**... Amsterdam, 1738. In-8.

1895. Catalogue des pièces qui composent l'œuvre de B. **Picart.** S. l. n. d. In-8.

1896. Catalogue des estampes qui composent la plus grande partie de l'œuvre de B. **Picart.** S. l. n. d. In-8.

1897. Rossi (Giov. Gher. de'). Vita del Cavaliere G. **Pickler,** intagliatore di gemme ed in pietre dure. Roma, 1792. In-8.

1898. —Traduit en français (par Ant.-Marie Boulard et Aubin Louis Millin). Paris, an VI (1798). In-8.

1899. Mugna (Pietro). I tre **Pickler,** maestri in gliptica. Vienne, 1844. In-8.

1900. Notice biographique sur M. A. **Picot,** peintre d'armoiries (par H. Fertey). Paris, 1854. In-8.

Extr. du *Musée biographique.*

1901. Charles **Picot.** Pièce de vers couronnée par la Société d'agriculture... de la Marne, dans la séance... du 27 août 1862. (Signé : Camille Savy.) Châlons-sur-Marne. Juillet 1862. In-8.

1902. Vie de Charles **Picot** et Catalogue du musée qu'il a laissé à la ville de Châlons-sur-Marne. Châlons (1863). In-8.

1903. Notice biographique sur Louis Alexandre **Piel,** architecte, né à Lisieux, le 20 août 1808, mort à Bosco (Piémont), religieux de l'ordre de Saint-Dominique, le 19 décembre 1841, par Amédée Teyssier. —Voyage architectural en Allemagne... et autres écrits de Piel. Paris, 1843. In-8.

1904. Frère **Piel,** de Lizieux, par le comte Alexandre de Beaurepaire. (11 août 1843). Caen, 1844. In-8.

1905. Notice sur A. **Piel,** architecte et Dominicain, par Léon de la Sicotière. Caen, 1844. In-8.

1906. Louis-Alexandre **Piel,** architecte, religieux de l'ordre des frères prê-

cheurs, par l'abbé Signerin. Lyon, 1853. In-8.
*Extr. du Journal des Bons Exemples.*

1907. (Silva, Ercole). Elogio dell'architetto Giuseppe **Piermarini**. Monza, 1811. In-8.

1908. Fumagalli (Ignazio). Elogio dell'architetto G. **Piermarini**. Milano, 1837. In-8.

1909. Vasari (Giorgio). Vita di **Pietro della Francesca**, pittore dal Borgo san Sepolcro. Firenze. S. d. (1835). In-8.

1910. Éloge historique de **Pigal**, célèbre sculpteur, suivi d'un mémoire sur la sculpture en France, avec son portrait (par M. de Mopinot). Londres. 1786. In-4.

1911. La Vie et les œuvres de Jean-Baptiste **Pigalle**, sculpteur, par P. Tarbé. Paris, 1859. In-8.

**Pilavaine** (J.), voyez **Jacmart Pilavaine**.

1912. Des Strassburger Malers und Formschneiders Johann Wechtlin genannt **Pilgrim**, Holzschnitte in Clairobscur in Holz Nachgeschnitten von Heinrich Lödel... Leipzig, 1863. In-fol. fig.

1913. (Wenberg, Thure). Minne öfver Carl. Gustaf. **Pilo**. Stockholm. 1794. In-8.

1914. Sur Germain **Pilon**, sculpteur du Roi, par le baron J. Pichon. S. l. n. d. (Paris, 1856). In-8.
*Extr. des Mélanges de littérature et d'histoire recueillis et publiés par la Société des Bibliophiles français.*

1915. Les **Pinaigriers**, par Doublet de Boisthibault. (Paris, 1851). In-8.
*Extr. de la Revue archéologique.*

1916. Gerardi (Filippo). Biografia di B. **Pinelli**. Roma, 1835. In-8.

1917. Raggi (Oreste). Cenni intorno alla vita ed alle opere principali di B. **Pinelli**. Roma, 1835. In-8.

1918. — Roma, 1837. In-8, port.

1919. Memoria intorno alla vita ed alle opere di Bartolomeo **Pinelli**, scritta per Carlo Falconieri, architetto Siciliano. Napoli, 1835. In-8, port.

1920. Di Bernardino **Pinturricchio** pittore Perugino dei secoli XV, XVI. Memorie raccolte e pubblicate da Giov. Battista Vermiglioli con appendice di documenti in buona parte inediti, e con illustrazioni nuove e copiose anche della vita, e di qualche opere di Pietro Perugino onde emendare i biografi suoi, ed alle omissioni loro notevolmente supplire. Perugia, 1837. In-8.

1921. Layard (A. H.) The Frescoes of Bern. **Pinturricchio** in the collegiale Church of S. Maria Maggiore at Spello. London, 1858. In-8.
*Publication de l'Arundel Society.*

1922. Biographie de C. A. **Pioche** (statuaire). Metz (1858). In-8.

1923. Memorie storico-critiche intorno alla vita ed alle opere di frà Seb. Luciano, soprannominato del **Piombo** scritte da Piet. Dʳ Biagi. Venezia, 1826. In-4.

1924. Istoria della vita e delle opere di Giulio **Pippi** Romano, scritte da Carlo d'Arco. Mantoua, 1858. In-fol., fig.

1925. Istoria della vita e delle opere di Giulio **Pippi**, romano, scritte da Carlo d'Arco... seconda edizione. Mantova, 1842. In-4, fig.

1926. Quelques idées sur l'établissement des frères **Piranesi**, par Duchesne aîné. Paris, 1802. In-8.

1927. Œuvres des chevaliers Jean-Baptiste et François **Piranesi**, qu'on vend séparément en sequins romains, dans la chalcographie des auteurs... Rome, 1792. In-8.

1928. Notice des tableaux, gouaches, dessins, estampes, recueils et objets de curiosité, après le décès de M. François **Piranesi**. Vente à Paris, le 17 décembre 1810. In-8.

1929. Catalogue des estampes et planches gravées vendues après le décès de **Piringer**, graveur, membre de l'Académie impériale de Vienne en Autriche. Vente à Paris, le 4 juin 1827. In-8.
*Ce catalogue est précédé d'une notice sur Piringer, signée R. T...*

1930. Necrologia di Tommaso **Piroli**, Romano Intagliatore in Rame, scritta da Luigi Cardinali. Roma, 1824. In-4, port.

1931. Il **Pisano**, grand' artefice Veronese della prima metà del secolo decimo-quinto, considerato come pittore, di poi come scultore in bronzo. Memorie dal dott. Cesare Bernasconi. Verona, 1862. In-8.

1932. Catalogue d'estampes anciennes, œuvres d'Albert Dürer et de Rembrandt, de **Poggi**, peintre de Florence. Vente à Paris le 29 février 1836. In-8.

1933. Catalogue de l'œuvre de F. de **Poilly**, graveur ordinaire du roi, par. R Hecquet. Paris, 1752. In-12.

1934. Catalogue de l'œuvre de F. de **Poilly**, graveur ordinaire du roi, par R. Hecquet, graveur. Paris, 1752. In-12.

Réimpression pure et simple, sans augmentation aucune, du volume inscrit précédemment. Celle-ci est imprimée à Abbeville par P. Briez. 1863.

1935. Catalogue des planches gravées provenant du fonds de M. Jean de **Poilly**, graveur du Roy, par Fr. Basan. Vente à Paris, le 15 mai 17 6. In-8.

1936. Catalogue des objets de curiosité, tableaux, dessins, estampes, et une belle suite des œuvres de Cochin, vendus après le décès de N. Jean-Baptiste de **Poilly**, graveur du roi. Vente à Paris en 1781. In-8

1937. Privilége donné par Louis XIV à Nicolas **Poilly**, à Paris, le 24 février 1665. In-fol.

**Poitevin**, voyez **Lacour** (de).

1938. Diedo (Antonio). Elogio storico tributato alla memoria di O. **Politi**, esimio pittore, socio di varie accademie, professore di pittura, etc. Venezia, 1847. In-8, port.

1939. Notice sur Nicolas **Ponce**, par M. Mirault. S. l. (Paris) n. d. in-8.

1940. Catalogue de tableaux, dessins, estampes du Cabinet de feu M. **Ponce**, graveur, par Duchesne aîné. Vente à Paris, le 16 décembre 1831. In-8.

**Pordenone** (il). Voyez **Licinio** (G. A.)

1941. Notice sur le peintre **Portail**, par Dugast-Matifeux. Nantes. 1835 In-8.

Extr. de la *Revue des Provinces de l'Ouest.*

1942. Giovanni Battista del **Porto**, dit le maître à l'oiseau, par Emile Galichon. Paris, 1859. In-8, fig.

Extr. de la *Gazette des Beaux-Arts.*

1943. Catalogue de tableaux peints par M. A. **Potémont**... Vente à Paris, le 29 mars 1858. In-8.

1944. Paul **Potter**, peintre de l'école Hollandaise... par C. Lecarpentier. S. l. n. d. (Rouen,-1818). In-8.

1945. (Meyer, Isaac-Joseph de Charles van **Poucke**. Paris. S. d. (1845). In-fol.

1946. Catalogue des dessins, estampes, livres d'architecture, vendus après décès de M. **Poulain**, architecte. Vente à Paris, en 1803. In-8.

**POUSSIN** (**Nic.**).

1947. Description du Testament d'Eudamidas, peint par le **Poussin**, et gravé par M. de Marcenay. S. l. n. d. (Paris, 1757). In-8.

Extr. du *Mercure de France*, novembre 1757.

1948. Essai sur la vie et sur les tableaux de **Poussin** (par Cambry). Paris, 1783. In-8.

1949. — Seconde édition, par le citoyen Cambry. Paris, an VII. In-8.

1950. Élog. de Nic. **Poussin**, peintre ordinaire du roi. Discours qui a remporté le prix à l'Académie royale des sciences, belles-lettres et arts de Rouen, le 6 août 1673, lu à l'assemblée de l'Académie de peinture, au Louvre, par Nic. Guibal. Paris, 1783. In-8, fig.

1951. Le Paysage du **Poussin**, ou mes illusions ; épître à M. Bounieu... par M. de Murville. Paris, 1790. In-8.

1952. Souscription pour un monument à élever à la gloire de Nic. **Poussin**. S. l. n. d. (Paris, 1er floréal an X.) In-8.

1953. Mesures de la célèbre statue de l'Antinoüs, suivies de quelques observations sur la peinture, transcrites du manuscrit original de Nic. **Poussin**. Paris, 1803. In-8.
Extr. de la *Vie de Nic. Poussin*, par GAULT DE SAINT-GERMAIN.

1954. Éloge historique du **Poussin**, par C. Lecarpentier, peintre... lu dans la séance publique de la Société libre d'émulation de Rouen. Rouen, 1805. In-8.

1955. Vie de Nic. **Poussin**, considéré comme chef de l'école française, suivie de notes inédites et authentiques sur sa vie et ses ouvrages, des mesures de la statue de l'Antinoüs, de la description des principaux tableaux, et du catalogue de ses œuvres complètes, par M. Gault de Saint-Germain, Paris, 1806. In-8, fig.

1956. Éloge de Nic. **Poussin**, par Nic. Ruault. Discours qui a remporté le prix de littérature décerné par la Société d'agriculture, sciences et arts du département de l'Eure, dans sa séance publique, tenue à Évreux, le 4 juillet 1808. Paris, 1809. In-8.

1957. Vie de Nic. **Poussin**, par C. Castellan. Paris, 1811. In-8.

1958. Épître à Nic. **Poussin**, par un jeune peintre (Paul-Émile Destouches). Paris, 1819. In-8.

1959. Memoirs of the life of Nicolas **Poussin**, by Maria Graham. London, 1820. In-8, port.

1960. Mémoires sur la vie de Nicolas **Poussin**, par Maria Graham, traduits de l'anglais. Paris, 1821. In-8.

1961. Notice sur la vie et les tableaux du **Poussin**, par J. B. M. Gence. Paris, 1er juin 1823. In-8.
Extr. de la *Biographie universelle*, tome XXXV.

1962. Collection de lettres de Nicolas **Poussin** (publiées par A. Ch. Quatremère de Quincy). Paris, 1824. In-8.

1963. Les Andelys... Nicolas **Poussin** et de Chateaubriand. S. l. 1829. In-8.

1964. Nicolas **Poussin**, par E. J. De-

lécluze. S. l. n. d. (Paris, 1835-1841). In-8.
Extr. du *Plutarque français*.

1965. Essai physiognomonique sur le **Poussin**, par M. Miel. S. l. (Paris), 1838. In-8.

1966. Discours sur Nicolas **Poussin**, lu dans la séance publique annuelle des cinq Académies, le mardi 2 mai 1843, par Raoul-Rochette. Paris, 1843. In-8.

1967. Charles Blanc. Étude sur Nicolas **Poussin**. S. l. n. d. (Paris, 1845). In-8.

1968. Corneille chez **Poussin**, à-propos anecdotique, en vers, suivi d'un épilogue, par M. Ferdinand de la Boullaye. Paris, 1847. In-8.

1969. Nicolas **Poussin**, par Charles Clément. S. l. n. d. (Paris, 1850). In-8.
Extr. de la *Revue des Deux Mondes*, 15 février 1850.

1970. **Poussin** et son monument, par Édouard Crémieux. Évreux, juin 1851. In-8.

1971. Vie de Nicolas **Poussin**. Andelys, Ve Saillot. Juin, 1851. In-8.

1972. Philippe de Chennevières. — Inauguration de la statue de Nicolas **Poussin** aux Andelys. Argentan, 1851. In-12.

1973. Le **Poussin**, sa vie et son œuvre, par Bouchitté. Paris, 1858. In-8.

1974. Documents relatifs à Nicolas **Poussin**. — Documents relatifs à Lavater (Signé H. Lemonnier). Paris, (1858). In-12.
Extr. des *Mémoires de la Société Philotechnique de Paris*.

1975. Les Andelys et Nicolas **Poussin**, par E. Gandar. Paris, 1860. In-8.

1976. Nicolaus **Poussin**. — Verzeichniss der nach seinen Gemälden gefertigten gleichzeitigen und späteren Kupferstiche..... beschrieben von Dr A. Andresen. Leipzig, 1863. In-8.

1977. Vie de Nicolas **Poussin**...... S. l. n. d. In-4 de 17 pages.

1978. Observations sur le caractère des ouvrages du **Poussin**, communiquées

à l'Institut par Eug. d'Andrée. S. l.
n. d. In-8.

1979. Forges nationales, **Poyet**, architecte de la Commune à ses concitoyens. Paris, brumaire septidi, première décade, l'an IIe de la République. In-8.

1980. Institut royal de France. — Académie des beaux-arts. — Funérailles de M. **Poyet**, architecte. — Discours prononcé le 9 décembre 1824, par M. Vaudoyer. (Paris). In-4.

1981. Hommage rendu sur la tombe de M. **Poyet**, ancien architecte du roi et du Corps législatif, membre de l'Institut royal de France, décédé le 8 décembre 1824. (Signé B.) S. l n. d. (Paris, 1824). In-fol.

1982. Institut national de France. — Académie des beaux-arts. — Funérailles de M. **Pradier**. Discours prononcés par Désiré Raoul–Rochette et L. A. Dumont, le 9 juin 1852. Paris, In-4.

1983. **Pradier**, par Georges Bell, Paris, 1852. In-18.
Extr. du *Mercure de France.*

1984. James **Pradier**, statuaire, par Auguste Michaut. Versailles, 1852. In-8.

1985. Vente d'objets d'art, statues en marbre et en bronze, tableaux, curiosités... provenant de feu James **Pradier**, statuaire. Paris, 1852. In-8.

1986. Institut de France. — Notice historique sur la vie et les ouvrages de M. **Pradier**, par M. Raoul–Rochette, lu à la séance du 1er octobre 1853. Paris. In-4.

1987. J. **Pradier**. Étude sur sa vie et ses ouvrages, par Ant. Etex. Paris, 1859. In-8.

1988. **Pradier** et Ary Scheffer.—Notes, souvenirs et documents d'art contemporain, par Jules Canonge. Paris, 1858. In-18.

1989. Freymüthiger Catalog über 36 schöne Blätter in-8, und 4, welche Herr Johann-Gottlieb **Prestel** auf Zeichnungsart meisterhaft in Kupfer gebracht, wovon nur 160 Abdrücke gemacht und die Platten verdorben worden. Verf. von H. S. Hüssgen. Franckfurt, 1785. In-8.

1990. Catalogue raisonné d'estampes et quelques recueils, livres à figures et sur les arts, tableaux et dessins, du cabinet de M. **Prevost**, dessinateur et graveur. Vente à Paris, le 8 janvier 1810. In-8.

**Prévost** (Z.) Voyez **Cagliari** (P.).

1991. Vita del celebre pittore Francesco **Primaticcio**, scritta dal Marchese Antonio Bolognini Amorini. Bologna, 1838. In-8, port.

1992. Étude sur les fontes du **Primatice**, par Henry Barbet de Jouy. Paris, 1859. In-8.

1993. Institut royal de France. — Académie des beaux-arts. — Funérailles de M. **Prudhon**. — Discours de M Quatremère de Quincy, prononcé le 19 février 1823. (Paris). In-4.

1994. — Réimpression. Toul. (1854). In-8.

1995. Institut impérial de France. — Notice historique sur la vie et les ouvrages de M. **Prudhon**... par Quatremère de Quincy. Paris. 1824. In-4.

1996. Notice historique sur la vie et les ouvrages de P. P. **Prudhon**, peintre (par A. E. E. Voiart). Paris, 1824. In-8, port.

1997. Blanc (Ch.) P. P. **Prudhon**. Paris, 1845. In-8.
Extr. de l'*Histoire des Peintres français.*

1998. Peintres et sculpteurs modernes. **Prudhon**, par Eugène Delacroix. Paris, 1er novembre 1846. In-8.
Extr. de la *Revue des Deux Mondes.*

1999. L'art du dix-huitième siècle. — **Prudhon**, par Edmond et Jules de Goncourt. Paris, 1861. In-4, fig.

2000. Un Souvenir de **Prudhon**. L'Enlèvement d'Europe, gravé par Prudhon d'après l'antique. S.l.n. d. In-8.

2001. Mémoire pour servir à l'histoire des hommes illustres de Provence.

Pierre **Puget** (par le Père Bougerel), S. l. n. d. (Paris, 1752). In-12.

Extr. des *Mémoires pour servir à l'histoire de plusieurs hommes illustres de Provence*, par le Père BOUGEREL. Paris, 1752. In-12.

2002. Lettre à M*** sur Pierre **Puget**, sculpteur, peintre et architecte, par le Père Bougerel. Paris, 25 mars 1752. In-8.

2003. Éloge historique de Pierre **Puget** sculpteur, peintre et architecte (par Duchesne aîné) ; ouvrage qui a concouru pour le prix proposé par l'Académie de Marseille. Paris, 1807. In-8.

Extr. du *Magasin encyclopédique*, juin 1807.

2004. Éloge de Pierre **Puget**, présenté au concours... par Alph. Rabbe. Aix, 1807. In-8.

2005. Féraud (L... D...). Éloge historique de P. **Puget**. Paris, 1807. In-8.

2006. Notice sur les Caryatides du **Puget**... par Zénon Pons. Toulon, 1810. In-8.

2007. Essai sur la vie et les ouvrages de Pierre **Puget**, par Zénon Pons. Paris, 1812. In-8.

2008. Pierre **Puget**, par Laurent. S. l. n. d. (Paris, 1835-1841). In-4.

Extr. du *Plutarque français*.

2009. Vie de Pierre **Puget**, peintre, statuaire, architecte et constructeur de vaisseaux, par M. Éméric-David. Marseille, 1840. In-8.

2010. Sur la vie et les œuvres de P. **Puget**, par D. M. J. Henry. Toulon, 1853. In-8.

Extr. du *Bulletin semestriel de la Société des Sciences, belles-Lettres, et Arts du département du Var*. 20° année, n° 2, 1853.

2011. Explication des peintures à fresque exécutées par M. Abel de **Pujol**, dans la chapelle Saint-Roch, à Saint-Sulpice. Paris, 1822. In-8.

2012. Institut impérial de France... Funérailles de M. Abel de **Pujol**. Discours de M. Couder... prononcé le lundi 30 septembre 1861. (Paris).

In-4. (Suivi du discours de M Lemaire).

2013. Notice sur Abel de **Pujol**... par M. Georges Rouget. Valenciennes, 1861. In-8.

2014. Catalogue de tableaux, dessins, esquisses et croquis laissés par M. Abel de **Pujol**... Vente à Paris, le 7 décembre 1861. In-8.

2015. Alexandre-Denis Abel de **Pujol**, par M. A. Couder, de l'Institut, Paris, 1862. In-8.

Extr. de la deuxième édition de la *Biographie universelle*, publiée par les frères MICHAUD.

2016. Translation des restes mortels d'Abel de **Pujol** à Valenciennes. Poëme par Adolphe Garin. Valenciennes, 1865. In-8.

2017. Essai biographique. — La Famille de **Pujol** par L. Cellier. Valenciennes, 1862. In-12.

2018. Notice sur **Pujol de Mortry**, par Aimé Leroy et Arthur Dinaux, Valenciennes, 1827. In-4.

2019. Corver. Tooneel-aantekeningen over het leven van Jan **Punt**. Leyde, 1786. In-8.

2020. Notice d'une vente d'estampes anciennes à l'eau-forte et au burin, par les meilleurs graveurs, provenant des portefeuilles d'artistes de M. **Quesnel**, peintre-graveur..... Vente à Paris, le 7 décembre 1845. In-8.

2021. Catalogue de quelques tableaux, dessins, estampes, recueils... provenant du cabinet de feu M. **Quinbeaux**, architecte. Vente à Paris, le 30 mars 1792. In-8.

2022. Notice biographique sur Léonard **Racle**, de Dijon, par Cl. Nic. Amanton. Dijon, 1810, in-8.

Extr. du *Magasin encyclopédique*.

2023. Notice biographique sur L. **Racle**, par C. N. Amanton. Nouv. édition avec quelques corrections des additions et des notes. Dijon, 1811, in-8.

Compte rendu par CHARDON DE LA ROCHETTE extrait du *Magasin encyclopédique*.

2024. **Raffet**, sa vie et ses œuvres, par Auguste Bry. Paris, 1861. In-8.

2025. **Raffet**, son œuvre lithographique et les eaux-fortes, suivi de la Bibliographie complète des ouvrages illustrés de vignettes d'après ses dessins, par H. Giacomelli. Paris, 1862. In-8 fig.

2026. Neujahrsblatt der Künstler-Gesellschaft in Zürich für 1846, enthaltend das Leben des Landschaftsmalers C. **Rahn** von Zurich. Zurich, 1846. In-4 port.

2027. Memorie della vita e delle opere di F. **Raibolini**, detto il Francia, pittore Bolognese scritte da Jac. Aless. Calvi e pubblicate dal Cav. L. Salina. Bologna, 1812. In-8.

2028. Intorno a Francesco **Raibolini** detto il Francia e ad una sua pittura in tavola. Cenni di Gaetano Giordani. Bologna, 1832. In-12 fig.

2029. Chi era Francesco da Bologna ? London, 1858. In-8.

Cette dissertation écrite par M. A Panizzi, démontre jusqu'à l'évidence que F. **Raibolini**, dit le Francia, a gravé lui-même les superbes caractères dont a fait usage Alde le vieux.

2030. Intorno al vero autore di un dipinto attribuito al Francia. Ricerche di Andrea Cavazzoni-Pederzini. Modena, 1864. In-8.

2031. Biografia di Francesco **Raibolini**, sopranominato il Francia, di Gaetano Giordani, S. l. n. d.. In-8 de 8 pag.

2032. Memoirs and Recollections of the late Abraham **Raimbach** esq. engraver... including a Memoir of sir David Wilkie, R. A. edited by M. T. I. Raimbach, M. A... London, 1843. In-4 port.

2033. Vita di Marco-Antonio **Raimondi**, scritta da Nic. Bettoni. Padova, 1815. In-4 port.

2034. Collection des pièces de Marc-Antoine, précédé d'un avis de Jos. Grünling. Vente à Leipzig le 15 novembre 1824. Vienne, 1824. In-12.

2035. Catalogo di una insigne Collezione di stampe delle rinomatissime e rare incisione del celebre Marc-Antonio **Raimondi**, fatta da Gian-Antonio Armano, pittore. Firenze, 1830. In-12.

2036. Delessert (Benjamin). Notice sur la vie de M. A. **Raimondi**, graveur Bolonais, accompagnée de reproductions photographiques de quelques-unes de ses estampes. Paris, 1853. In-folio. fig.

2037. Marc-Antoine **Raimondi**.., par L. Vitet. Paris, 1853. In-8.

Extr. de la *Revue des Deux-Mondes*.

2038. Marc-Antoine **Raimondi** et ses deux principaux élèves Augustin Vénitien et Marc de Ravenne. Catalogue de la majeure partie des estampes qui composent l'œuvre de Marc-Antoine, d'Augustin Vénitien et de Marc de Ravenne appartenant à M. S. de P..., (de Waldeck). Vente à Paris, le 18 mai 1863. In-8.

2039. Notice sur les estampes gravées par Marc-Antoine **Raimondi**, d'après les dessins de Jules Romain et accompagnées de sonnets de l'Arétin, par C. G. de Murr, traduite et annotée par un bibliophile (Gustave Brunet). Bruxelles, 1865. In-12.

2040. **Ramberg**'s Gemälde vom Zuge Alexanders durch den Granikus. Fragment einer Abhandlung über Ramberg's Kunst und Kunstwerke. Dresde, 1791. In-8.

2041. Vaccolini (Domenico). Memorie della vita e delle pitture di B. **Ramenghi**, detto Bagnocavallo dal nome della sua patria. Lugo, 1835, in-8.

2042. Biografia di B. **Ramenghi** e di altri Pittori di quella famiglia, scritta di D. Vaccolini. 3ᵉ édition. Imola, 1841. In-8.

2043. Institut royal de France... Funérailles de M. **Ramey**, père. Discours de M. Petitot, prononcé le 7 juin 1828 (Paris). In-4.

2044. Institut national de France. Académie des beaux-arts. — Funérailles de M. **Ramey**. Discours prononcés sur sa tombe, par D. Raoul-Rochette et L. A. Dumont, le 31 octobre 1852. (Paris.) In-4.

2045. Institut de France. Notice historique sur la vie et les ouvrages de M. **Ramey,** par M. Raoul Rochette, lue à la séance publique du 1er octobre 1853. (Paris.) In-4.

2046. Christian-Daniel **Rauch,** par M. A. Couder, de l'Institut. Paris, 1862. In-8.

Extr. de la deuxième édition de la *Biographie universelle,* publiée par les frères Michaud.

2047. Lettres inédites du peintre G-rodet Trioson, de Suvée... et du général Gudin .., à Aug. René Ravault, précédées d'une notice sur **Ravault,** par Émile Bellier de la Chavignerie. Pithiviers, s d. (1862.) In-12.

Extr. du *Journal de Pithiviers.*

2048. Notice historique sur la vie et les ouvrages de Jean Arnauld **Raymond.** Paris. (1812 ) In-8.

2049. Jacques **Réattu,** peintre d'histoire... Notice biographique par Jules Canonge. Nîmes, 1863. In-32.

2050. Notice nécrologique sur la vie et les ouvrages de M. **Redouté**..., par M. L. Bouchard. Paris, 1840. In-8

Extr. des *Annales de la Société d'horticulture de Paris.*

2051. A **Redouté,** (signé Jules Bagel, 15 mars 1840.) Paris, 1840. In-8.

2052. Catalogue de tableaux, dessins, croquis, ébauches, par suite du décès de M. **Redouté,** peintre de fleurs... Vente à Paris, le 25 juillet 1840. In-8.

Ce catalogue est précédé d'une notice par J. Janin.

2053. Notice biographique sur P. J. **Redouté,** peintre de fleurs du cabinet de la Reine, lue à la Société du département du Nord, par M. Auguste Delsart, 28 avril 1841. Valenciennes, 1841. In-8.

Extr. des *Annales historiques du Nord de la France.*

2054. Notice sur Joseph Redouté, membre de la Société libre des Beaux-Arts, par Mirault. Paris, 1845. In-8.

Extr. du tome xiii des *Annales de la Société.*

2055. Notice historique sur P. J. **Re-**

**douté,** par Mathieu Bonafous. S. l. n. d. (Paris, 1846). In-8.

Extr. de la *Bibliographie universelle.*

2056. Bogaerts (Félix). Notice sur P. J. van **Regemorter.** Gand, 1833. In-8. port.

Extr. du *Messager des Sciences et Arts.*

2057. Exposition de trois tableaux dans une salle du Palais national,... par le citoyen **Regnault.** Paris, an VIII. In-8.

2058. Chaussard. Notice historique et inédite sur **Regnault.** ( Paris, 1806.) In-8.

Extr. du *Pausanias français.*

2059. Institut royal de France. Funérailles de M. le baron **Regnault.** — Discours de Huyot et du baron Guérin (Paris, 14 novembre 1829). In-4.

2060. Catalogue de tableaux, esquisses, dessins et croquis de M. le baron **Regnault**... Vente à Paris, le 1er mars 1830 In-8.

2061. Extrait des travaux de l'Académie de Reims. 1856. — Nicolas **Regnesson,** graveur (xviie siècle), par M. Max Sutaine. Reims (1856). In-8.

**REMBRANDT VAN RHYN.**

2062. Catalogue raisonné de toutes les estampes qui forment l'œuvre de **Rembrandt,** composé par Gersain, et mis au jour par Helle et Glomy. Paris, 1751. In-12.

En 1752 il a paru une traduction anglaise de l'ouvrage de Gersaint.

2063. Yver (P.). Supplément au Catalogue raisonné de MM. Gersaint, Helle et Glomy, de toutes les pièces qui forment l'œuvre de **Rembrandt.** Amsterdam, 1756. In-8.

2064. Catalogue de l'incomparable et la seule complète collection des estampes de **Rembrandt**... recueillies depuis l'an 1728 jusqu'à présent, par Amadé de Burgy. Vente à la Haye, le 12 (16) juin 1775. In-8.

2065. A descriptive Catalogue of the works of **Rembrandt**... by Daniel Daulby. Liverpool, 1796. In-8.

2066. Catalogue raisonné de toutes les estampes qui forment l'œuvre, de **Rembrandt**... par Adam Bartsch. Vienne, 1797. 2 vol. in-8.

2067. Beredeneerde Catalogus der Werken van **Rembrandt** van Rhyn, zamengesteld na de origineele printen door C. Josi. Vente à Amsterdam, le 31 juillet 1810. In-8.

2068. **Rembrandt** van Rhyn.... par C. Lecarpentier. Rouen, 1814. In-8.

2069. Catalogue raisonné de toutes les estampes qui forment l'œuvre de **Rembrandt**... par Claussin. Paris, 1824. In-8.

2070. — Supplément. Paris, 1828. In-8.

2071. Catalogue des estampes de **Rembrandt**, F. Bol, J. Livens, J. G. van Uliet, Rodermont et leurs imitateurs, colligées par A. P. F. Robert-Dumesnil. Paris, 1835. In-8.

2072. A Catalogue of the etchings by **Rembrandt**. The property of the late right hon. Reginald Pole Carew... Vente à Londres, le 13 mai 1835. In-8.

2073. A descriptive Catalogue of the prints of **Rembrandt**, by an amator (Wilson). London, 1836. In-8.

2074. Lofrede of **Rembrandt**, door J. Immerzeel junior. Amsterdam, 1841. In-8, portr.

2075. Leben und Werke des Malers und Radirers **Rembrandt** van Rhyn. Von Dr G. K. Nagler. Munich, 1843. In-8.
Extr. du *Kunst-Lexicon*, de Nagler.

2076. Catalogue d'une collection magnifique d'estampes composant l'œuvre presque complète de **Rembrandt**... Vente à Amsterdam, le 31 mars 1852. In-8.

2077. Rembrandt Levensschets van **Rembrandt** en Dichtregelen by the onthulling van zyn stanbeeld, door W. N. Peijpers. Benevens eenige Byzonderheden betreffende het standbeeld en de Feestviering van den 27 mei 1852. Amsterdam, 1852. In-8.

2778. **Rembrandt**. Redevoering over het leven en de verdiensten van Rembrandt van Rhyn...; dor Dr P. Scheltema. Amsterdam, 1853. In-8, portr.

2079. **Rembrandt's** Leben und Werke, nach neuen Actenstücken und Gesichtspunkten geschildert. Von E. Kolloff. Leipzig, 1854. In-8.
Extr. de l'*Histor. Taschenb*, herausgeg. von F. von Raumer. 5e série. 5e année.

2080. Quelques adjonctions à l'œuvre gravé de **Rembrandt**; par M. H. A. Klinkhamer..(Bruxelles, 1856). In-8.
Extr. de la *Revue universelle des Arts*.

2081. **Rembrandt**. Discours sur sa vie et son génie, avec un grand nombre de documents historiques, par le Dr P. Scheltema; traduit par A. Willem; revu et annoté par W. Burger. Bruxelles, 1859. In-8.
Extr. de la *Revue universelle des Arts*.

2082. **Rembrandt** and his works...; by John Burnet. London 1859. In-4, fig.

2083. L'Œuvre complet de **Rembrandt**, décrit et commenté par Charles Blanc. Paris, 1859. 2 vol. in-8.

2084. **Rembrandt** Harmens van Rijn. — Ses précurseurs et ses années d'apprentissage, par C. Vosmaer. La Haye, 1863. In-8.

**RENI (GUIDO).**

2085. Lodi al signor Guido **Reni**, raccolte per Nic. Tebaldini. Bologna, 1632. In-4.

2086. Gaufridius (Jacobus.) Epistola de raptu Helenæ a Guidone **Rheno** depicto. Bononiæ, 1632. In-8.

2087. Musa pittrice, ovvero poetiche compozioni in lode del sig. Guido **Reni**, dipintore, raccolte e dedicate al suo nome da Inicalbo Teroldo (Accademico sinora ignoto). Bologna, 1632. in-8.

2088. Lodi al sig. Guido **Reni** raccolte dall' Imperfetto accademico confuso (Girolamo Giacobbi). Bologna, 1632. In-8.

2089. Macius (Paulus). Nerei vaticinium de raptu Helenæ Apellæ a

Guidonis **Rheni** arte depicto. Bononiæ, 1633. In-8.

2090. Guarinus (Julius Cesar). Epistola seu encomium græco-latinum super raptum Helenæ a Guidone **Rheno** depictum. Bononiæ, 1633. In-8.

2091. Trionfo del pennello, o raccolta di alcune compozioni nate a gloria d'un ratto d'Elena di Guido **Reni**. Bologna, 1633. In-8.

2092. — 2ᵉ édition. Venezia, 1633. In-8.

2093. — 3ᵉ édition. Bologna, 1634. In-8.

2094. Vizzani (Carolus Emmanuel). Epistola greco-latina super raptum Helenæ a Guidoni **Rheni** depictum. Bononiæ, 1633. In-8.

2095. Vizzani (Emmanuele). La Maddalena dell' Eminentissimo e Reverendissimo signor Cardinale santa Croce, dipinta da Guido **Reni**. Bologna,1633. In-8.

2096. Marescotti (Annibale). Il Ratto d'Elena di Guido **Reni**, Panegerico al Cardinale Santa Croce, legato di Bologna. Bologna, 1633. In-8.

2097. Scaligeri (Camillo). (Banchieri, Adriano). Lettera nell' idioma natio di Bologna scritta al signor Giambattista Viola a Roma sopra il ratto d'Elena del pittore Guido **Reni**. Bologna, 1633. In-8.

2098. Il sogno d'Armindo solitario (Cavalieri Bartolommeo). Idilio per lo ratto d'Elena di Guido **Reni**. Bologna, 1633. In-8.

2099. Malvezzi (Lodovico). Lettera al signor Guido **Reni**, quale precedeva la canzone composta pel suo ratto d'Elena ec inserita ne' deliri della solitudine o Genii poetici. Bologna, 1636. In-8.

2100. Andreini (Giov. Battista). Le lacrime nel sacrilegio delle immagini della SS. Vergine al molto illustre signor Padrone osservandissimo il signor Guido **Reni**. Bologna, 1637. In-8.

2101. Pancaldi (Giov. Pellegrino). Il trionfo di Giobbe dipinto da Guido **Reni**. Bologna, 1637. In-4.

2102. Trionfo di Giove fulminatore de' Giganti, sonetto di I. S. al serenissimo signor duca Francesco d'Este, preso per simbolo della grandezza sua. Bologna, 1639. In-fol.

2103. Assarino (Luca). Sensi di umiltà e di stupore intorno la grandezza dell' Eminentissimo cardinale Sacchetti, e le pitture di Guido **Reni**. Bologna, 1639. In-16.

2104. Grimaldi (Giosefto Maria). L'Arianna del signor Guido **Reni**. Bologna, 1640. In-8.

2105. Dialogo di Gio. Pietro Cavazzoni Zanotti, pittore Bolognese in difesa di Guido **Reni**, stesso in una lettera al signor dottor Girolamo Baruffaldi, Ferrarese. Venezia, 1710. in-8.

2106. — Autre édition. Venezia, 1839 In-8.

Cette brochure a été réimprimée à la fin du tome second de l'édition de la *Felsina Pittrice*, donnée à Bologne en 1844.

2107. Catalogue raisonné des estampes gravées à l'eau-forte par Guido **Reni**. par Adam Bartsch. Vienne, 1795, In-12.

2108. Antony Bérard. Guido **Reni**, ou les Artistes, pièce en cinq actes et en vers, représentée au Théâtre-Français, le 6 février 1833. Paris, 1835. In-8.

2109. Giordani (Gaetano). Articolo del gran quadro rappresentante la pietà e li santi protettori di Bologna, dipinto da Guido **Reni** Bolognese, e copiato dal pittore Russo, signor Simeone Givago. Bologna, 1837. In-16.

2110. Vita del celebre pittore Guido **Reni**, scritta dal Marchese Antonio Bolognini Amorini. Bologna, 1839. In-8.

2111. Il Sansone, pittura insignissima di Guido **Reni**, già del conte Zambeccari, dietro Reno, poi della Galleria del cardinale Girolamo Boncompagni. Sonetto di B. T. S. l. n. d. In-fol.

2112. Cenni sopra diverse pitture staccate dal muro e trasportate su tela e specialmente di una grandiosa noc maestria eseguita da Guido **Reni** ed ammirata entro nobile Palazzo in Bologna (di G. Giordani). Bologna, 1840. In-8.

2113. Notizie intorno alla sacra preziosa Immagine della Beata Vergine del suffragio dipinta da Guido **Reni** derobata sul 1855, restituta nel 1860 la quale si venera nella chiesa parrochiale di S. Bartolommeo a Porta Ravegnana in Bologna (di G. Giordani). Bologna, 1861. In-8, front.

2114. Alfred **Rethel**. Blätter der Erinnerung von Wolfgang Müller, von Königswinter. Leipzig,1861.In-8.

2115. Éloge historique de Pierre **Revoil**... ancien professeur de peinture à l'École des beaux-arts de Lyon... Discours de réception, prononcé à la Société littéraire de Lyon. dans la séance du 27 avril 1842, par E. C. Martin-Daussigny. Lyon, 1842. In-8.

2116. Éloge de Pierre **Révoil**, peintre lyonnais. Discours de réception de M. Genod, lu à l'Académie impériale de Lyon, dans la séance du 15 juillet 1862. Lyon, 1862. In-8.

**REYNOLDS (SIR JOSHUA).**

2117. Catalogue of portraits engraved from pictures of sir Joshua **Reynolds**. S. l. (London). 1794. In-4.

2118. A Descriptive Catalogue of all the prints, with the engravers' names and dates, which have been engraved from original portraits and pictures by sir Joshua **Reynolds**, collected by Edmund Wheatley P.R. A.London, 1825. In-12.

2119. Wheatley (E.). A descriptive Catogue of all the prints, with the engravers' names and dates, which have been engraved from original portraits and pictures by sir Joshua **Reynolds**. London, 1850. In-8.

2120. Testimonies to the Genius and Memory of sir Joshua **Reynolds**. By (S. Felton) the author of Imperfect Hints towards a new edition of Shakespeare. London, 1792. In-4.

2121. Discourse delivered at the royal Academy. (By Joshua **Reynolds**). London, 1771. In-4

2122 — London, 1778. In-8.

2123. — London, 1821. 2 vol. in-18.

2124 — With explanatory and illustrative notes by John Burnet. London, 1842. In-4.

2125. — Illustrated by explanatory notes and plates by J. Burnet. London. 1846. in-4.

2126. Observations on the Discourses delivered at the royal Academy, addressed to the president (sir Josh. **Reynolds**). London 1774. In-4.

2127. The Literary Works of sir Joshua **Reynolds**, Knt, to which is prefixed an account of his life and Writings by Edmond Malone. London, 1794. 2 vol. in-4.

2128. — London, 1797. 2 vol. in-4.

2129. — London, 1798, 3 vol. in-8.

2130. — London, 1801, 3 vol. in-8.

2131. — London, 1805, 3 vol. in-8.

2132. — London, 1819, 3 vol. in-8.

2133. — London, 1824, 3 vol. in-12

2134. — With remarks an his professional character, illustrative of his principles and practice by H.W. Beechey. London, 1846, 2 vol. in-8 port.

2135. — With memoir of the author and remarks illustrative of his principles and practice by H.W.Beechey. London, 1851. 2 vol. In-8, port.

2136. Catalogue of the first part of the Cabinet of ancient Drawings which belonged to sir Joshua **Reynolds**. London, 1794. In-8.

2137. Farington. Memoirs of the life of sir Joshua **Reynolds**. London, 1809. In-8.

2138. Memoir of sir J. **Reynolds**. with observations on his talents and character, by J. Farington. London. 1819. In-8.

2139. Memoirs of sir Joshua **Reynolds**, by J. Farington. London, 1820. In-8.

2140. Northcote (James). Memoirs of sir Joshua **Reynolds** ; a brief analysis of his Discourses, and varieties on art. London, 1813-1815. In-4.

2141. — London, 1818. 2 vol. in-8.

2142. The Commemoration of **Reynolds**, in two parts, with notes, and other poems ; by Martin Archer Shee. R. A. London, 1814. In-8.

2143. Northcote (James). Memoirs of sir Joshua **Reynolds**, late president of the royal Academy, to which are added varieties on art. Philadelphia, 1817. In-8.

2144. The life of sir Joshua **Reynolds** comprising orig. Anecdotes of many distinguished persons, his contemporaries and a brief analysis of his discourses. By J. Northcote. London. 1818. 2 vol. in-8.

2145. Reynolds (Th.). Life of J. **Reynolds**, by his son. London, 1839. 2 vol. in-8.

2146. — Autre édition. Paris, 1839. 2 vol. in-8, port.

2147. A Catalogue of the portraits painted by sir Joshua **Reynolds**, Knt. P. R. A. Compiled from his autograph Memorandum Books, and from printed catalogues,... by William Cotton. esq. London, 1857. In-8.

2148. Sir Joshua **Reynolds** and his works. Gleanings from his diary, unpublished manuscripts, and from other sources by William Cotton. Edited by John Burnet. London, 1856. In-8.

2149. Cotton (W.). Sir Joshua **Reynolds**. Notes and observations on pictures, chiefly of the Venetian School, being extraits from his Italian sketchbooks; also the Rev. W. Mason's observations on sir Joshua's method of colouring, and some unpublished letters of Dr Johnson Malone, and others. London, 1859. In-8.

2150. Sir Joshua **Reynolds** and Holbein, by Ruskin. S. l. n. d. (London mars, 1860). In-8.
Extr. de *Cornhill Magazine*.

2151. Life and Times of sir Joshua **Reynolds**, with notices of some of his contemporaries. Commenced by Ch. Robert Leslie, continued and concluted by Tom. Taylor. London, 1865. 2 vol. in-8.

**Reynolds**, Voyez **Mengs**.

2152. Observaciones de don Ramon Diosdado Caballero sobre la patria del pintor Josef de **Ribera**, llamado el Españoleta, ilustradas con algunas notas (par Francesco Xaverio Borrull.) Valencia, 1824. In-4.

2153. — Valencia, 1828. In-8.

2154. Tavecchi (Gior. Fil.). Elogio storico di F. **Ricchino da Rovato**, poete, pittore ed architetto. Brescia, 1840. In-8.

**Ricci** (Seb.) Voyez **Cignani** (C.)

2155. Catalogue des tableaux du Cabinet de M. **Richard**, peintre. Vente à Paris, le 27 janvier 1786. In-8.

2156. Catalogue de tableaux anciens et modernes, des études, dessins.... formant le cabinet et l'atelier de M. Théodore **Richard**, peintre.... Vente à Paris, le 19 mars 1858. In-8.

2157. Jonat. **Richardson**'s works. London. 1792. In-4°.

2158. Mémoire sur le sépulcre de Saint-Mihiel et sur **Richier** (Leger ou Ligier), son auteur, par M. le docteur Denys. Orléans, 1852. In-8 fig.
Extr. des *Mémoires de la Société des sciences, belles-lettres et arts, de l'Orléanais.* 1847-1852.

2159. Sépulcre de Ligier **Richier** à Saint-Mihiel (Meuse). Photographie vendue au profit d'une bonne œuvre: l'érection d'une église à Bar-le-Duc. Bar. (1858). In-32.

2160. Ligier **Richier**, sculpteur Lorrain. Étude sur sa vie et ses ouvrages, par C. A. Dauban. Paris, 1861. In-8.
Extr. de la *Revue des Sociétés savantes.*

2161. Respect au Sépulcre, point de déplacement, ou Ligier **Richier** vengé dans son chef-d'œuvre, par Justin Bonnaire. Nancy, 1863. In-8.

2162. Ligier **Richier** Le Squelette de Bar-le-Duc, le Sépulcre de Saint-

Michel (Mihiel), par J. Laguerre.
Bar-le-Duc. S. d. (1865). In-8.

2163. Ligier **Richier** (Signé : S. M.).
— Le général Oudinot (signé : J. J.
Laguerre). Bar. S. d. (1865). In-8.
Extr. de l'*Almanach de Bar*, 1865.

2164. Institut national de France. Discours de M. Raoul Rochette, prononcé aux funérailles de M. **Ri-
chomme**, le 25 septembre 1849.
Paris. In-4.

2165. **Richter** (Ludwig, Adrian). Se-
paratabdruck aus den Grenzboten,
1852, nº 5. (Leipzig.) In-8.

2166. Leben und Werke des Bildhauers
T. **Riemenschneider**, eines fast
unbekannten aber vortrefflichen
Künstlers, am Ende des 15 und an-
fang des 16 Jahrhunderts beschrieben und herausgegeben von L. Becker. Leipzig, 1849. In-4.

2167. Neujahrsblatt der Züricher
Kunstlergesellschaft , enthaltend
die Lebensbeschreibung H. **Rieter**'s,
von Winterthur. Zürich , 1819.
In-8, port.
**Rigaud** (Hyac.) Voyez **Colin de
Vermont**.

2168. Kurze Lebensbeschreibung und
genaue Abbildung des seit Kurzem
verstorbenen Herrn Christoph-Gott-
fried **Ringe**, vormaligen Anhalt-
Köthen'schen Hofmalers ; eines ver-
irrten Selbstdenkers und sonder-
baren Oeckonomen. Zum Besten armer
Schulkinder. Halle, 1793. In-8.

2169. Leben des Anhalt-Cöthischen
Hofmalers **Ringe**. Cöthen, 1794.
In-8.

2170. Le Virtù di Luca della **Robbia**,
di Pietro Contrucci. Firenze, 1834.
In-8.

2171. Notice biographique sur G. Della
**Robbia**, auteur présumé des po-
teries dites de Henri II, et sur sa famille, par Henri Delange. Paris, 1847.
In-8.

2172. Les Della **Robbia**, sculpteurs en
terre émaillée. Étude sur leurs travaux, suivie d'un catalogue de leur

œuvre, fait en Italie en 1853, par
Henry Barbet de Jouy. Paris, 1855.
In-12.

2173. Notice sur Hubert **Robert**, peintre, lue à la Société d'émulation,
dans la séance du 1er mai 1808, par
C. Lecarpentier (Caen). In-8.

2174. Notice biographique sur Hub.
**Robert**, par L. G. B. E. Vigée. Paris,
1808. In-8.
Extr. du *Mercure de France*.

2175. Hubert **Robert**, par Taillasson.
S. l. n. d. (Paris, 29 avril 1808).
In-8.
Extr. du *Moniteur universel*.

2176. Catalogue des tableaux... du cabinet de M. Hubert **Robert**. Vente à
Paris, le 5 avril 1809. In-8.

2177. Épître à Hubert **Robert**, par
Fournier - Desormes. Paris, 1822.
In-12.

2178. Léopold **Robert**, dédié à Aurèle
Robert, par madame de *** (comtesse
César de Valdahon). Auxerre, 1835.
In-8.

2179. Notice sur la vie et les ouvrages
de Léopold **Robert**, suivie de la description des quatre tableaux de ce
peintre : l'*Improvisateur napolitain*,
la *Madone de l'Arc*, les *Moisson-
neurs*, les *Pêcheurs de l'Adriatique*,
par E. J. Delécluze. Paris, 1838.
In-8, fig.

2180. Léopold **Robert** (signé : Georges
d'Alcy). Paris. 15 août 1839. In-8.

2181 Notice historique sur Léopold
**Robert**, par M. Feuillet de Conches.
Paris, 1846. In-8.
Extr. de la *Biographie universelle*.

2182. Léopold **Robert**, sa vie, ses
œuvres et sa correspondance, par
Feuillet de Conches. Paris, 1848.
In-12.

2183. — Seconde édition. Paris, 1854.
In-12.

2184. Neujahrsblatt der Künstlergesellschaft in Zürich für 1841. Enthaltend : Leben und Characterschilde-
rung des Malers Leopold **Robert**
aus Chaux de Fonds. Zürich, 1852.
In-fol.

2185. Léopold **Robert**, drame historique... dédié au peuple Suisse, par
M. Ch. d'Emptaz-Rey. Lausanne.
1855. In-12.

2186. Zoller, (Edm.) Leopold **Robert**,
sein Leben, seine Werke und sein
Briefwechsel, nach Feuillet de Conches. Hannover, 1863. In-8, port.

**Robert** (P. P. A.). Voyez **Gillot**
(Claude).

**Robert - Fleury**. Voyez **Fleury**
(Robert).

2187. Épître à M. **Robert-Lefèvre**,
peintre de la chambre et du cabinet
du roi, par M. Vigée. Paris, 1820.
In-8.

2188. Catalogue des tableaux, portraits, études, esquisses de M. **Robert-Lefèvre**, peintre de portraits
et d'histoire... Vente à Paris, le
7 mars 1831. In-8.

2189. Les Caprices de la Fortune, ou
les deux Muses en pèlerinage. Extrait de la Vie d'Auguste **Robineau**,
peintre et musicien, encore existant,
après avoir échappé aux quatre éléments. Paris, 1816. In-8.

2190. Vita di Giacopo **Robusti**, detto
il Tintoretto, fedelmente descritta da
Carlo Ridolfi, al Serenissimo principe
Francesco Erizzo et all' eccelentis-
simo senato Veneto... Venetia, 1642.
In-4.

2191. Vita di Jacopo **Robusti**, detto il
Tintoretto, cittadino Venetiano, descritta dal C. Ridolfi.— Seg. la vita di
Marietta Tintoretta pittrice, figliuola
di Jacopo (Venetia, 1646.) In-4, port.

2192. Labeo (Prosdocimo). Elogio di
G. **Robusti**, detto il Tintoretto. Venezia, 1815. In-8.

2193. Étude sur les eaux-fortes de
M. Octave de **Rochebrune**, par
Charles Marionneau. Nantes, 1865.
In-8.
Extr. de la *Revue de Bretagne et de
Vendée*, août 1865.

2194. Compte rendu de la fête d'inauguration de la statue équestre de
Guillaume le Conquérant en la ville

de Falaise, le 26 octobre 1851....
Falaise, 1851. In-8. (La statue était
de **Rochet**.)

2195. Galerie historique et critique du
XIXe siècle. — L. **Rochet**, par Henry
Lauzac. Paris, 1863. In-8.
Extr. du 4e volume.

2196. Ramler (Carl Wilh.). Gedächtnissrede auf Bernhard **Rode**. Berlin,
1798. In-8, port.

2197. Jovellanos (Gasp. Melch. de). Elogio
di D. V. **Rodriguez**... Madrid, 1790.
In-8.

2198. Baptistère de l'Église Notre-
Dame-de-Lorette, peint par A. **Roger**. S. l. n. d. (Paris, 1840). In-8.

2199. M. **Roger**, peintre d'histoire.
Paris. (1848). In-8.
Extr. des *Archives des Hommes du
jour*.

2200. Peintures monumentales de la
Coupole de l'église Saint-Roch, par
M. Adolphe **Roger**. S. l. n. d. (Paris,
1865). In-4.

2201. M. **Roger**, (signé : J. E.). Paris.
S. l. ni d. In-8.
Extr. des *Archives de la France con-
temporaine*.

2202. Institut royal de France.— Académie des beaux-arts. — Funérailles
de M. Roland. — Discours de M. Quatremère de Quincy, prononcé le 12
juillet 1816. (Paris). In-4.

2203. Notice historique sur la vie et
les ouvrages de M. **Roland**, par Quatremère de Quincy, lue à la séance
publique de l'Académie royale des
beaux-arts, le 2 octobre 1819. (Paris.)
In-4.

2204. Société royale des sciences, de
l'agriculture et des arts de Lille. —
Rapport lu, en séance publique, le 20
juillet 1846, par M. Pierre Legrand,
au nom de la commission chargée
d'examiner les mémoires des con-
currents à la médaille d'or offerte à
l'auteur de la meilleure notice sur
la vie et les ouvrages du statuaire
**Roland** (27 juillet 1846). Lille. In-8.

2205. **Roland** et ses ouvrages, par Dvid (d'Angers). Paris, 1847. In-8, port

2206. A. **Rolland**. — Notice sur sa vie et ses ouvrages, par E. Gandar. Metz, 1863. In-8.

2207. Œuvres de A. **Rolland**, publiées par sa famille, avec le concours de K. Bodmer, Français, J. Laurens, E. Le Roux, Mouilleron, Vernier et précédées d'une Notice sur la vie et d'un Catalogue de ses ouvrages par E. Gandar. Metz. 1863. in-folio. fig.

2208. Académie impériale de Metz. Rapport sur les œuvres d'Auguste **Rolland**, par M. L. C. Maréchal. Metz, 1864. In-8.
Extr. des *Mémoires de l'Académie.*

2209. Biographie de M. L. A. **Romagnesi**, sculpteur... rédigée sur ses notes, par M. C. F. Vergnaud-Romagnesi. Orléans, 1853. In-8.
Extr. des *Mémoires de la Société des sciences, belles-lettres et arts d'Orléans.*

2210. The Life of George **Romney**, by William Hayley. London, 1809. In-4.

2211. Romney (John), Memoirs of the life and writings of G. **Romney**, with some particulars of the life of Peter Romney. London, 1830. In-4.

2212. Institut royal de France... Funérailles de M. **Rondelet** (29 septembre 1829). Discours de M. Vaudoyer. (Paris.) In-4.

2213. Discours nécrologique prononcé par M. Baltard... au nom de l'École royale des beaux-arts, sur la tombe de Jean **Rondelet**... le 29 septembre 1829. (Paris.) In-4.

2214. Discours nécrologiques prononcés par M. Vaudoyer, architecte, membre de l'Académie royale des beaux-arts, et par M. Baltard, au nom de l'École royale des beaux-arts, sur la tombe de Jean **Rondelet**, architecte, membre de la Légion d'honneur et de l'Institut, le 29 septembre 1829. (Paris.) In-4.

2215. Nécrologie. Jean **Rondelet**. Paris (1829.) In-8.
Extr. du *Moniteur,* 2 octobre 1829.

2216. Catalogue des tableaux de Camille **Roqueplan**. Vente à Paris, le 10 décembre 1855. In-8.

2217. Biographie de Joseph **Roques**, peintre de Toulouse, par Jules R....y. (Toulouse, 1849.) In-8.
Extr. du *Journal du Midi.*

**ROSA (SALVATOR).**

2218. The Life and Times of Salvator **Rosa**, by lady Morgan. Londres et Dublin, 1824. 2 vol. in-8.

2219. The Life and Times of Salvator **Rosa**, by lady Morgan. Paris. 1824. 2 vol. in-8.

2220. — Traduit en français par le traducteur de l'Italie, du même auteur (Mademoiselle Sobry). Paris, 1824. 2 vol. in-8.

2221. — Traduit en allemand, par Georges Lotz. Brunswick. 1824, 2 vol. In-8.

2222. — par Théodor Hell. Dresde, 1824-1825. 3 vol. in-8.

2223. Salvator **Rosa**, par le chevalier de Angelis. Paris, 1824. In-16.

2224 Cantù (Ignazio). Salvator **Rosa**. Milano, 1844. In-8.

2225. Salvator **Rosa**, né à Renella, par C. Lecarpentier. S. l. n. d. In-8.

2226. Salvator **Rosa**. Satire, dedicate a Settano. In Amsterdam, presso Severo Protomastix (vers 1664). In-12.
Première édition.

2227. Satire di Salvator **Rosa**, dedicate a Settano. Amsterdam, 1719. In-8.

2228. — Avec les notes d'Anton. Mar. Salvini. Amsterdam, 1770. In-8.

2229. Satire di Salvator **Rosa**, con le note di A. M. Salvini a di Altri. Londra, 1781, in-8. port.

2230. Satire di Salvator **Rosa**, Ristampate a spese di G. Balcetti (con notizie appartenenti alla vita di Salv. Rosa). Londra, 1791. In-8.

2231. Satire di Salvator **Rosa**, con notizie della sua vita e col ritratto. Londra, 1823. In-8.

2232. **Rosa** (Salvator). Satire, con notizie della sua vita. London 1824, in-8.

2233. Satire di Salvator **Rosa**... Firenze. 1831. in-8.

2234. Satire di Salvator **Rosa** con le note ed alcune notizie appartenenti alla vita dell' autore. Cosmopoli, si trova vendibile presso lo stampatore dipart. C. A. Ostinelli in Como... S. d. In-8.

2235. Delécluze. Les satires de Salvator **Rosa**. Paris, 1840. in-8.
Extr. de la *Revue de Paris*.

2236. Memorie della vita e delle opere de Francesco **Rosaspina**, incisor Bolognese, scritte dal Marchese Ant. Bolognini Amorini. Bologna, 1842. In-8, port.

2237. Elogio di Francesco **Rosaspina** Accademico di merito dell' Accademia provinciale delle belle arti in Ravenna, lette al Consigli dell' Accademia nell' adunanza del 21 febbrajo 1843, dal conte Aless. Cappi. Ravenna, 1843. In-8.

2238. (Baruffaldi, Girolamo). Vita di Niccolo **Roselli**, e di Bartolommeo, e Girolamo Faccini, pittori (da un Manuscritto della biblioteca Marciana con annot. di G. Peretti.) Venezia, 1850. In-8.

2239. Ausführliche und zuverlässige Nachricht von dem Leben und Werken des verstorbenen Miniaturmahlers und scharfsichtigen Naturforschers August Johann **Rösels von Rosenhof**, entworfen von Chr. Fr. C. Kleemann, Miniaturmahlern. Nuremberg, 1761. In-4 port.

2240. Notice biographique sur J. **Rosset**, par Villette. Paris, 1787. In-8.
Extr. du *Journal de Paris*.

2241. Memorie intorno Properzia de' **Rossi**, scultrice Bolognese. Raccolte da M. G. (M. A. Gualandi). Bologna, 1851. In-8.
Extr. de l'*Osservatorio*.

2242. Biographie de Edme **Rousseau**, par Miette de Villars. Paris, 28 janvier 1858. In-8.
Extr. du journal *le Monde dramatique*.

2243. Catalogue d'une belle réunion de vingt-cinq tableaux et de sept pastels peints par M. Philippe **Rousseau**... Vente à Paris, le 2 février 1856. In-8.

2244. Théodore **Rousseau**, peintre de paysage, chevalier de la Légion d'honneur. (Paris) S. d. in-8.
Extr. « *Galerie historique et critique du dix-neuvième siècle*, par Henry Lauzac. »

2245. Catalogue d'une collection de tableaux et études peintes d'après nature, par M. Théodore **Rousseau**... Vente à Paris, le 2 mars 1850. In-8.

2246. Mémoire pour Louis **Royer**, peintre et conseiller de l'Académie, intimé et défendeur, contre Pierre le Cerf... et L. F. Naudin, appelants des sentences des 11 et 14 juin 1723. M. l'abbé Pucelle, rapporteur, Lamy, procureur. Paris, imp. de J. B. Lamesle. 1725. In-fol.

2247. Catalogue de tableaux peints par M. Jules **Rozier**, paysagiste... Vente à Paris le 1er mars 1858. In-8.

## RUBENS (P. P.)

2248. Catalogue des estampes gravées d'après **Rubens**, auquel on a joint l'œuvre de Jordaens et celle de Vischer, par R. Hecquet. Paris, 1751. In-12.

2249. Michel. Histoire de la vie de P. P. **Rubens**. Bruxelles, 1771. In-8, port.

2250. Histor. Levensbeschryving van P. P. **Rubens**, Ridder... verrykt met veele gewigtige byzonderheden, welken by geen andere schryvers tot heden toe te vinden zyn geweest, nevens eene naauwkeurige apgave zyner schildergen (Von J. Smit). Amsterdam, 1774. In-8, port.

2251. — Seconde édition. Publ. par Victor C. van Grimbergen. Rotterdam, 1840. In-8, port.

2252. — Autre édition. Antwerpen, 1840. In-8, port.

2253. Réflexions sur **Rubens**, dédiées aux amateurs de la peinture. Bruxelles, 1816. In-8.

7

2254. Description of the three celebrated pictures by **Rubens**, in the Museum at Antwerp, *the crucifixion, the adoration of the kings*, and *the entombment*. Copied by R. R. Reinagle A. R. A. now exhibiting at n° 61 Pall Mall. London, 1819. In-8.

2255. Erlauterung eines von Peter Paulus **Rubens**, an Nicolas Claude Fabri de Peiresc gerichteten Denkschreibens (über Gemmen), nebst einer Kupfertafel. Saint-Pétersbourg, 1825. In-4.
Extr. des *Mémoires de l'Académie impériale des sc ences de Saint-Petersbourg*, sciences politiques, etc. Tome III. 6° livraison.

2256. Willems (Jan Frans.). Redevoering over het Karakter van den Nederlandschen Schilder P. P. **Rubens**. S. l. (Anvers). 1825. In-12.

2257. Recherches sur la famille de Pierre-Paul **Rubens**, par le baron de Reiffenberg. Bruxelles, 1830. In-4.

2258. Waagen (G F.) Ueber den Maler Petrus Paulus **Rubens**. Leipzig, 1833. In-8, port.
Extr. de *Histor. Taschenbuch*, herausgegeben von F. von Raumer für 1833.

2259. Peter Paul **Rubens**, his life and genius. Translated from the German of Dr Waagen, by Robert R. Noël. Edited by Mrs. Jameson. London. 1840. In-8.

2260. Nouvelles recherches sur P. P. **Rubens**, contenant une vie inédite de ce grand peintre, par Philippe Rubens, son neveu, avec des notes et des éclaircissements recueillis par le baron de Reiffenberg. Bruxelles, 17 janvier 1833. In-4.
Extr. du tome x des *Mémoires de l'Académie royale des sciences et des belles-lettres de Bruxelles*.

2261. Die Peterskirche in Cöln mit besondern Bezuge auf das dortige Gemälde von P. P. **Rubens**, und die Cäcilienkirche in Cöln, von F. E. von Mering Cologne. 1836. In-12.

2262. Boussard (J. F.). Les leçons de **Rubens**, ou fragments épistolaires sur la religion, la peinture et la politique; extraits d'une correspondance inédite en langue latine et italienne entre ce grand artiste et Ch. Reg. d'Ursel, abbé de Gembloux. Bruxelles. 1838. In-8.

2263. Leven van **Rubens**. Bruxelles, 1839. In-32, port.

2264. Catalogue of the works of art in the possession of sir P. P. **Rubens** at the time of his decease. 2° ed. for priv. circulat. London, 1839. In-8.

2265. **Rubens** Menschlievendheyd, oorspronkelgk toonespel met zang, in drie bedyven en zes tafereelen. Door P. van Duyse. Antweipen. 1840. In-8.

2266. F... B... Vie de P. P. **Rubens**. Bruxelles, 1840. In-12, port.

2267. L. J. N. M. Rutgeerts. — Éloge en vers de P. P. **Rubens**. Bruxelles. 1840. In-8.

2268. Lettres inédites de **Rubens**..., publiées par Émile Gachet. Bruxelles 1840. In-8.

2269. A van Hasselt. — Histoire de P. P. **Rubens**. Bruxelles. 1840. In-8, fig.

2270. Verachter. Généalogie de P. P. **Rubens**. Anvers, 1840. In-8.

2271. Vie de P. P. **Rubens**, chevalier et seigneur de Steen, surnommé le prince des peintres flamands. Extrait des différents ouvrages publiés sur la vie de ce fameux artiste... Le tout arrangé et mis en ordre par J. J. van Roy. Bruxelles, 1840. In-8, port

2272. Vie de **Rubens**. Bruxelles, 1840. In-32, port.

2273. Biographie de P. P. **Rubens**, Anvers, 1840 In-18.
Pièce jetée du haut du char des imprimeurs qui faisait partie de la cavalcade, le 22 août 1840.

2274. W(iertz). (Antoine F...). P. P. **Rubens**. Bruxelles, 1840. In-8.

2275. Leven van den Grosten en Vermaerden Schilder P. P. **Rubens**. Anvers, 1840. In-12, port.

2276. Gens (P. A.). P. P. **Rubens**. Son histoire d'après les documents authentiques. Bruxelles, 1840. In-12, port.

2277. Kerchove d'Exaerde (Fr. Ant. Max.). Éloge de P. P. **Rubens**, dédié à la ville d'Anvers. Saint-Nicolas, 1840. In-4.

2278. Des voyages pittoresques et politiques de P. P. **Rubens**, depuis 1600 jusqu'en 1633, rédigés sur les manuscrits de la bibliothèque de Bourgogne par J.F. Boussard. Bruxelles, 1840. In-8.

2279. Pierre Paul **Rubens**, par Ernest Buschmann. Anvers, 1840. In-fol., port.
Album du jubilé de Rubens. 1840.

2280. Vie de P. P. **Rubens**, ouvrage entièrement neuf, d'après les données les plus sûres et les plus authentiques, par un homme de lettres, (G. Alvin) Anvers, 1840. In-8, port.

2281. Petrus Paulus **Rubens**, zyn tyd en zyne tijdgenooten, geschetst in eenige vlugtige tafereelen door G. Engelberts Gerrits. Amsterdam, 1842. In-8, port.

2282. Particularités et documents inédits sur **Rubens**, par Gachard. Bruxelles. 1842. In-8.

2283. Verachter (Frédéric). — Le tombeau de **Rubens**. Anvers, 1843. In-8.

2284. Berthoud (Henry). Pierre Paul **Rubens**. Paris, 1844, 2 vol. in-8.
Roman historique.

2285. Alvin. — Étude sur un tableau de P. P. **Rubens** représentant *le Christ voulant foudroyer le monde* Bruxelles, 1848. In-8.

2286. A Siret. — Raphael et **Rubens**. Gand, 1849. In-8.

2287. A. Michiels. — **Rubens** et l'École d'Anvers. Paris, 1854. In-8.

2288. A. Michiels. — Catalogue des tableaux et dessins de **Rubens**. Paris. 1854. In-8.

2289. G Planche. — **Rubens**, sa vie et ses œuvres. 15 octobre 1854 In-8.
Extr. de la *Revue des Deux Mondes*. La pagination n'a pas été changée.

2290. Éloge de **Rubens**, par Wiertz. Mémoire couronné à Anvers. Bruxelles, 1858. In-8.
Extr. de la *Revue trimestrielle*. 20° volume.

2291. Original unpublished papers illustrative of the life of sir Peter Paulus **Rubens**, as and artist and a diplomatist, preserved in H. M. statepaper office... collected and edited by W. Noel Sainsbury. London, 1859. In-8.

2292. B. C. du Mortier. Recherches sur le lieu de naissance de P. P. **Rubens**. Bruxelles, 1861. In-8.

2293. Ennen. (L.) Ucher den Geburtsort des Peter Paul **Rubens**, mit Beilagen. Cologne, 1861. In-8.

2294. Les **Rubens** à Siegen. — Ma réponse à MM. le D' L. Ennen et B. C. du Mortier, par R. C. Bakhuisen van den Brink. La Haye, 1861. In-8.

2295. **Rubens** a sculptor. A memoir by M' H. F. Holt. London, 1862. In-4 fig.

2296. Nouvelles recherches sur le lieu de naissance de Pierre-Paul **Rubens**. Réponse à M. R. C. Bakhuisen van den Brink et M. L. Ennen, par B. C. du Mortier. Bruxelles, 1862. In-8.

2297. Institut impérial de France. — **Rubens**, diplomate, par M. J. Pelletier, lu à la séance publique annuelle des cinq académies, le 16 août 1865. Paris, 1865. In-4.

2298. Alvin. — Notice sur un tableau de P. P. **Rubens**, représentant *le Christ au tombeau*. S. l. n. d. In 8.

2299. Les miracles de saint Benoît, par **Rubens**. S. l. n. d. In-8.

2300. Notice sur une collection de sept esquisses de **Rubens**, représentant *la vie d'Achille*, par J. C. Collot. Paris. S. d. In-8.

2301. — Autre .édition. S. l. n. d. In-4.

2302. Discours prononcé sur la tombe de François **Rude**, par J. B. Delestre. S. l. n. d. (Paris, 1855). In-8.

2303. **Rude**, sa vie, ses œuvres, son enseignement. — Considérations sur la sculpture, par le Dr Maximin Legrand. Paris, 1856. In-12

2304. Buste de **Rude** à Fixin, 28 septembre 1857. Dijon. 1857. In-8.
Cette notice contient le discours prononcé par M. Noisot, auteur du buste inauguré le 28 septembre 1857.

2305. Notice sur le sculpteur François **Rude**,... par Charles Poisot. Dijon. 1857. In-8.
Ext. des *Mémoires de l'académie de Dijon*..

2306. Les contemporains en pantoufles. — CIII. — **Rude**. (Signé : le Diable boiteux. [Ernest Bazard.]) Paris, 1858. In-fol.
Extr. du Journal *Le Passe-temps*. 17 juillet 1858.

**Rugendas**, voyez **Kupetzki**.

2307. Ueber Ph. O. **Runge**'s vier Zeiten von A. A. F. Milarch. Berlin. 1821. In-8.

2308. Hinterlassene Schriften von Philipp Otto **Runge**, Maler. Herausgegeben von dessen ältestem Bruder. Hambourg, 1840. 2 vol. in-8.

2309. **Ruskin** on architecture and painting. S. l. n. d. (London, 1854.) In-8.
Extr. du *Blackwood's Magazine*. Juin, 1854.

2310. M. **Ruskin** and his theories. S. l. n. d. (London, 1856). In-8.
Extr. du *Blackwood's Magazine*. Novembre 1856.

2311. Notes on the critics of John **Ruskin**, M. A. by A. B. London, 1857. In-8.

2312. Karl **Russ**, Umriss eines Künstler Lebens, von E. Melly. Wien, 1844. In-8.

2313. Notice sur Henri Joseph **Rutxhiel**, sculpteur, par P. J. Goetghebuer. Gand, 1851. In-8, port.

2314. Catalogue abrégé d'une intéressante collection de bronzes anciens, antiquités égyptiennes.... dépendant de la succession de M. **Rutxhiel**, sculpteur... Vente à Paris le 23 novembre 1837. In-8.

2315. Pool (Juriaan). Dichtlovers over de vitmuntende schilderesse R. **Ruysch**. S. l. (Amsterdam), 1750. In-8.

2316. **Ruyssen** (Nicolas-Joseph), peintre d'histoire, né à Hazebrouck le 17 mars 1757, mort le 18 mai 1826. Notice par Rouzière aîné. Lille. 1852. In-8.

2317. Descrizione delle pitture a fresco eseguite dal cav. Prof. Luigi **Sabatelli** nella capella della madonna in san Firenze. — Lettera di A. Zobi al cavalier conte Ambrogio Nava di Milano. — Firenze, 1846. In-8.

2318. Cabinet de peinture appartenant à madame de Lavauguyon : œuvres de François et Jacques **Sablet**, et autres artistes distingués. Nantes. S. d. In-8.

2319. Notice sur Vincent **Sablon** et sa famille, par Ad. Lecocq. Chartres, 1861. In-8.

2320. Fétis (Édouard). Les artistes belges à l'étranger. — Les **Sadeler**. Bruxelles, 1854. In-8
Extr. des *Bulletins de l'Académie royale de Belgique*.

2321. Catalogue des tableaux, dessins, estampes .. qui composaient le cabinet de feu M. Augustin de **Saint-Aubin**..., par F. L. Regnault. Vente à Paris, le 4 avril 1808. In-8.

2322. L'art du dix-huitième siècle. — Les **Saint-Aubin**, par Edmond et Jules de Goncourt. Paris, 1859. In-4, fig.

2323. Notice sur Jean-Marie **Saint-Ève**, graveur, par J. J. Bourgeois. Lyon, 1860. In-8.

2324. Notice sur Jean-Marie **Saint-Ève**, graveur, ancien pensionnaire de

France à Rome, par le Dr Charles Fraisse. Lyon, 1862. In-4.

Extr. de la *Revue du Lyonnais* (avril 1862).

2325. Notice sur Jean-Claude-Richard de **Saint-Non**, abbé commendataire de l'abbaye de Poullières..., par Gabriel Brizard (Paris), 1792. In-8.

2326. — 2ᵉ édition. Paris (1829). In-8.

2327. Essai historique sur les progrès de la gravure en médailles chez les artistes Lorrains, suivi d'un catalogue de tous les ouvrages de Ferdinand de **Saint-Urbain**, connus en Lorraine. Nancy, 1783. In-8.

Extr. des *Mémoires lus aux séances de la Société royale des sciences, belles-lettres et arts de Nancy*.

2328. Catalogue de tableaux et dessins, par M. Théodore **Salmon**, peintre de genre et d'animaux. Vente à Paris le 26 mars 1858. In-8.

2329. Memorie della vita e delle opere di Giovanni **Salucci**, fiorentino, già ufiziale di stato maggiore nel corpo del genio dell'armata francese, poi primo architetto del Re di Wittemberg, scritta da Giuseppe Ponsit. Firenze, 1850. In-8.

2330. Catalogue de tableaux, sculptures en bronze, terre, plâtre et ivoire, dessins... provenant du cabinet de feu M. **Saly**, chevalier de l'ordre du roi, de l'Académie royale de peinture et sculpture de Paris, de celle de Copenhague, etc., par F. C. Joullain. fils. Vente à Paris le 14 juin 1776 In-8.

2331. Baden (Torkel). J. F. J. **Saly's** Verdienste, um die (Kopenhagen'-sche) Kunstakademie. Copenhague, 1821. In-8.

2332. Selva (Ant.). Elogio di M. **Sammicheli**. Roma, 1814. In-8.

2333. Lebenslauf und Kunstwerke Joachim van **Sandrart's**. Nuremberg, 1675. In-fol.

2334. Capella dipinta da Giovanni da **San Giovanni** nel palazzo di S. E il principe Rospigliosi in Pistoja. Ra-

gionamento di Niccola Monte, pittore Pistojese. Prato, 1832. In-8.

2335. Catalogue de tableaux, dessins et estampes de M. **Sané**, peintre, ancien pensionnaire du roi. Vente à Paris le 8 mars 1780. In-8.

2336. Di un santo dell'ordine Francescano, dipinto da Lorenzo di **Sanseverino** nel secolo XV. Descrizione del conte Sev. Servanzi-Collio, cav. Gerosol. Macerata, 1852. In-8.

Extr. dall' *Album di Roma*, anno XVIII, distrib. 48.

2337. Gesù crocifisso. Pittura di Lorenzo da **Sanseverino** del secolo XV nello Spedale di Urbino. — Descrizione del conte Sev. Servanzi-Collio, cav. Gerosol. Macerata, 1852. In-8.

Extr. dall' *Album di Roma*, anno XIX, distribuz. 44.

2338. Vita da M. Jacopo **Sansovino**, scultore, et architetto eccellentissimo della serenissima republica di Venetia. Firenze, 1568. In-4, port.

Extr. de la *Vie des peintres de Vasari*.

2339. Vasari (Giorgio). Vita di J. **Sansovino**, publiée avec des notes historiques, par Jacopo Morelli. Venezia. 1789. In-8.

2340. Temanza (Tommaso). Vita di J. **Sansovino**, fiorentino, scultore ed architetto chiarissimo. Venezia, 1752. In-4, port.

2341. Memorie intorno la vita ed opere di **Sante Cataneo**, eccellente pittore, raccolte ed estese da un comano cenomanofilo. Venezia, 1819. In-8.

2342 La vérité biographique. M. D. **Santi** (architecte), par Louis Clot. S. l. ni d. (Paris, 1858). In-8.

2343. Elogio storico di Giovanni **Santi**, pittore e poeta, padre del gran Raffaello di Urbino (par L. Pungileoni et publié par Vinc. Guerrini). Urbino, 1822. In-8.

2344. Layard (A. H.). Giovanni **Sanzio** and his fresco at Cagli. London. 1859. In-8.

Publication de l'*Arundel society*.

**SANTI (RAFFAELLO).**

2345. Abrégé de la vie de Raphaël

Sansio d'Urbin... traduit de l'italien en français, par P. Daret, graveur. Paris, 1651. In-12.

2346. Le Finnezze de Pennelli italiani, ammirate, e studiate da Girupeno (Perugino) sotte la scorta, e disciplina del genio di Rafaello d'Urbino, — Opera di Luigi Scaramuccia, Perugino pittore. Pavia, 1674. In-4.

2347. Recherche curieuse sur la vie de Raphael Sansio d'Urbin... avec une adresse des lieux où les principaux peintres d'Italie ont travaillé, décrite par George Vasary, et un petit recueil des plus beaux tableaux tant antiques que modernes, architectures, sculptures et figures qui se voyent dans plusieurs églises, rues et places publiques de Lyon... Le tout recueilli par I. de Bombourg, Lyonnois. Lyon, 1675. In-12.

2348. — Seconde édition. Lyon, 1709. In-12.

2349. Descrizione delle imagini dipinte da Rafaelle d'Urbino, nelle camere del Palazzo Vaticano, di Giov. Pietro Bellori. In Roma. 1695. In-fol., port.

2350. — Roma, 1751. In-12.

2351. — Roma, 1821. In-8.

2352. Nuova descrizione non più uscita alle stampe, con esattissimo trasporto nell'italiano linguaggio procurata da vecchi con esemplari manoscritti in Francese, delli due principalissimi quadri di Raffaelle Sancio da Urbino, tra dipintori il supremo, l'uno espressivo della natività di Gesù effigiata a pennello con dicianove figure : l'altro della reggia adorazione de' Magi numerosa ben al di sovra delle cinquanta figure... Data in luce da Giac. delli Ascanij. Bologna, 1720. In-8.

2353. Vasari (Giorgio). Vita di Raffaelo Sanzio, da Urbino. Roma, 1751. In-fol.

2354. Lettera di don A. R. Mengz a don A. Ponz (sulla pittura e opere di Raffaello in Spagna). Tradotta dall' originale Spagnuolo. Torino, 1777. In-4.

2355 Vita inedita da Raffaello da Ur-

bino, illustrata con note da Angelo Comolli. Roma, 1790. In-4. •

2356. — Seconde édition. 1791. In-4.

2357. Congettura che una lettera creduta di Baldassar Castiglione sia di Raffaello d'Urbino. Discorso letto alla reale Accademia Fiorentina dall' abbate Daniele D. Francesconi. Firenze, 1791. In-8.

2358. — Autre édition. Firenze, 1799. In-8.

2359. Figueroa (Benito Pardo di). Exâmen analitico del quadro de la *Transfiguracion* de Rafael da Urbino. Paris, 1804. In-8.

2360. Examen analytique de la *Transfiguration* de Raphaël, traduit de l'espagnol de M. Benito Pardo di Figueroa, par S. C. Croze-Magnan. Paris, 1805. In-8.

2361. Ueber die *Transfiguration* von Raphael von Urbino. Nebst einigen Anmerkungen über die Malerei der Griechen, von B. Pardo di Figueroa. Aus dem Spanischen übersetzt von F. Grenhm. Berlin, 1806. In-8.

2362. Saint Michel qui terrasse Satan. par Raphael. — Des bœufs près d'une chaumière, par Paul Potter; par Émeric David. S. l. n. d. (Paris, 1808.) In-8.

*Extr. des Quatre saisons du Parnasse.* Automne 1808.

2363. Fuessli (Hans Heinrich). Leben und Werke Raphael Sanzio's, eine Vorlesung. Zürich, 1815. In-4, port.

2364. Raphael Sanzio's von Urbino. — Leben und Werke von G. Chr. Braun. Wiesbaden, 1815. In-8.

2365. — Autre édition. Wiesbaden, 1819. In-8.

2366. The life of Raffaello Sanzio da Urbino (by Duppa) and the caracters of the most celebrated painters of Italy, by sir Josh. Reynolds. With an appendix containing a list of pictures painted by Raffaello, authenticated by Vasari and other writers. London, 1815. In-8.

2367 The life of Raffaello **Sanzio** da Urbino; by the author of the life of Michael Angelo (M. Duppa); and the characters of the most celebrated painters of Italy, by sir Josh. Reynolds. London, 1816. In-8.

2368. Jac. Jos. Hans de Wurzbourg Alcune Riflessioni d'un oltramontano su la creduta Galatea di Raffael d'Urbino. Palermo, 1816. In-8.

2369. (Kieflaber, Johann Carl Sigismund). Leben Raphael's. Munich, 1817. In-8.

2370. Lettera al signor Marchese Canova, scritta dal sig. Stefano Ticozzi, intorno a un quadro di Raffaello, posseduto dal sig. D. Camillo Fumagalli. Milano, 1817. In-8.

2371. La Visitation, par Raphaël (par Emeric David). S. l. n. d. (Paris, 1818.) In-8.
Extr. du *Moniteur* 1ᵉʳ décembre 1818.

2372. Catalogue des estampes gravées d'après Raphaël, par Tauriscus Eubœus. Francfort-sur-le-Mein, 1819. In-8.

2373. Tolken (C.G.). Rede bei der Gedächtnissfeier Raphael's, welche zu Berlin den 18 apr. 1820, von der Akademie der kunste begangen wurde. Berlin, 1820. In-4.

2374. Müller (Nicolas). Das dritte secularfest zum Andenken von Raphael **Sanzio** von Urbino am 1 april 1820 Mainz, 1820. In-8.

2375. Morgenstern (K. v.). Ueber Rafael's *Verklärung*. Dorpat, 1822. In-4.

2376. Notizie intorno Raffaele **Sanzio** da Urbino ed alcune di lui opere... dall' avocato D. Carlo Fea. Roma, 1822. In-8.

2377 Dissertation on the Helicon of Rafael, written in the french language by the baron d'Hancarville, and translated with some alteration by Wolstenholme Parr, the depositary of his Manuscripts. Lausanne, 1824. In-8.

2378. Rehberg (Friedrich). Rafael

**Sanzio** aus Urbino. München, 1824. In-fol., fig.

2379. Histoire de la vie et des ouvrages de Raphaël, par Quatremère de Quincy. Paris, 1824. In-8.

2380. — 2ᵉ édition. Paris, 1833. In-8.

2381. — 3ᵉ édition. Paris, 1835. In-8.

2382. Istoria della vita e delle opere di Raffaello **Sanzio** da Urbino, del Quatremère de Quincy, voltata in italiano, corretta, illustrata ed ampliata per cura di Francesco Longhena. Milano, 1829. In-8. fig.

2383. Geschichte Raphael's und seiner Werke. Von Quatremère de Quincy Nach d. zweiten verbess. und vermehrten franz. orig. Ausg. übersetzt. Quedlinburg, 1835. In-8 fig.

2384. Quatremère de Quincy. Life of Raphael, translated by Hazlitt London, 1846. In-8.

2385. — Autre édition. London, 1856. In-8.

2386. Desnoyers (baron Boucher). Appendice à l'ouvrage intitulé : *Histoire de la vie et des ouvrages de Raphaël*, par M. Quatremère de Quincy. Paris, 1852. In-8.

2387. — 2ᵉ édition. Paris, 1853. In-8, port.

2388. Della vita e pitture di Raffaello di Urbino per Vasari, Bellori e Missirini. Milano, 1825. In-12.

2389. (Lepel, Wilhelm Heinrich Ferdinand Carl von). Ubersicht der Gemälde Raphael's. Nassen-Heyde, 1825. In-8.

2390. Lettera al cardinale Antonio Pallotta sopra una copia all' encausto della *scuola di Atene* di Raffaello, ed un codice membranaceo di Ferdinando Cordubense *de consultandi ratione*... Pesaro, 1826. In-8.

2391. Raphael's Schatten. Aus den Papieren eines grossen Malers, geb. 1802, gest. 1890. Stuttgart, 1827. In-8.

2392. Forster, (K.), Rafael-Kunst und

Künstlerleben in Gedichten. Leipzig, 1827. In-8, fig.

2393. Esposizione descrittiva delle pitture di Raffaello **Sanzio** da Urbino nelle stanze Vaticane date alla luce da P. P. Montagnani. Roma, 1828. In-8, port.

2394. (Pungileoni, Luigi). Elogio storico, di Raffaelo **Santi** da Urbino. Urbino, 1829. 2 vol. in-8.

2395. Scarpa. Lettera sopra un ritratto riputato di Raffaello. Milano, 1829. In-8.

2396. Notice biographique sur Raphaël d'Urbino, par M. Kératry. Paris, 1829. In-8.
Extr. des *Éphémérides nouvelles*.

2397. Illustrazione storico-pittorica con incisioni a contorni delle pitture nelle stanze Vaticane di Raffaello **Sanzio** da Urbino, accresciuta di sopra venti soggetti inediti data alla luce da Pietro Paolo Montagnani. Roma, 1830. In-4, fig.

2398. Sulla unità del soggetto nel quadro della *Trasfigurazione* di Raffaele... dal D. Placido Zurla. Roma, 1830. In-4.

2399. Rumohr (C. F. van). Ueber Raphael und sein Verhältniss zu den Zeitgenossen. Berlin, 1831. In-8.

2400. Cartonensia, or an Account of the Tapestries in the Palace of the Vatican, by John Gunn. London, 1831. In-8.

2401. Cartonensia, or an history and critic account of the Tapestries in the Palace of the Vatican, copied from the designs of Raphael of Urbino, and of such of the cartoons whence they were woven, as are now in preservation. By the Rev. W. Gunn. 2ª édition. London, 1832. In-8.

2402. Ritratti di Raffaello **Sanzio** e Leon. da Vinci, descritti da Gius. Vallardi. Milano, 1833. In-12, fig. (2ª édition.)

2403. Vita di Rafaelle, da Urbino, disegnata ed incisa da G. Riepenhausen, in XII tavole. Roma, 1833. In-fol.

2404. Istoria del ritrovamento degli spoglie mortale di Raffaelo **Sanzio** da Urbino, dal principe don Pietro Odescalchi. Roma, 1833. In-8.

2405. La Vierge au Poisson de Raphaël, explication nouvelle de ce tableau, par P. C. Belloc. Paris, 1833. In-8.

2406. Giordani (P.). Del quadro di Raffaello, *lo Spasimo*, e dell'intaglio di Toschi... Milano, 1833. In-8.

2407. Raphael's *Madona di San Sisto* sammt ihren Nebenfiguren zum ersten Male zusammenhängend erklärt; nebst Andeutungen über die Transfiguration und den fälschlich sogenannten Streit über das Sacrament, von K. H. Weise. Quedlinburg, 1835. In-8.

2408. Rafael als Mensch und Künstler, dargestellt von D. K. Nagler. München, 1835. In-8, port.

2409. *Die Sixtinische Madona*. Ein erzählendes Gedicht in zehn Gesängen von W. R. Griepenkerl. Braunschweig, 1836. In-8.

2410. Programme d'invitation à l'examen public du collége royal français à Berlin le 3 octobre 1837. Berlin. 1837. In-4.
M. Michelet parla de la Madone de saint Sixte de Raphaël.

2411. De la bienheureuse Vierge Marie avec l'enfant Jésus, par Raphaël **Sanzio** (chez M. P. Fumaroli). Notice de Melch. Missirini. Firenze et Paris. 1838. In-8.
Texte italien et français.

2412. Notizie istorico-critiche raccolte e redatte da Giacomo Fiascaini di Firenze circà un quadro di Raffaello d'Urbino, da lui posseduto e discoperto da esso recentemente. Firenze, 1838. In-8.

2413. — 2ª édition. Firenze, 1842. In-8.

2414. Rafael von Urbino und sein Vater Giovanni Santi, von J. D. Passavant. Leipzig. 1839-1858. 3 vol. in-8. fig. avec un atlas in-fol. de 13 pl.

2415. Raphael d'Urbin et son père Giovanni Santi, par F. D. Passavant. Edition française entièrement refondue et augmentée par l'auteur et traduite avec sa collaboration par M. J. Lunteschutz, peintre, revue et annotée par M. Paul Lacroix. Paris, 1860. 2 vol. in-8 port.

2416. Descrizione dei dipinti esistenti nelle Tredici Logge del Vaticano dell'immortal Raffaele **Sanzio** che con tutta precisione sono stati ridotti alla ventunesima parte più piccola dell'originale ed incisi all'acqua forte. Roma, 1841. In-fol. fig.

2417. Lawrence Gallery. — A series of fac-simile of original drawings by Raffaelle da Urbino, selected from the matchless collection formed by sir Thomas Lawrence. London, 1841. In-fol. fig.

2418. Sul ritratto di Leone X, dipinto da Raffaello d'Urbino e sulla Copia del medesimo fatta da Andrea del Sarto. Osservazioni di Giovanni Masselli, in risposta a quanto scrisse su tale argomento il Cav. A. Niccolini, nel Tomo XIII del Museo Borbonico illustrato. Firenze, 1842. In-8.

2419. De la légitimité du portrait de Léon X, attaqué dans le XIII° volume du Musée Bourbon. Réponse à M. le commandeur A. Niccolini par Hector de Garriod. Florence, janvier, 1842. In-8.

2420. Pancaldi. Considerazioni sul ritratto di Leon X, e sulla copia di Andrea del Sarto, è lettera di Opprand. Arrivabene. Milano, 1842. In-8.

3421. Bechi. Lettera sullo stesso Argomento. Napoli, 1842. In-8.

2422. Rocco. Risposta alle Osservazioni di Masselli. Napoli, 1842. In-8.

2423. Oliva. Sul ritratto di Leone X Napoli, 1842. In-8,

2424. Puccini (Tomaso). Lettera due intorno a due ritratti dipinti da Raffaello. Firenze. S. d. In-8.

2425. Notizia sopra la sacra Famiglia in riposo di Raffaello, posse-

duta da Castelbarco. Milano, 1842. In-8.

2426. Raphael's *Schule von Athen.* Ein Vortrag im wissenschaftl. Vercine zu Berlin von A. Trendelenburg, Berlin, 1845. In-8.

2427. Di un nuovo dipinto a fresco di Raffaello in Firenze. Cenni di P. Selvatico. Firenze, 1845. In-8.

2428. Cicconi (Luigi) Raffaelo e le belle arti sotto Leone X; scene storiche... Milano, 1845. In-18, port.

2429. Sull'affresco di Raffaello d'Urbino recentemente scoperto in Firenze. — Lettera di P. T. all'aw. Onorato Mochi. Firenze, 1845. In-8.

2430. Il ritratto del cardinale Antonio dal Monte, quadro in Tavola di Raffaele da Urbino esistente in Roma presso il signor Leopoldo Fabri. Articolo del prof. L. M.R. Roma, 1846 In-8.

*Extr. dal Diario di Roma.*

2431. Étude des études du baron de Reiffenberg sur les loges de Raphaël, par Edmond de Busscher. Gand, 1846. In-8.

2432. Il cenacolo dipinto a fresco di Raffaello **Sanzio** d'Urbino nel soppresso convento di S. Onofrio delle monache di Foligno. — Descrizione di Enrico Montazio. Firenze, 1847. In-4, fig.

2433. De l'influence que les idées artistiques du quinzième et du seizième siècle ont eue sur le talent de Raphaël, par E. C. Martin-Daussigny, peintre... Lyon, 1847. In-12.

*Extr. des Archives de la Société littéraire de Lyon.*

2434. Précis historique concernant le second original du saint Michel, terrassant le démon, peint par Raphaël. — Extrait d'un mémoire... lu par M. Abel de Pujol... à l'Académie des beaux-arts du 11 mars 1848.(Paris). In-8.

2435. Raffaello e le belle arti in Italia ai tempi di Leone X... Studj di Luigi Cicconi, con discorso ed illustrazioni storiche ed estetiche di Francesco Prudenzano. Napoli, 1855. In-8.

2436. Raphael **Sanzio**. Romantisches Trauerspiel, von E. Wollheim. Leipzig, 1855. In-8.

2437. Der Rafael - Saal. Verzeichniss der im Königlichen Orangeriehause zu Sans-Souci auf allerhöchsten Befehl aufgestellten Copien nach Gemälden von Rafael Sanzio. Angefertigt von Robert Bussler. Berlin, 1858 In-8.

2438. Choix de dessins de Raphaël qui font partie de la collection Wicar, à Lille, reproduits en fac-simile par MM. Wacquez et Leroy, gravés et publiés par M. H. d'Albert, duc de Luynes. Paris. 1858. In-folio, fig.

2439. Raffael's *Disputa* von J. W. J. Braun, Dr und Prof. zu Bonn. Düsseldorf, 1859. In-8.

2440. Raphaël et le portrait du pape Jules II, appartenant à la galerie du prince Youssoupoff, à Saint-Pétersbourg. Paris, 1859. In-8.

2441. Le Raphaël de M. Morris-Moore, *Apollon et Marsyas.* — Documents accompagnés de préfaces, de traductions, de notes et d'une étude par Léon Batté. Paris et Londres, 1859. In-8.

2442. H. R. H. Prince Albert and the *Apollo and Marsyas* by Raphael — to the public a statement with an appendix by Morris-Moore. — Seconde édit. augmentée de la traduction française de « A. Statement. » Paris, 1859. In-8.

2443. Di un cartone di Raffaello **Sanzio**, custodito nel museo reale Borbonico e dei tempi in cui venne operato. Memoria diretta alla reale Accademia di belle arti, da Felice Niccolini. Napoli, 1859. In-4, fac-simile.

2444. Essai sur les fresques de Raphaël au Vatican, par F. A. Gruyer. — Chambres. — Paris, 1859. In-8.

2445. Essai sur les fresques de Raphaël au Vatican, par F. A. Gruyer. — Loges. — Paris, 1859. In-8.

2446. Notice sur un tableau de Raffaello **Sanzio**. Paris, 1859. In-8.
Ce tableau représentait la consécration d'un jeune enfant.

2447. Die Cartons von Raphael in besonderer Beziehung auf die nach denselben gewirkten Teppiche in der Rotunde des Königlichen Museums zu Berlin. Von G. F. Waagen. Berlin, 1860. In-8.

2448. Rafael's *Apollo und Marsyas.* Vortrag gehalten in der Abend-Versammlung des Wiener Alterthums-Vereins vom 3 Febr. 1. J. von Prof. R. van Eitelberger. Wien, 1860. In-8.

2449. Rafael's *Disputa*, von Anton. Springer. Bonn, 1860. In-8.

2450. Raphael's *Disputa*, von Dr A. Hagen, professor der Universität zu Königsberg. Leipzig. 1860. In-8.
Extr. des *Naumann's Archiv*. VI⁰ Année.

2451. Ein Kupferstich von Rafael in der Sammlung der Königlichen Kunst-Akademie zu Düsseldorf. Beschrieben von dem Conservator dieser Sammlung, Andreas Müller. Düsseldorf, 1860. In-4, fig.

2452. Raphael **Sanzio**, par l'auteur de *Michel-Ange*. Lille, 1861. In-12.

2453. La Merveille de l'art religieux, ou nouveau tableau original inconnu de Raphaël, annoncé dans le n° 119 de l'*Osservatore romano*, par l'abbé Nicolle. Paris, 1862. In-8.
Cette *merveille* était tout simplement un tableau très-faible, copie récente de la *Mort de saint Joseph*, peinture de Carlo Maratti, que le possesseur eut grand'peine, malgré force réclames, à vendre à un Anglais pour la modique somme de douze cents francs.

2454. Raphaël et l'antiquité. — Le triomphe de Galatée, par F. A. Gruyer. Paris, 1862. In-4, fig.
Extr. de la *Gazette des beaux-arts.*

2455. Raphaël et l'antiquité. — Les trois Grâces, par M. F. A. Gruyer. Paris. 1862. In-8, fig.
Extr. de la *Gazette des beaux-arts.*

2456. Notizie inedite di Raffaello da Urbino, tratte da documenti dell' Archivio Palatino di Modena per cura di Giuseppe Campori. Modena, 1863. In-4.

Extr. du tomo I *degli Atti e Memorie delle deputazioni di Storia per le province Modenesi e Parmesi.*

2457. Documents inédits sur Raphaël, tirés des archives palatines de Modène (publiés par M. Gius. Campori). S. l. n. d. (Paris.1863.).In-4.

Extr. de la *Gazette des beaux-arts.*

2458. Notice sur la vie et les ouvrages de Raphaël, par Ernest Breton. Saint-Germain-en-Laye, 1863. in-8.

2459. Raphaël et l'antiquité, par M. F. A. Gruyer. Paris, 1864. 2 vol. In-8.

2460. Rafael **Santi**. Sein Leben und seine Werke, von Alfred Freiherrn von Wolzogen. Leipzig, 1865. In-8.

2461. The great works of Raphael **Sanzio** of Urbino in a series of 20 photographs from the best engraving of his most celebrated paintings, with the life by Vasari and appendix containing a complete list of the authenticated works of Raphael. London, 1865. In-8.

2462. Notice sur Raphael, par F. E. Joubert, graveur, membre de l'Athénée des arts. S. l. n. d. In-fol.

**Santi** (Raff.) voyez **Rubens** (P.P.).

2463. Moro(Maurizio). Dogliose lagrime sulla morte del celebre pittore C. **Saraceni**. Venezia, 1620. In-12.

2464. Tremblay (Victor). Notice sur **Sarazin**. Beauvais, 1848. In-8.

2465. Biographie de Jacques **Sarazin**, sculpteur et peintre, né à Noyon, suivie du programme de l'inauguration de sa statue. Noyon, 1851. In-8.

2466. Inauguration de la statue de Jacques **Sarazin**, peintre et sculpteur, recteur et fondateur de l'Academie de peinture..., Noyon, 1851. In-fol.

2467. Notice sur Daniel **Sarrabat** (signé Z. [Passeron]). Lyon. S. d. in-8.

2468. Catalogue des tableaux, gouaches.. composant le Cabinet et les études de M. **Sauvage**, artiste.... Vente à Paris le 6 décembre 1808. In-8.

**Savart** (P.) voyez **Ficquet** (Et.)

2469. Galerie des notabilités de la Belgique. — Notice nécrologique sur Henry Raphael **Schaefels**, professeur à l'académie royale des beaux-arts d'Anvers. Paris, 1857. In-8.

Extr. du *Nécrologe universel du XIX* sièce.

2470. Temanza (T.) Vita di V. **Scamozzi**, Vicentino architetto. Venezia, 1770. In-4 port.

2471. (Scolari, Filippo). Della vita e delle opere dell'architetto V. **Scamozzi**, commentario, giuntevi le notizie di Andrea Palladio. Trévise, 1837. in-8.

2472. — Appendice.... Trévise, 1838. In-8.

2473. Le giustissime lagrime della pittura e della poesia pubblicate negli appariti funebri di Pavia per i funerali di Luigi **Scaramuccia**, Perugino. Milano, 1681. In-8.

2474. Vita di Ippolito **Scarsella**, detto Scarsellino, pittore Ferrarese, scritta dall' arciprete Girol. Baruffaldi, aggiunte alcune note. Bologna, 1859. In-8.

2475. Vision eines Malers im Jahre 1848. In den Bildern von W. von **Schadow**. Düsseldorf, (1848). in-4.

2476. **Schadow** (Johann Gottfried). Kunstwerke und Kunstnachrichten. Berlin, 1849. in-8.

2477. Toelken (E. H.). Dr. G. **Schadow**. Vortrag bei der am 27. Februar 1850 stattgefundenen Gedächtnissfeier. Berlin, 1850. In-8.

**Schedoni** (B.) Voyez **Abati** (E.)

2478. Ary **Scheffer**, par Ch. Lenormant, de l'Institut. Paris, 1859. In-8.

Extr. du *Correspondant.*

2479. Ary **Scheffer**. Études sur sa vie et ses œuvres, par Théodore Passa. Paris, 1859. In-8.

Extr. de la *Revue chrétienne.*

2480. Ary Scheffer. Étude sur sa vie et ses ouvrages..., par A. Etex. Paris, 1859. In-8.

2481. Ary Scheffer, par madame la marquise Blanche de Saffray. Paris, 1859. In-8.

2482. Catalogue des œuvres de Ary Scheffer, exposées..., boulevard des Italiens, 26. Paris, mai 1859. In-8.

2483. Voyage à travers les œuvres d'Ary Scheffer, par M. Lucien D... Nantes, 1859. In-8.
Extr. de la *Revue de Bretagne et de Vendée.*

2484. Catalogue de tableaux anciens et modernes, dessins et gravures provenant de l'atelier de feu Ary Scheffer, Vente à Paris le 15 mars 1859. In-8.

2485. Œuvre d'Ary Scheffer, reproduit et photographié par Bingham, accompagné d'une notice sur la vie et les ouvrages d'Ary Scheffer, par L. Vitet. Paris, 1860. In-fol.
La notice de M. Vitet avait déjà paru dans la *Revue des Deux Mondes*, le 1er octobre 1858.

2486. Henri Fouquier. Études artistiques.— Lettres sur le salon de 1859. — Les artistes marseillais au salon de 1859. — L'œuvre d'Ary Scheffer. — Velasquez au musée de Mardrid. Marseille, 1859. In-8.

2487. Memoir of the life of Ary Scheffer, by Mrs. Grote. London, 1860. In-8.

2488. Ary Scheffer's Leven. Naar het Engelsch van Mevr. Grote. Met eene Opgave van Scheffer's Werken naar Tijdsorde door M. C. Vosmaer. Amsterdam, 1861. In-8, port.

2489. Extrait de la *Biographie universelle.* — Scheffer (Ary et Henry), par M. Henri Martin. Paris, 1865. In-8.
Scheffer (Ary.), voyez Pradier (J.).

2490. La danse des noces, par Hans Scheufelein, reproduite par J. Schratt et publiée par Edwin Tross, avec une notice biographique sur Hans Scheufelein, par le docteur Andresen. Paris, 1866. In-fol.

2491. Kukuljevic (Iv.). Andreas Medulic Schiavone, Maler und Kupferstecher (1522-1582). Aus dem Slovnik umjetnikah jugoslav. übers. von H. T. Agram, 1863. In-4, port.

2492. Gemmingen (Eberhard van). Lebensbeschreibung Heinrich Schickard's. Tübing, 1821. In-8.

2493. Notice sur L. P. Schilt, par E. Bellier de la Chavignerie. Versailles, 1860. In-8.
Extr. du *Journal de Versailles.*

2494. Kugler (Franz). C. F. Schinkel, eine Characteristik seiner künstlerischen Wirksamkeit. Berlin, 1842. In-8, port.

2495. E. F. Schinkel und sein baukünstlerisches Vermächtniss. Eine Mahnung an seine Nachfolge in der Zeit, in drei Reden und drei Toasten an den Tagen der Geburtstagsfeier des Verewigten, gesprochen von Carl Böttlicher. Berlin, 1857. In-8.

2496. Aus Schinkel's Nachlass. Reisetagebücher, Briefe und Aphorismen. Mitgetheilt und mit einem Verzeichniss sämmtlicher Werke Schinkel's verechen von Alfr. Freiherrn von Wolzogen. Berlin, 1862. 2 vol. in-8.

2497. Schinkel als Architekt, Maler und Kunstphilosoph. Ein Vortrag, gehalten im Verein für Geschichte der bildenden Künste zu Breslau, von Alfred Freiherrn von Wolzogen. Berlin, 1864. In-8, port.

2498. Perschke (Wilhelm). P. Schmid, eine Lebensgeschichte.... Essen, 1837. In-8.

2499. — Berlin, 1842. In-8.

2500. Catalogue raisonné de l'œuvre de feu Georges-Frédéric Schmidt, (par Crayen). Londres, 1789. In-8, port.

2501. Schmidt's Werke, oder beschreibendes Verzeichniss sämmtlicher Kupferstiche und Radirungen welche der berühmte Künstler

G. F. Schmidt... von anno 1729 bis zu seinem Tode 1775 verfertigt hat... Herausgegeben von L. D. Jacoby. Berlin, 1815. In-8, port.

2502. Martin **Schongauer**.. , par Emile Galichon. Paris, 1859. In-8, fig.

Extr. de la *Gazette des beaux-arts*.

2503. Schouten (Jakob). Bij het graf von J. C. **Schotel**. S. l. n. d. (Dordrecht. 1838.) In-8.

2504. Leven van den Zeeschilder J. C. **Schotel**. Door G. D. J. Schotel. Haarlem, 1840. In-8, port.

2505. Catalogue d'armes et armures des quinzième et seizième siècles, italiennes... composant la collection de M. **Schwanthaler**, célèbre sculpteur de Munich... Vente à Paris le 22 février 1851. In-8.

2506. Ludwig **Schwanthaler**'s Reliquien Für alle die des Meisters namen ehren, erzählt von F. Trautmann. München, 1858. In-8.

2507. Memoir of David **Scott**, R. S. A. containing his Journal in Italy, notes on arts and other papers, by W. B. Scott. Edimbourg, 1850. In-8.

2508. Kist (Nic. Christ.). Iets over J. **Secundus**, als stempelsnijder, en over zijne penningplaat Vatis amatoris Julia sculpta manu. S. l. n. d. (Leyde, 1834). In-8.

2509. Pinchart (Alex.). J. Nicolaï, dit Jean **Second**. Bruxelles. S. d. In-8.

Extr. de la *Revue de numismatique Belge*.

2510. San Michele (Mich). Elogio di Giov. Ant. **Selva**. Roma, 1814. In-8.

2511. Diedo (Antonio). Elogio del professore Giov. Antonio **Selva**, architetto. Venezia, 1819. In-8. port.

2512. Biografia di Antonio **Serantoni** disegnatore, incisore e lavoratore di cere anatomiche, di P. Vannoni. Firenze, 1858. In-8. port.

2513. Notice biographique sur A. F. **Sergent**, graveur en taille-douce, par Noël Parfait. Chartres, 1848. In-8.

2514. Hommage de l'amour à la vertu par un époux. Souvenirs à mes amis. Imprimé aux frais de MM. **Sergent-Marceau** et Agatophile, leur fils adoptif et neveu du général, par Sergent-Marceau. Brignoles, 1837. In-12, port.

2515. Elogio di Sebastiano **Serlio**, architetto Bolognese, dedicato alla pontif. Accademia di belle arti in Bologna del marchese Antonio Bolonini Amorini. Bologna, 1823. In-fol., port.

1516. Bolognini Amorini (Antonio). Elogio storico di Seb **Serlio**, architetto Bolognese. Bologna, 1832. In-8, port.

2517. — Autre édition. Bologna, 1842. In-8, port.

2518. Maggiori (Alessandro). Dialogo intorno alla vita e le opere di Seb. **Serlio**, architetto Bolognese. Ancône, 1824. In-8.

2519. Ferreira Leonardo (Manoel). Elogio funebre do pintor V. M. da **Serra**. Lisbonne, 1728. In-4.

2520. The life of sir Martin Archer **Shee**, edited by his son. London, 1860. 2 vol. in-8.

2521. **Sigalon** et ses ouvrages, par Jeanron. Paris (1837). In-8.

Extr. de la *Revue du Nord*.

2522. Éloge de Xavier **Sigalon**, poëme par Adrien Peladan. Paris, 1842. In-8.

2523. Éloge de Xavier **Sigalon**, couronné par l'Académie de Nîmes, par Ch. Saint-Maurice. Paris, 1848. In-8.

**Signorelli** (L.), voyez **Mantegna** (A.).

2524. Catalogue raisonné d'objets d'art du cabinet de feu M. **Silvestre**, par Regnault-Delalande. Vente à Paris, 28 février 1811. In-8.

2525. Catalogue raisonné de toutes les estampes qui forment l'œuvre d'Israël **Silvestre**, par L. E. Faucheux. Paris, 1857. In-8.

2526. Israël **Silvestre**, par H. Longueville-Jones. In-8. de 8 et 3 pages.

2527. Alphonse de Calonne. — La Minerve de Phidias, restituée d'après les textes et les monuments figurés, par M. **Simart**. Paris, 1855. In-8.
Extr. de la *Revue contemporaine.*

2528. La statuaire d'or et d'ivoire. — La Minerve de M. **Simart**, par Beulé. S. l. n. d. (Paris, 1er février 1856.) In-8.
Extr. de la *Revue des Deux Mondes.*

2529. Institut impérial de France. — Funérailles de M. **Simart**. Discours de M. F. Halévy... prononcé... le 29 mai 1857. Paris. In-4.

2530 Notice sur la vie et les œuvres de Ch. **Simart**, par M. Charles Lévêque. Paris, 1857. In-8.

2531. **Simart**, statuaire, membre de l'institut. Étude sur sa vie et sur son œuvre, par M. Gustave Eyriès. Paris, (1860). In-8.

2532. Étude sur **Simart**, à propos du livre de M. Eyriès, par V. Courdaveaux. Paris, 1860. In-8.
Extr. du *Napoléonien* de Troyes.

2533. Institut impérial de France. Notice sur la vie et les ouvrages de M. **Simart**, par M. Fr. Halévy, secrétaire perpétuel de l'Académie des beaux-arts, lue dans la séance publique annuelle du 12 octobre 1861. Paris, 1861. In-8.

2534. J. H. **Simon**, par J. L. Guioth. S. l. n. d. (Bruxelles.) In-8.
Cette notice est suivie du Catalogue des médailles gravées par cet artiste.

2535. Voisin (Auguste). Gustave **Simonau**. Gand, 1842. In-8.
Extr. du *Messager des sciences historiques de Belgique.*

2536. Malvasia. Lettera in ragguaglio di una pittura del sig. Andrea **Sirani**. Bologna, 1652. In-8.

2537. Il Pennello lagrimato. Orazione funebre del signor Gio. Luigi Picinardi... in morte della signora Elisabetta **Sirani**, pittrice famosissima. Bologna, 1665. In-4, port.

2538. Elisabetta **Sirani**, pittrice Bolognese, e del supposto Veneficio onde credesi morta dell' anno 27 di sua età. Racconto storico di Ottavio Mazzoni Toselli. Bologna, 1833. In-8.

2539. Prove legali sull' avvelenamento della celebre pittrice Bolognese Elisabetta **Sirani**, emergenti dal relativo processo.— Discorso dell' avv. Andrea Bianchini. Bologna. 1854. In-4, port.

2540. La poesia muta celebrata della pittura loquace, o vero lodi al pennello d'E. **Sirani**, pittrice Bolognese. Bologna. S. d. In-8.

2541. Cochin (Ch. Nic.). Lettres sur les vies de M. **Slodtz** et de M. Deshays. Paris, 1765. In-12.

2542. Catalogue des tableaux, dessins et estampes de Michel-Ange **Slodtz**, sculpteur du roi, dessinateur des menus-plaisirs, par Basan... Vente à Paris en 1765. In-8.

2543. Lettre de M. Cochin aux auteurs de la Gazette littéraire... (Relative à René Michel **Slodtz**.) S. l. n. d. (Paris, 1765.) In-12.

**Snellinck** (J.), voyez **Heuvick**.
**Sodoma** (il), voyez **Bazzi**.

2544. (Moschini, Giovanni Antonio). Memorie della vita di Anton. de **Solario**, detto il Zingaro, pittore Veneziano. Venezia, 1828. In-8, port.

2545. — 2e édition. Firenze, 1831. In-8.

2546. L (esbroussart) Ph (ilibert). Notice biographique sur François Balthasar **Solvyns**. Bruxelles, 1824. In-8.

2547. Paepe (Pierre de). Biographie belge. B **Solvyns**. S. l. n. d. (Liége, 1837). In-8.
Extr. de la *Revue belge.*

2548. Reincke (J... T...). Lebensbeschreibung des ehrenwerthen Herrn E. G. **Sonnin**, Baumeisters und Gelehrten in Hamburg. Hambourg, 1823. In-8.

2549. Ville de Lille. — Catalogue de tableaux, plâtres d'études, dessins... composant l'atelier de peinture de feu M. **Souchon**, peintre d'histoire. Vente à Paris le 18 juin 1857. In-8.

2550. Catalogue des tableaux, pastels... qui composent le cabinet de feu M. **Soufflot**..., par J. B. P. Le Brun. Paris, 1780. In-8.

2551 Translation dans l'église de Sainte-Geneviève du corps de J. G. **Soufflot**, chevalier de l'ordre du roi.. le mercredi 25 février 1829 (Paris). In-8.

2552. Bienaimé (P. Th.). Éloge de **Soufflot**. Paris. S. d. In-8.

2553. Léon **Soulié**. — Le suicide d'un artiste toulousain, par Alfred Sirven, précédé d'un portrait de l'artiste défunt. Paris, 1862. In-8.

2554. Fontanesi (Francesco). Di Prospero **Spani**, detto il Clemente, scultore Reggiano del secolo XVI. Reggio, 1826. In-8.

2555. (Atanagi, Dionigio). Rime in morte della signora I. di **Spilimbergo**. Venezia, 1561. In-8.

2556. Belgrado (Bernardo de). Cenno biografico sopra la pittrice I. di **Spilimbergo**. Padova, 1830. In-8.

2557. Catalogue d'une collection de tableaux de maîtres des trois écoles provenant du cabinet de feu M. **Spruyt**, peintre, ancien professeur de l'Académie de Gand. Vente à Paris le 11 mai 1803. In-8.

2558. Il pittore Francesco **Squarcione**, studj storico-critici (di P. E. Selvatico). Padova, 1839. In-8, fig.

Réimprimé dans: Scritti d'arte di Pietro Estense Selvatico. Firenze. 1859. In-12.

2559. Neujahrsblatt der Künstlergesellschaft in Zürich für 1843 enthaltend : 1. Das Malerbuch Geschichte desselben und Beschreibung des ersten Bandes. 2. H. C. **Stedler** von Zürich, architect... Zürich, 1843. In-4, port.

2560. Levens-byzonderheden van Jan **Steen**, geschetst in twee zangen door C. Zwigtman. Tholen, 1840. In-8, port.

2561. Jean **Steen**. — Étude sur l'art en Hollande, par T. van Vestrheene. La Haye, 1856. In-8, port.

2562. Neujahrs-Blatt von der Bürgerbibliothek zu Winterthur auf das Jahr 1857. Leben und Werke des Landschafts-und Blumenmalers... Emanuel **Steiner**, nebst dem Portrait desselben, nach ihm selbst lithographirt von C. Studer. Winterthur. S. d. In-4.

2563. Edouard **Steinle's** neuere Kunstschöpfungen, von D. Becker. Regensburg, 1859. In-8.

2564. Memoirs of the late Charles Alfred **Stothard**; with some Account of a Journey in the Netherlands, by Mrs E. Stothard. London, 1823. In-8.

2565. Life of Thomas **Stothard** R. A. with personal reminiscences, by Mrs. (Anna Eliza) Bray, illustrated in a novel style of art. London, 1851. In-4.

2566. Le graveur en taille-douce..., par Charles Leblanc. — Robert **Strange**. Leipzig, 1848. In-8.

2567. Memoirs of sir Robert **Strange**, engraver, member of several foreign Academies, and of his Brother-in-Law Andrew Lumisten, private secretary to the Stuart princess, by James Dennistoun of Dennistoun. London, 1855. 2 vol. In-8.

2568. Recherches sur mademoiselle Anne-Renée **Strésor**, membre de l'ancienne Académie royale de peinture et de sculpture (1651-1713), par M. Emile Bellier de la Chavignerie. Paris, 1860. In-8.

2569. Cornelissen (Egide Norbert). Notice sur Thierry **Stuerbout**, connu sous le nom de Thierry de Harlem (Dick van Haarlem), peintre de l'ancienne école des Pays-Bas. Gand, 1853. In-8.

Extr. du Messager des sciences et des arts de la Belgique.

2570. Thierry Bouts, dit Thierry de Harlem, peintre en titre de la ville de Louvain (1460-1475). Six lettres à M. Alphonse Wauters.... par Edward van Even.... Louvain, 1864. In-8.

2571. Galerie des notabilités artistiques de la France. — Notice nécrologique sur Félix-Marie-Ferdinand **Storelli**, artiste peintre de paysage... Paris, 1854. In-8.

*Extr. du Nécrologe universel du XIX*ᵉ *siècle.*

2572. Notice sur madame **Sturel**, née Marie-Octavie Paigné, par le docteur Scoutetten. Metz, 1854. In-8.

2573. Catalogue des tableaux faits par madame Emile **Sturel**, née Octavie Paigné. Metz, 1854. In-8.

2574. Extrait de « *l'Art en province* » 1843... Biographie contemporaine. E. E. **Suc**, par Anatole Dauvergne. Nantes (1843). In-8.

2575. Une visite à l'atelier de E. E. **Suc**, statuaire-sculpteur à Nantes, par Baptiste Dureau. Nantes, 1846. In-8.

2576. Visschers (Pieter). Aen de achtbare jongelingen Joannes Baptist. Laumans en Felix **Suetendael**. Anvers. S. d. In-8.

2577. Catalogue des estampes de grands maîtres vendues après le décès de Louis de **Surugue**, père, graveur du roi et contrôleur des rentes, par Basan. Vente à Paris le 20 novembre 1769. In-8.

**Surugue**, voyez **Lepaon**.

2578. Lebreton (Joach). Eloge historique de **Suvée**. Paris, 1807. In-8.
*Extr. du Magasin encyclopédique.*

2579. Catalogue des tableaux, esquisses, miniatures, estampes, terres-cuites... après le décès de M. Joseph Benoît **Suvée**, peintre, ancien directeur de l'école de France à Rome, Vente à Paris le 4 novembre 1807. In-8.

**Suvée**, voyez **Ravault**.

2580. Jonas **Suyderoef**. Verzeichniss seiner Kupferstiche beschrieben von Johann Wussin. Leipzig, 1861. In-8.

2581. Jonas **Suyderhoef**, son œuvre gravé, classé et décrit par M. J. Wussin... Traduit de l'allemand, annoté et augmenté par H. Hymans. Bruxelles, 1863. In-8.
*Extr. de la Revue universelle des Arts.*

2582. Van **Swanevelt**, dit Herman d'Italie, par C. Lecarpentier.... (Rouen.) S. d. In-8.

2583. Catalogue de tableaux, dessins, estampes.... composant le cabinet et le mobilier pittoresque de feu M. **Swebach**. Vente à Paris le 5 avril 1824. In-8.

**Tacca** (P.), voyez **Buonarotti** (M. A.).

2584. Notice sur **Taillasson**, peintre d'histoire par T. C. Brunn-Neergaard. Paris, 1810. In-8.
*Extr. du Magasin encyclopédique.*

2585. Notice sur **Talec**, par H. de Saint-Georges. Rennes, 1856. In-8.

2586. Notice de tableaux, dessins, estampes, mannequins et autres objets à l'usage des peintres, après le décès de M. de **Taraval**, professeur de l'Académie royale et sur-inspecteur de la manufacture des Gobelins... Vente à Paris le 20 mars 1786. In-12.

2587. Catalogue des estampes qui se vendent chez **Tardieu**, graveur du roy. Paris, 1746. In-4.

2588. Institut royal de France. Funérailles de M. **Tardieu**.—Discours prononcé sur sa tombe par le baron Desnoyers, le 6 août 1844. Paris, 1844. In-4.

2589. Catalogue d'estampes anciennes et modernes, recueils d'estampes... provenant du cabinet de M. **Tardieu** graveur. Vente à Paris le 11 novembre 1844. In-8.

2590. Institut royal de France. — Notice historique sur la vie et les ouvrages de M. **Tardieu**, par Raoul-Rochette (Paris), 3 mai 1847. In-4.

2591. Institut royal de France. — Funérailles de M. le chevalier **Taunay** (Nicolas-Antoine). Discours de M. Castellan... prononcé le 22 mars 1830 (Paris). In-4.

2592. Catalogue des tableaux précieux de **Taunay**... Vente à Paris le 28 février 1851. In-8.

**Taunay**, voyez **Foyatier**.

2593. Arrest de la Cour du Parlement, donné en l'audience de la Chambre de l'édit le sixième jour de mars mil six cent vingt, entre les syndics et gardes des marchands libraires, imprimeurs, relieurs de cette ville de Paris, appelant l'enthérinement de lettres par le prévost de Paris, le vingt-huitième novembre mil six cent dix-huit, et sentence du huitième janvier ensuivant d'une part; Et Melchior **Tavernier**, imprimeur en taille-douce, d'aultre : en cet arrest est inséré le plaidoyé de M. Servin advocat général du Roy, contenant ses conclusions, conformément auxquelles la Cour a jugé. (Paris.) S. d. In-4.

2594. Plaidoyé de Labbé en faveur de Melchior **Tavernier**, commençant par ces mots : Labbé plaidant pardevant nous... (Paris.) S. d. In-4.

2595. Notice sur M. le baron **Taylor** et sur les tableaux espagnols achetés par lui d'après l'ordre du roi (par Achille Jubinal). Paris, 1837. In-8.

2596. Negri (Franc.). Notizie intorno alla persona e al'e opere di T. **Temanza**. Venezia, 1850. In-8, port.

2597. Gerardi (F.). Intorno alla statua di Bolivar, opera del P. **Tenerani**, Livorno, 1845. In-fol.

2598. Précis sur David **Teniers**, par C. Lecarpentier. S. l. (Rouen) An XIV. In-8.

2599. Aglietti ( Francesco ). Vita di Mauro Antonio **Tesi**. Venezia, 1791. In-8.

2600. Institut royal de France. — Académie des beaux-arts. — Funérailles de M. **Thévenin**. Discours de M. Garnier... prononcé le 24 février 1838 (Paris). In-4.

2601. Notice nécrologique de M. Claude Noël **Thévenin**, peintre d'histoire, président du comité central des artistes, mort le 50 novembre 1849,

par M. A. Gamen-Dupasquier, peintre... lue à la séance du comité central des artistes le 4 janvier 1850 (Paris). In-8.

2602. Eloge de M. Etienne Hormisdas **Thévenot**, chef d'escadron, peintre sur verre... par P. Aigueperse. Clermont-Ferrand, 1863. In-8.

2603. Passeron (J. S.). Notice biographique sur M. **Thibière**. S. l. n. d. (Lyon, 1822). In-8.

2604. Catalogue d'une collection de tableaux, études peintes et aquarelles d'après nature, par MM. Claude **Thiénon** et Louis **Thiénon**... Vente à Paris le 15 février 1853. In-8.

26 5. Explication du plafond de l'hôpital royal de Greenwich, peint par le chevalier Jacques **Thornhill**. S. l. n. d. In-8.

**THORWALDSEN.**

2606. Albert **Thorvaldsen** and his Works, by Mrs Rowan. S. l. n. d. In-4.

La première partie est seu'e parue.

2607. Thiele (J. M.). Den Danske Billedhugger Bertel **Thorwaldsen** og hans Vaerker. Copenhague, 1851-52. 2 vol. In-4.

2608. — Traduit en allemand. Leipzig, 1832-54. 2 vol. In-fol.

2609. Thiele (J. M.). Om Den Danske Billedhugger B. **Thorwaldsen**. Copenhague, 1837. In-12.

2610. — Traduit en allemand par G. F. van Jenssen. Hambourg, 1857. In-8.

2611. M. **Thorwaldsen**, par un homme de rien (Louis de Loménie). Paris, 1841. In-12.

2612. Hillerup (Fred, Chr.). **Thorwaldsen** og hans Vaerker. Copenhague, 1841-42. 2 vol. in-fol.

2613. Reumont (Alfred). **Thorwaldsen**. Gedächtnissrede. Berlin, 1844. In-8.

2614. Andersen (H. Chr.). Bertel **Thorwaldsen**. Copenhague, 1844. In-8.

2615. Bertel **Thorwaldsen**. Eine biographische Skizze, aus dem Dänischen von J. Reuscher, von J. C. Andersen. Berlin, 1845. In-12.

2616. Mémoire sur la vie et les ouvrages de Bart. Albert **Thorwaldsen**, par A. Marcellin Paris, 1848. In-8.

2617. Catalogue d'une partie des ouvrages de **Thorwaldsen** en marbre et en plâtre, de piédestaux et blocs de marbre, de tableaux, gravures, livres, médailles, bijoux, etc., laissés par Thorwaldsen, que la direction du Musée Thorwaldsen fera vendre publiquement dans le vestibule du Musée le 1ᵉʳ octobre 1849 et les jours suivants. Copenhague, 1849. In-8.

2618. **Thorwaldsen**'s Ungdomshistorie 1770-1804. Efter den Afdøde Kunstners Brewexlinger, egenhandige optegnelser og andre efterladte Papirer af S. M. Thiele. Copenhague, 1851. In-8.

2619. **Thorwaldsen**'s Jugend 1770-1804, von J. M. Thiele, aus dem Dänischen übersetzt von H. Wachenhusen. Berlin, 1851. In-8.

2620. **Thorwaldsen**'s Leben nach den eigenhändigen Aufzeichnungen nach gelassenen Papieren und dem Briefwechsel des Künstlers, von Just Mathias Thiele, aus dem Dänischen übers. von Heinrich Helms Leipzig, 1852-1856. 3 vol. in-8, port.

2621. **Thorwaldsen**'s Arbeiten und Lebensverhältnisse im Zeitraume 1828-1844 von J. Thiele, nach dem Dänischen Originale, mit Genehmigung des Verfassers bearbeitet und verkürzt von F. C. Hillerup. Copenhague, 1852. In-4.

2622. **Thorwaldsen**'s Arbeiten und Lebensverhältnisse im Zeitraume 1828-1844, von J. Thiele. Nach dem Dänischen Originale bearbeitet von Frederik Christian Hillerup. Copenhague, 1854. 2 vol. In-4.

2623. David d'Angers. — Lettre sur **Thorwaldsen**. Alençon, 1856. In-8.

2624. Zanotti (Zampietro). Descrizione ed illustrazione delle pitture di Pellegrino **Tibaldi** e Niccolo Abbati, esistente nell' Istituto di Bologna. Venezia, 1756. In-fol.

2625. Catalogue d'une collection d'estampes anciennes, d'après et par des peintres, des graveurs d'Italie... provenant de la succession de D. **Tiepolo**. Vente à Paris le 11 novembre 1845. In-8.

2626. Componimenti poetici all' esimio pittore signor Giovanni Battista **Tiepolo**. Vérone. 1761. In-8.

2627. Notice de tableaux, dessins, estampes, planches gravées et autres objets, après le décès de M. J. B. **Tilliard**, graveur. Vente à Paris le 30 décembre 1813. In-8.

2628. Engelschall (J. F.). Johann Heinrich **Tischbein**, ehemaliger fürstlich hessischer Rath und Hofmaler, als Mensch und Künstler dargestellt. Nüremberg, 1797. In-8, port.

2629. (Rennenkampff, C. J. Al. van). Wilhelm **Tischbein**, seine Bilder, seine Traüme, seine Erinnerungen in dem herzoglichen Schlosse zu Oldenburg. Brême, 1822. In-8.

2630. Prose e poesie nella morte del senatore G. S. **Tofanelli**, pittor Lucchese. Lucca, S. d. (1813). In-4.

**Topino le Brund**, voyez **Lebrund**.

2631. Geoffroy **Tory**, peintre et graveur, premier imprimeur royal .., par Auguste Bernard. Paris, 1857. In-8, fig.

2632. — 2ᵉ édition, entièrement refondue. Paris, 1865. In-8, fig.

**Torre** (M. A. della), voyez **Vinci** (L. da).

**Toschi** (P), voyez **Santi** (R.).

**Tosini** (M.), voyez **Lippi** (F.).

2633. Catalogue de tableaux, esquisses, études et pastels peints d'après nature, par M. Eugène **Tourneux**... Vente à Paris le 3 avril 1851. In-8.

2634. Memorie inedite intorno alla vita e ai dipinti di Francesco **Traini** e ad altre opere di disegno dei secoli XI, XIV e XV raccolte e ordinate da Francesco Bonaini. Pisa, 1846. In-8.

2635. Catalogue de planches gravées... après cessation de commerce de

M. **Tresca**, graveur, par Regnault-Delalande. Vente à Paris le 21 février 1815. In-8.

2636. Catalogue de planches gravées et impressions de planches... qui composaient le fonds de M. **Tresca**, graveur. S. l. n. d. In-8.

2637. Catalogue de tableaux, dessins, bronzes, marbres, terres cuites... de M. **Trouard**, architecte. Vente à Paris en 1779. In-8.

2638. Catalogue de la vente qui aura lieu par suite du décès de C. **Troyon**. Vente à Paris le 22 janvier 1866. In-8.

2639. Autobiography of John **Trumbull**, American colonel and painter, New-York, 1841. In-8.

2640. — Autre Edition. Philadelphie, 1847. In-8.

2641. Baruffaldi (Girolamo). Vita di Cosimo **Tura**, pittore Ferrarese. Bologna, 1836 In-8.

2642. **Turner** and his Works; illustrated with examples from his pictures, and critical remarks on his principles of painting by John Burnett. The memoir by Peter Cunningham. London, 1852. In-4.

2643. — Autre édition publiée par Henry Murray. London, 1859. In-4.

2644. Ruskin (J.). Turner collection. — Catalogue of the Sketches and Drawings by J. M. W. **Turner**, R. A. exhibited at Marlborough House in the year 1857-1858. Accompanied by illustrative notes. London, 1857. In-8.

2645. Ruskin (J.). Notes on the **Turner** Collection at Marlborough House 1856-1857 (4e édition revue et avec préface). London, 1857. In-8.

2646. Notice des travaux de M. Pierre Jean François **Turpin**. Paris, S. d. (1840). In-4.

2647. Notice biographique sur M. **Turpin**, par Achille Richard. Paris, 1840. In-8.

2648. Notice biographique sur M. le comte **Turpin de Crissé**, par Frédéric Deville. Paris, 1846. In-8.

Extr. de la *Revue générale biographique et nécrologique* sous la direction de M. E. Pascallet.

2649. Institut impérial de France. — Académie des beaux-arts. — Funérailles de M. le comte **Turpin de Crissé**. — Discours de M. le baron Taylor, membre de l'Académie, prononcé le 17 mai 1859 (Paris). In-4.

2650 Marcus **Tuscher**'s Levnetsbeskrivelse, af J. C. Spengler. Copenhague, S. d. In-4.

**Uccello**, voyez **Cimabue**.

2651. Manni (Domenic. Mar.). Della vita e delle opere di Cosimo **Ulivelli**, pittore. Firenze, 1772. In-4.

**Usteri** (J.M.), voyez **Muller** (J.G.).

2652. A memoir of Thomas **Uwins**, late Keeper of the Royal galleries and the national gallery... by Mrs Uwins. With letters to his Brothers during seven Years spent in Italy, and Correspondence with the late sir Thomas Lawrence, sir Charles Eastlake, and other distinguished Persons. London, 1858. 2 vol. in-8.

2653 Wallerant **Vaillant**. Verzeichniss seiner Kupferstiche und Schabkunstblätter. Beschrieben von J. E. Wessely. Wien, 1865. In-8.

2654. Blanc (Charles). Étude sur Moïse **Valentin**. S. l. n. d. (Paris, 1845). In-8.

Extr. de l'*Histoire des peintres français*. Le nom exact du peintre connu sous le nom de Valentin est Jean de Boullongne; il nous est révélé par un article publié dans l'*Almanach du département de Seine et-Marne, et du Diocèse de Meaux*. 1862 2e année p. 116-122.

2655. Catalogue des tableaux, dessins, aquarelles vendus après le décès de M. **Vandael**, peintre. Vente à Paris le 20 mai 1840. In-8.

2656 Catalogue d'une collection de tableaux, esquisses et études peintes d'après nature, par M. H. **Vander-Burch**... Vente à Paris, le 14 décembre 1850. In-8.

2657. Catalogue de tableaux, dessins, études... dépendant de la succession de M. H. **Vanderbuch**, peintre paysagiste .. Vente à Paris le 14 décembre 1854. In-8.

2658. Review of the bibliographical Sketch of J. Vanderlyn, published by William Dunlap in his history of the arts of designs, with some additional notices respecting M. **Vanderlyn**, as an artist ; by a friend of the artist. New-York, 1838. In-8.

2659. Notice sur Charles Auguste **Van den Berghe**, peintre d'histoire, membre de la société académique de l'Oise, lue... dans la séance du 19 juin 1854, par M. Danjou... Beauvais, 1854. In-8.

2660. Pinchart (Alexandre). Notice sur Liévin **Van den Clite**, peintre Gantois au quinzième siècle. S. l. ni d. (Bruxelles, 1854.) In-8.
*Extr. des Bulletins de l'Académie royale de Belgique.*

2661. Gratulatio inaugurato D. **Van der Noot** Gandaviensi artisti, a patribus capucinis. Gand, 1729. In-fol.

2662. Straeten (Edm. van der). Les maîtres de Paul **Vander Schelden**, auteur de la salle échevinale à Audenarde. S. l. n. d. (Anvers, 1855). In-8.
*Extr. des Annales de l'Académie d'archéologie de Belgique.*

2663. Quetelet (Lambert-Adolphe-Jacques). Dicours prononcé aux funérailles de J. B. **van Eycken**. S. l. n. d. (Bruxelles, 1854). In-12.
*Extr. de l'Annuaire de l'Académie royale de Belgique.*

2664. Catalogue des tableaux, esquisses, études à l'huile, dessins, estampes... délaissés par feu J. B. **van Eycken**, précédé d'une notice sur J. B. van Eycken, peintre d'histoire..., par Lambert Adolphe Jacques Quetelet. Bruxelles, 1854. In-8.

2665. Thésée vainqueur du taureau de Marathon. Tableau de M. Carle **Vanloo**, pour les tapisseries du Roy. 1745. Paris, 1745. In-12.

2666. Description d'un tableau représentant le sacrifice d'Iphigénie, par M. Carle **Vanloo** (par le comte de Caylus). Paris, 1757. In-8.

2667. Vie de Carle **Vanloo** (par Dandré-Bardon). Paris, 1765. In-12.

2668. Catalogue des tableaux, dessins, estampes, vendus après le décès de M. Carle **Vanloo**, chevalier de Saint-Michel, peintre du roi et directeur de l'Académie de Rome. Vente à Paris le 12 septembre 1765. In-12.

2669. (Fontaine-Malherbe, Jean). Eloge de Carle **Vanloo**. Paris, 1767. In-12.
*Extr. du Nécrologe.*

2670. César **Vanloo** aux amateurs des beaux-arts. S. l. n. d. In-8.

2671. Catalogue de la vente de madame Vanloo, épouse de César **Vanloo**, peintre, membre de l'ancienne Académie de peinture. Vente à Paris en 1817. In-8.

2672. Vie de Jean-Baptiste **Vanloo**, par Dandré-Bardon. Paris, 1779. In-12.

2673. Catalogue de tableaux, dessins, par Louis Michel **Vanloo**, écuyer, Chevalier de l'ordre du roi, premier peintre du roi d'Espagne, ancien recteur de l'Académie de peinture, par Basan. Vente à Paris en novembre 1772. In-8.

2674. Notice de tableaux peints à l'huile, aquarelles..., par suite du décès de M. Corneille **Van Spaendonck**, peintre de fleurs .. Vente à Paris le 20 février 1840. In-8.

2675. Institut royal de France... Funérailles de M. **Van Spaendonck** (13 mai 1822). Discours de Quatremère de Quincy et de Cuvier. Paris 1822. In-4.

2676. Notizie inedite della vita d'Andrea del Sarto (**Vanucchi**), raccolte da manoscritti e documenti autentici, da Luigi Biadi, di Firenze. Firenze, 1829. In-8.

2677. — Seconde édition. Firenze, 1832. In-8, port.

2678. Pitture a fresco di Andrea del Sarto, esistenti nella compagnia dello Scalzo, in Firenze. Firenze, 1820. In-fol., fig.

Cette publication contient la vie d'Andrea del Sarto écrite par Vasari.

2679. Andrea del Sarto, von Alfred Reumont. Leipzig, 1835 In-12.

2680. Notice sur Andrea **Vanucchi**, dit Andrea del Sarto, par Ernest Breton. Paris, 1848. In-8.

2681. Sur un tableau du Musée de Lyon faussement attribué à André del Sarte, par Clair Tisseur. Lyon, 1861. In-8.

**Vanucchi** (Andr.), voyez **Sanzio** (Raf.).

2682. Vita, elogio e memorie dell' egregio pittore Pietro Perugino (**Vanucci**) e degli scolari di esso (par Bald. Orsini). Perugia, 1784. In-8.

2683. — 2ᵉ édit. Perugia, 1804. In-8, port.

2684. — 3ᵉ édit. Perugia, 1807. In-8.

2685. (Rangiaschi Brancaleoni, Sebastiano). Lettera scritta all' autore (B. Orsini) della vita, elogio e memorie di P. Perugino. Perugia, 1804. In-8.

2686. Della vita e delle opere di Pietro **Vanucci** da castello della Pieve, cognominato il Perugino. — Commentario istorico del professore Ant. Mezzanotte. Perugia, 1836. In-8, port.

2687. Layard (A. H.). The Martyrdom of saint Sébastien, painted in fresco by Pietro Perugino, in the Chapel of the saint at Panicale. London, 1856, In-8.

Publication de l'*Arundel society*.

2688. (Vanvitelli, Luigi). Vita dell' architetto Ludovico **Vanvitelli**. Napoli, 1823. In-8, port.

2689. Ragionamenti del signor Cav. Giorgio **Vasari**, sopra le invenzioni da lui dipinte in Firenze, nel palazzo di loro altezzo S. S. Arezzo, 1762 In-4, port. (Seconde édition.)

2690. Catalogue des sculptures, peintures et gravures de M. **Vassé** sculpteur..., par Fr. Basan. Vente à Paris le 20 janvier 1773. In-12.

2691. Notice des principaux tableaux, provenant de la succession de M. **Vauchelet**, architecte... Vente à Paris le 31 janvier 1781. In-8.

**VECELLI (TIZIANO).**

2692. Breve Compendio della vita del famoso Titiano **Vecellio** di Cadore, cavalliere e pittore, con l'arbore della sua vera consanguinità, all' Eccellenza illustrissima di madama di Arundell, Surrey, etc... In Venetia, 1622. In-4, port.

2693. — Seconde édition publiée par Francesco Accordini, sous ce titre : Vita dell'insigne pittore Tiziano **Vecellio**, già scritta da anonimo autore, reprodutta con lettere di Tiziano nelle nozze da Mula-Lavagnoli. Venezia, 1809. In-4.

2694. Zondadella (Giov. Batt.). Elogio di Tiziano **Veccellio**. Venezia, 1802. In-8.

2695. Discorsi letti nella R. Veneta accademia di belle arti per la distribuzione de' premii li XIII agosto MDCCCIX. — Elogio di Tiziano **Vecellio**, del sign. cavaliere Leopoldo Cicognara, presidente della Regia Accademia (Venezia, 1809). In-3.

2696. Relazione di due quadri di Tiziano **Vecellio**. Venezia, 1816. In-4, fig.

2697. Vite de' pittori **Vecelli** di Cadore, da Stef. Ticozzi. Milano, 1817. in-8.

2698. Della imitazione pittorica, della eccellenza delle opere di Tiziano e della vita di Tiziano scritta da Stefano Ticozzi, libri III, di Andrea Maier, Veneziano. Venezia, 1818. In-8.

2699. Apologia del libro della Imitazione pittorica e della eccelenza delle opere di Tiziano, di Andrea Majer Veneziano contro tre lettere di Giuseppe Carpani a Giuseppe acerbi inscrite nei fascicoli di settemb., novemb. e decemb. 1819, della biblioteca Italiana. Ferrara, 1820. In-8.

2700. Notice sur le Titien, par M. de Angelis. S. l. n. d. (Paris, 1826). In-8.

Extr. de la *Biographie universelle*. Tome XLVI.

2701. Notices of the life and Works of Titian (by **A**. Hume). London, 1829. In-8.

2702. The life of Titian, with anecdotes of the distinguished persons of his time by James Northcote. London, 1830. 2 vol. in-8.

2703. Nortchote (J ). The life and correspondence of Titian. London, 1833. 2 vol. in-8, port.

2704. Dello amore ai Veneziani di Tiziano **Vecellio**, delle sue case in Cadore e in Venezia e della vita de suoi figlii, notizie dell' ab. Gius. Cadorin, corredate da documenti inediti. Venezia, 1833. In-4, port.

2705. Cadorin (Gius.). Delle case abitate da T. **Vecellio** in Venezia. S. l. n. d. (Venezia, 1834). In-8.

2706. Titian. A Romance of Venice, by R. Shelton Mackenzie. London,1843. 3. vol. in-8.

2707. Die Malweise des Tizian, von R. Wiegmann. Dusseldorf, 1847. In-8.

Extr. de *Corresp. Blatt des Kunstwereins für die Rheinlande und Westphalen*.

2708. Della vita, delle opere e del mausoleo di Tiziano **Vecelli**. Discorso di Fed. Witen. Venezia, 1852. In-8, fig.

2709. Cenni illustrativi sul monumento a Tiziano **Vecellio**, aggiuntevi la vita del stesso e notizie intorno al fu professore di scoltura Luigi Zandomeneghi, del consigliore Francesco Dott. Beltrame. Venezia, 1852. In-8, port.

2710. Notice sur la vie et les ouvrages du Titien, par Ernest Breton. Paris, 1865. In-8.

Extr. de *l'Investigateur*, journal de l'Institut historique.

2711. Rosso (Giuseppe del). Memorie per servire alla vita di Lionardo Massimiliano de **Vegni**. Firenze. 1802. In-8.

2712. Gallo (Agostino). Vita di Giuseppe **Velasquez**, Palermitano, egregio depintore. Palerme, 1845. In-8.

2713. The history and pedigree of the portrait of prince Charles (depuis Charles Ier) painted by **Velasquez** in 1623. London 1847. In-8.

2714. **Velasquez** and his Works, by William Stirling. London,1855. In-8, port.

2715. **Velasquez** und seine Werke, von William Stirling (traduit de l'anglais par E. W.). Berlin, 1856. In-8.

2716. **Velasquez** et ses œuvres, par William Stirling, traduit de l'anglais par G. Brunet, avec des notes et un catalogue des tableaux de Velasquez, par W. Burger. Paris, 1865. In-8. port.

2717. Notice sur la magnifique esquisse de **Velasquez**. — Première pensée du tableau des *Lances*. Vente à Paris le 17 décembre 1859. In-8.

**Velasquez**, voyez **Scheffer** (Ary).

2718. Catalogue de tableaux de différents grands maîtres, miniatures, dessins, estampes... après le décès de M. **Vennevault**, peintre du roi, de l'Académie royale de peinture et sculpture... Vente à Paris le 26 mars 1776. In-8.

2719. Elogio di Angelo **Venturoli**, architetto Bolognese, scritto dal marchese Antonio Bolognini Amorini. Bologna, 1827. In-8.

2720. Des gravures sur bois dans les livres d'Anthoine **Vérard**, par J. Renouvier. Paris, 1859. In-8, fig.

2721. Un document inédit sur Antoine **Vérard**, libraire et imprimeur. — Renseignement sur le prix des reliures, des miniatures et des imprimés sur vélin, au quinzième siècle, par E. Sénemaud. Angoulême,1859. In-8.

Extr. des *Archives du Bibliophile*, publiées par A. Claudin.

2722. Antoine **Vérard** et ses livres à

miniatures au quinzième siècle, par Auguste Bernard. Paris, Techener, 1860. In-8.

**Verdot**, voyez **Cazes**.

2723. Arco (Carlo d'). Alcuni cenni intorno ad un artefice contemporaneo, l'architetto Giovanni Battista Vergani. Mantoua, 1846. In-8.

**Vergnaud**, voyez **Guibert**.

2724. Piot (Charles). Notice biographique sur le peintre **Verhaghen**. Gand. 1839. In-8.
*Extr. du Messager des Sciences historiques de Belgique.*

**VERNET** (les).

2725. Joseph, Carle et Horace **Vernet**. — Correspondance et biographies, par Amédée Durande. Paris, S. d. (1865). In-12.

2726. Institut royal de France. — Funérailles de M. Carle **Vernet**, discours de M. Garnier... prononcé le 24 novembre 1836 (Paris). In-4.

2727. Institut royal de France. — Académie des beaux-arts. Notice histoque sur la vie et les ouvrages de M. Carle **Vernet** lue dans la séance publique du 7 octobre 1837, par Quatremère de Quincy. Paris, 1837. In-4.

2728. Blanc (Charles). Carle **Vernet**. (Paris, 1845). In-8.
*Extr. de l'histoire des Peintres français.*

2729. Salon d'Horace **Vernet**. — Analyse des quarante-cinq tableaux exposés chez lui, par MM. Jouy et Jay. Paris. 1822. In-8.

2730. Catalogue de l'œuvre lithographique de M. J. Horace **Vernet** (par M. Bruzard). Paris, 1826. In-8.

2731. M. Horace **Vernet**, par un homme de rien (Louis de Loménie). Paris, 1842. In-12.

2732. Notice sur l'expédition qui s'est terminée par la prise de la Smahla d'Abd-el-Kader, le 16 mai 1843. In-8 (avec une estampe du tableau de M. **Vernet**).

2733. Horace **Vernet**, par Eugène de Mirecourt. Paris, 1855. In-18.

2734. Lettres intimes de M. Horace **Vernet**, de l'Institut, pendant son voyage en Russie (1842 et 1843). Fragments inédits d'une histoire des artistes vivants, par Théophile Silvestre. Paris, 1856. In-8.

2735. Mémoire de Théophile Silvestre appelant contre Horace **Vernet**. Paris, 1857. In-4.

2736. Institut impérial de France — Notice sur la vie et les ouvrages de M. Horace **Vernet**, par M. Beulé... lue dans la séance publique de l'Académie des beaux-arts le 3 octobre 1863. Paris, 1863. In-4.

2737. — Réimpression. Paris, 1863. In-8.

2738. Horace **Vernet**, par Fourcault de Pavant. Versailles. 1863. In-8.
*Extr. du journal de Seine et Oise du 21 janvier 1863.*

2759. Horace **Vernet** à Versailles, au Luxembourg et au Louvre. — Critique et biographie, par J. Bertholon et C. Lhote. Paris, 1863. In-8.

2740. La Société libre des beaux-arts à Horace **Vernet**, par J. B. Fournier. Paris, 1863. In-8.

2741. Notes biographiques sur Carle et Horace **Vernet**, par H. Lemonnier. Paris, 1864. In-16.

2742. Épître à M. **Vernet** (Joseph), peintre du Roi..., par M. Bouquier. Amsterdam et Paris, 1773. In-8.

2743. Précis historique de la vie de M. **Vernet** (par M. J. Feuillet). S. l. n. d. (Paris, 1789). In-8.
*Extr. du Moniteur.*

2744. Les ports de France, peints par Joseph **Vernet** et Hue.. accompagnés de notes historiques..., par M. P. A. M***. Paris, 1812. In-8, fig.

2745. Avertissement préliminaire sur une suite de huit tableaux par Joseph **Vernet** (Paris, 1824). In-8.

2746. Éloge de J. **Vernet** (par A. R. L.). S. l. 1826. In-8.
*Extr. des Annales de la Littérature et des Arts, 307° liv. tome XXIV.*

2747. Eloge historique de Claude Joseph **Vernet**, par Anne Bignan. Vaucluse, 1826. In-12.

2748. Joseph **Vernet**. Ode couronnée à l'Académie de Vaucluse, par Bignan. Paris, 1827. In-8.

2749. Joseph **Vernet**, poésie par M. Jouvet des Marands. Clermont, 1844, In-8.

2750. Catalogue de quatre tableaux peints par Joseph **Vernet**, ayant servi à la décoration du salon de l'hôtel de feu M. le comte Roy... Vente à Paris le 7 février 1848. In-8.

2751. Joseph **Vernet**, sa vie, sa famille, son siècle..., par Léon Lagrange. Bruxelles, 1858. In-8.
   Extr. de la *Revue universelle des Arts.*

2752. Les Vernet. — Joseph **Vernet** et la peinture au dix-huitième siècle, par Léon Lagrange. Paris, 1864. In-8.

2753. Kurze Lebensbeschreibung des Ritters P. v. **Verschaffelt**. Mannheim. 1797. In-8.

2754. Guidolotti-Franchini (Gioseffo) Vita di Domenico Maria **Viani**, pittor Bolognese. Bologna, 1716. In-12.

2755. Eloge de Victor **Vibert**, lu à l'Académie impériale des sciences, belles-lettres et arts de Lyon, dans sa séance de rentrée, le 6 novembre 1860, par E. C. Martin-Daussigny. Lyon, 1860, in-8.

2756. Victor **Vibert**, 1799-1860, signé : Alphonse Perrin. Lyon, 1861. In-fol.
   Recueil des articles publiés après la mort de Vibert.

**Vibert** (V.). Voyez **Orsel** (V.).

2757. (Chaussard). Notice historique et inédite sur **Vien**. Paris, 1806. In-8.
   Extr. du *Pausanias français.*

2758. Notice historique sur la vie et les ouvrages de Joseph-Marie **Vien**, par Joachim Lebreton. Paris, 1809. In-8.
   Extr. du *Magasin encyclopédique.*

2759. Sur M. **Vien** (par Éméric-David). S. l. n. d. (Paris, 1809). In-8.
   Extr. du *Moniteur Universel.*

2760. Epître à **Vien**. par J. F. Ducis (Paris, 1809). In-8.
   Extr. du *Recueil de poésies de M. Ducis.*

2761. Catalogue des tableaux composant le cabinet de feu Joseph-Marie **Vien**. Vente à Paris le 17 mai 1809. In-8.

2762. Notice sur M. **Vien**, par Reboul. S. l. n. d. (Paris). In-8.

2763. Funérailles de M. le comte **Vien**. Discours prononcé par M. Mirault (Paris, 28 janvier 1848). In-4.
   Suivi du Discours de M. Doré.

2764. Notice des principaux tableaux et dessins... provenant du cabinet de feu M. le comte J. M. **Vien**. Vente à Paris le 10 avril 1849. In-8.

2765. Vita di Jacopo **Vignali** pittor fiorentino scritta da Sebastiano Benedetto Bartolozzi. Firenze, 1755. In-4.

2766. Pétition présentée à la Convention nationale par P. **Vignon**, architecte de sa nouvelle salle. (Paris), S d. In-8.

2767. P. **Vignon** à la Convention nationale, sur la nouvelle salle dans le Palais des Tuileries. Paris, an II. In-8.

2768. La vérité sur Pierre **Vignon**, ou réponse à son écrit, par le rédacteur du rapport fait au comité d'instruction publique de la Convention nationale par la Société républicaine des arts le 28 nivôse, an III, (signé : Biennaimé.) (Paris). In-8.

2769. Catalogue de tableaux, bronzes, marbres, de M. de **Vigny**, architecte. Vente à Paris en avril 1773. In-8.

2770. A monsieur **Villequin**, excellent peintre. Epître. Blois (1669). In-4.

2771. Notice de quelques tableaux, pastels, dessins et estampes qui composaient le cabinet de feu le citoyen **Villers**, peintre... Vente à Paris le 2 décembre 1795. In-8.

2772. Catalogue de la collection capitale de tableaux de M. **Villers**, architecte. Vente à Paris, le 30 mars, 1812. In-8.

2773. Catalogue de tableaux et dessins, par M. Léon **Villevieille**.Vente à Paris le 14 mars 1857. In-8.

2774. Catalogue de tableaux et dessins de Léon **Villevieille**. Vente à Paris en décembre 1863. In-8.

2775. Lettre de Son Eminence le cardinal, archevêque de Bordeaux, à M. **Villiet**, sur son dernier travail dans l'église Saint-André. Bordeaux, 1857. In-12.

Il s'agit des Verrières de la Chapelle de Notre-Dame du Mont-Carmel.

2776. Notice historique et inédite sur **Vincent**, peintre d'histoire (par J. B. P. Chaussard). Paris, 1806. In-8.

Extr. du *Pausanius français*.

2777. Institut royal de France. — Académie des beaux-arts. — Funerailles de M. **Vincent**. — Discours prononcé par Quatremère de Quincy. le 5 août 1816 (Paris). In-4.

2778. Notice des tableaux, dessins sous verre et en feuilles composant le cabinet et les études de feu François-André **Vincent**... Vente à Paris le 17 octobre 1816. In-8.

2779. Notice historique sur la vie et les ouvrages de M. **Vincent**, par Quatremère de Quincy lue à la séance publique du 4 octobre 1817. (Paris). In-4.

2780. Nécrologie. — Notice sur madame **Vincent**, née Labille, peintre. Signé : Joachim Lebreton. S. l. n. d (Paris, 1795). In-8.

Extr. du 11º vol. des *Nouvelles des Arts* n° 18.

2781. Peinture sur verre. Notice sur les travaux de M. **Vincent-Larcher**, peintre sur verre, et rapport sur les vitraux peints de M. Vincent-Larcher et Martin Hermanowska, par M. Ernest Bertrand .. Troyes, 1845. In-8.

2782. Notice sur les peintures à fresque exécutées à Saint-Sulpice dans la chapelle de Saint-Maurice, par Aug. **Vinchon**. Paris, 1822. In-8.

2783. Obsèques de M. J. B. Auguste **Vinchon**. S. l. (Paris), 23 août 1855. In-8.

### VINCI (LÉONARDO DA).

2784. Recueil de charges et de têtes de différents caractères gravées (par le comte de Caylus) à l'eau-forte d'après les dessins de Léonard de **Vinci**, précédé d'une lettre de Mariette sur ce peintre florentin. Nouv. édit. revue et augm. par l'auteur. Paris, 1767. In-4.

La première édition de cette lettre parut en 1730, sans les noms des auteurs du texte et des planches.

2785. Memorie storiche sulla vita, gl. studj e le opere di Lionardo da **Vinci**, scritte da Carlo Amoretti. Milano, 1784. In-8.

2786. — Seconde édition. Milano 1804. In-8, pórt.

2787 Storia genuina del Cenacolo insigne dipinto da Leonardo da **Vinci**... dal Dom. Pino. Milano, 1796. In-8.

2788. Essai sur les ouvrages physico-mathématiques de Léonard de **Vinci**, avec des fragments tirés de ses manuscrits apportés de l'Italie. lu à la première classe de l'Institut national des sciences et des arts, par J.-B. Venturi. Paris, an V (1797). In-4.

2789. Vie de Léonard de **Vinci**, suivie du catalogue de ses ouvrages dans les beaux-arts, par P. M. Gault de Saint-Germain. Paris, 1803. In-8.

2790. Del Cenacolo di Leonardo da **Vinci**. Libri quattro di Giuseppe Bossi, pittore. Milano, 1810. In-fol., fig.

2791. Le Cénacle de Léonard de **Vinci** rendu aux amis des beaux-arts, dans le; tableau qu'on voit aujourd'hui chez un citoyen de Milan, et qui était ci-devant dans le réfectoire de l'insigne chartreuse de Pavie. Essai historique et psychologique sur ce fameux Cénacle..., par l'abbé A. Guillon. Milan et Lyon, 1811. In-8.

2792. Delle opinioni di Leonardo da **Vinci** intorno alla simmetria de corpi humani. Discorso di Giuseppe Bossi, pittore, dedicato al celeberrimo scultore Antonio Canova. Milano, 1811. In-fol.

Réimpression d'une dissertation tirée de l'ouvrage cité plus haut n° 2790.

2793. Lettere confidenziali di B. S. all' estensore delle Postille alle osservazioni sul volume intitolato del Cenacolo di Leonardo da **Vinci**, libri quattro. Milano, 1812. In-8.

2794. Verri (Carlo). Osservazioni sul volumine intitolato : « Del Cenacolo di Leonardo da **Vinci**, lib. IV di Giuseppe Bossi pittore, » scritte per lume de'giovani studiosi del disegno e della pittura. Milano, 1812. In-8.

2795. Vita di Leonardo da **Vinci**, scritta da Gius. Bossi. Padova, 1814. In-4, port.

2796. Fr. Müller's. K. Baier Hofmaler im Rom, Kritik der Schrift des Ritters van Bossi über das Abendmahl des Leonardo da **Vinci**. Heidelberg. 1817. In-8.

Ext. de l'*Heidelberger Jahrb.* 1816.

2797. Sur l'ancienne copie de la Cène de Léonard de **Vinci**, qu'on voit maintenant au musée royal, comparée à la plus célèbre de toutes, celle des chartreux de Pavie, et à la copie récente d'après laquelle s'exécute, à Milan, une mosaïque égale en dimensions à l'original. Dissertation lue à l'Académie des beaux-arts le 15 février 1817, par l'abbé Aimé Guillon. Paris, 1817. In-8.

2798. Braun (Georges Christian). Des Leon. da **Vinci**'s Leben und Kunst, nebst einer Lebensbeschreibung J. G. Prestels. Halle, 1819. In-8.

2799. Observations on Leonardo da **Vinci**'s celebrated picture of the last supper, by J. W. de Goethe. Translated from the german and accompanied with and introduction and a few notes by G. H. Noehden. London, 1821. In-4.

2800. Mort de Léonard de **Vinci**, poëme par Ad. de Puibusque. Paris, 1824. In-8.

2801. The life of Leonardo da **Vinci**, with a critical account of his works by John William Brown. London. 1828. In-8.

2802. Tabula anatomica Leonardi de **Vinci**, summi quondam pictoris, e bibliotheca Magnæ Britanniæ Hannoveræque regis deprompta, venerem obversam e legibus naturæ hominibus solam convenire ostendens. Lunaerburgi, 1830. In-4.

2803. Leonardo da **Vinci**'s Leben und Werke, von Hugo Grafen von Gallenberg. Leipzig.1834. In-8, port.

2804. De quatre tableaux attribués à Léonard de **Vinci**; dissertation de l'abbé Guillon de Montléon. Paris. 1836. In-8, fig.

2805. Leonhard da **Vinci** in Mailand. Nach dem Italienischen von August. Hagen. Leipzig, 1840. In-8.

2806. Elogio di Leonardo da **Vinci**, letto alla presenza delle LL. AA. II. e RR. il granduca e la granduchessa di Toscana in un trattenimento letterario offerto il di 18 settembre 1841 dagli alunni delle scuole pie agli uomini celebri per la scienza, riuniti in Firenze, di Stanislao Gatteschi. Firenze, 1844. In-8.

2807. Léonard de **Vinci**. 1452-1519, par M. E. J. Delécluze. Paris, 1841. In-8.

Extr. de l'*Artiste*.

2808. Saggio intorno a Leonardo da **Vinci** (1452-1519); di E. Delécluze. Tradotto del francese con note e due lettere inedite di Luigi XII, re di Francia. Siena, 1844. In-8.

2809. Alcune considerazioni intorno a Lionardo da **Vinci**. Discorso di Ferdinando Ranalli. Firenze, 1843. In-8.

2810. Marx (C. F. A.) Ueber Marco Antonio della Torre und L. da **Vinci**, die Begründer der bildlichen Anatomie. Gœttingue, 1849. In-4.

2811. Catalogue de l'œuvre de Léonard de **Vinci**, par le Dr Rigollot. Paris, 1849. In-8.

2812. Leonardo da **Vinci**'s Jugendjahre. Eine Erzählung von D. L. Macdonald. Franckfurt, 1854. In-8.

2813. Projet de monument à Leonard de **Vinci** dans l'église d'Amboise, par Ph. de Chennevières (Paris, 29 avril 1854). In-8.
Extr. de l'*Athenæum français* IIIe année n° 17.

2814. Lettre à M. le directeur de l'Athenæum français, par Phil. de Chennevières relative à un monument à élever à Léonard de **Vinci**. (Paris, 1854). In-8.
Extr. de l'*Athenæum français* IIIe année n° 33.

2815. Disegni di Leonardo da **Vinci**, posseduti da Giuseppe Vallardi... Milano, 1855. In-8.

2816. Léonard de **Vinci** et son école, par A. F. Rio. Paris, 1855. In-12.

2817. Leonardo da **Vinci** e la sua scuola, di A. F. Rio. Prima traduzione con note di V. G. de Castro. Milano, 1856. In-8, port.

2818. Turotti (F.). Leonardo da **Vinci** e la sua scuola. Illustrazioni storiche e note. Milano, 1857. In-8.

2819. Leonardo da **Vinci**. Ein Vortrag von K. B. Stark, ord. prof. an der Universität Heidelberg. Leipzig, 1858. In-8.

2820. Leonardo da **Vinci**. Cenni storici ed artistici di P. Rocca, diretti all' esam di argomenti religiosi e civili preceduti da un' Ode. Milano. 1858. In-8.

2821. Sulla conservazione del Cenacolo di Leonardo da **Vinci**, da G. Mongeri. S. l. (Milan) n. d. In-12.
Ext. du Journal *la Perseveranza*.

2822. Ecole impériale et spéciale des beaux-arts. — Discours prononcé sur la tombe de Charles-Léon **Vinit**, secrétaire perpétuel, par M. Signol, vice-président, et par M. Gilbert, secrétaire archiviste de la section d'ar-

chitecture, le 2 mai 1862. Paris, 1862. In-8.

2823. Institut royal de France. — Académie des beaux-arts. — Funérailles de M. le chevalier **Visconti**. — Discours de M. Quatremère de Quincy, prononcé le 9 février 1818. (Paris). In-4.

2824. Institut royal de France. — Discours prononcé aux funérailles de M. Ennius Quirinus **Visconti**..., par M. Eméric David. S. l. n. d. (Paris, 1818). In-8.
Extr. du *Moniteur universel* du 11 février 1818.

2825. Institut royal de France. — Notice historique sur la vie et les ouvrages de M. **Visconti**, par M. Dacier... prononcé dans la séance publique du 28 juillet 1820 (Paris). In-4.

2826. Notices historiques sur J. B. A. **Visconti** et sur E. Q. **Visconti**, par M. T. B. Eméric David, membre de l'Institut. S. l. n. d. (Paris, 1827). In-8.
Extr. de la *Biographie universelle*. Tome XLIX.

2827. Institut impérial de France. Académie des beaux-arts. — Funérailles de M. **Visconti**. Discours prononcés par Désiré-Raoul Rochette, Caristie et Hittorff, le 3 janvier 1854 (Paris). In-4.

2828. Catalogue du cabinet de feu M. **Visconti**, se composant d'une riche collection d'émaux, objets d'art. Vente à Paris le 15 mars 1856. In-8.

2829. Galerie historique et critique du dix-neuvième siècle — L. **Visconti**. Extrait du deuxième volume. Paris, 1857. In-8.

2830. Monument élevé à la mémoire de **Visconti**. Paris, 1860. In-8.
Extr. du *Moniteur universel*, 31 décembre 1859.

2831. Institut impérial de France. — Académie des beaux-arts. — Inauguration du monument élevé à la mémoire de Louis **Visconti**, au cimetière de l'Est, le jeudi 29 décembre 1859. Discours de M. Hittorff, membre de l'Académie. Paris, 1860. In-4.

2852. A catalogue of the works of Cornelius **Visscher**, by William Smith, esq. F. S. A. F. R. H. S. M. R. I — reprinted from the fine arts quarterly Review, for private circulation only, by John Childs and son, Bungay, 1864. In-8.

2853. Jan de **Visscher** und Lambert **Visscher**. — Verzeichniss ihrer Kupferstiche beschrieben von J. E. Wessely. Leipzig, 1866. In-8.

Extr. de *Naumann's Archiv*, XI<sup>e</sup> année.

2854. Cornel **Visscher**. Verzeichniss seiner Kupferstiche, beschrieben von Joh. Wussin. Leipzig, 1865. In-8, fig.

**Visscher** (C.). voyez **Rubens**.

2855. Pungileoni (L.). Elogio storico di Timoteo **Viti**, da Urbino. Urbino, 1835. In-8.

2856. Balde (Bernhard). Vita **Vitruvii**. Vienne. S. d. In-4.

2857. Eloge de M. Urbain **Vitry**, architecte, par M. Florentin Astré. Toulouse, 1864. In-8.

Extr. des *Mémoires de l'Académie impériale des Sciences de Toulouse*, 6<sup>e</sup> série. Tome 2.

2858. Vita di Alessandro **Vittoria** scritta e pubblicata da Tom. Temanza ora riprodutta con note ed emende (di F. C. Trois). Venezia, 1827. In-8. port.

2859. Brandolese (Pietro). Dubbii sull' essistenza del pittore G. **Vivarino**, da Murano. Padova, 1807. In-8.

2840. Elogio accademico dei **Vivarini**, primi padri della Veneziana pittura. del dottore Ignazio Neumann-Rizzi. Venezia, 1816. In-8.

2841. Notice bibliographique sur la bibliothèque de M. **Vivenel**, par M. Alkan aîné. Paris, 1845. In-8.

2842. Compiègne et Antoine **Vivenel**. — 1850. — Souvenirs. — Mu-sée Vivenel, par Eugène Pelletan. Compiègne (1850). In-8.

Extr. de l'*Écho de l'Oise*, des 12 et 23 juillet 1850.

2843. Simon **Vouet**, peintre, par C. Lecarpentier. S. l. n. d. (Rouen). In-8.

2844. Fragmente über einige neuere Kunstwerke (Vorzü rl. uber **Wachter**'s Bilder) in Briefen eines reisenden Layen. Cologne. 1823. In-8.

2845. Statuaire. Artistes contemporains. M. **Walcher**, jeune (Signé : S. D. 1844). Paris (1844). In-8.

2846. Notice historique sur M. **Walcher** jeune, par L. Valter. Paris, 1844. In-8.

Extr. de la *Revue générale biographique*.

2847. Les **Waldor**, graveurs liégeois, par J. Renier. Liége, 1865. In-8.

Extr. du *Bulletin Archéologique Liégeois*.

2848. Luthereau (J. A.). — Le baron Gustaf **Wappers**, ex-directeur de l'Académie royale d'Anvers. Paris, 1862. In-8.

Extr. du journal *la Célébrité*.

2849. Fétis (Édouard). Les artistes belges à l'étranger. Jean **Warin**. Bruxelles, 1853. In-8.

Extr. des *Bulletins de l'Académie royale de Belgique*.

2850. Anton **Waterlo**'s Kupferstiche... ausführlich beschrieben von Adam Bartsch. Vienne, 1795. In-12.

2851. Suite de la galerie des peintres célèbres. — Antoine **Watteau**, par C. Lecarpentier. Rouen, juin 1815. In-8.

2852 Notice sur Antoine **Watteau**, de Valenciennes, par Arthur Dinaux. Valenciennes, 1834. In-8.

2853. **Watteau**. Essai sur la vie et les ouvrages de ce peintre, suivi du catalogue de ses tableaux avec des renseignements inédits jusqu'à ce jour, par P. Hédouin. Paris. 1845. In-8.

2854. L'art du dix-huitième siècle. — **Watteau**, par Edmond et Jules de Goncourt. Paris, 1860. In-4, fig.

2855. Le tombeau de Watteau à Nogent-sur-Marne... Notice historique sur la vie et la mort d'Antoine **Watteau**, sur l'érection et l'inauguration du monument élevé par souscription en 1865, publié par les soins du conseil municipal. Nogent-sur-Marne. octobre 1865. In-8, fig.

Cette notice est de M. Jules Cousin.

2856 Le tombeau de **Watteau** à Nogent-sur-Marne. (Nogent-sur-Marne, 15 octobre 1865.) In-8.

Extr. de la notice précédente.

2857. Charles **Wauters** et l'exposition de Gand en 1850... Bruxelles, 1850. In-8.

2858. The **Wedgwoods** : being a life of Josiah Wegdwood, with notices of his works and their productions; memoirs of Wegdwood and other families, and a history of the early potteries of Staffordshire, by Dewellyn Jewit. London, 1865. In-8. fig.

2859. The life of Josiah **Wegdwood** from his private correspondence and family papers in the possesion of Joseph Mayer, esq., F. Wegdwood esq., C. Darvin, esq., miss Wegdwood and other original sources, with an Introductory sketch of the art of pottery in England, by Eliza Meteyard. London. 1865. 2 vol. in-8, fig.

2860. Schreiber (A. W.). F. **Weinbrenner**. Denkmal der Freundschaft. Carlsruhe. 1826. In-8, port.

2861. Denkwürdigkeiten aus F. **Weinbrenner**'s Leben, herausgegeben von Aloys Wilhelm Schreiber. Heidelberg, 1829. In-8.

2862. The life, studies, and works of Benjamin **West**, president of the royal Academy of London composed from materials furnished by himself, by John Galt. London 1820. In-8, portr.

2863. — Autre édition. London, 1826. In-4. port.

2864. Neujahrsblatt der Künstlergesellschaft in Zürich für 1838, enthaltend :

Leben und Character des Malers J. J **Wetzel**. Zürich, 1838. In-4, port.

2865. Notice sur Roger Van der **Weyden**, appelé aussi Roger de Bruges, le gaulois ou de Bruxelles, peintre belge du quinzième siècle, et Goswin van der **Weyden**, son fils, par A. Wauters. Gand, 1846. In-8.

Extr. du Messager des Sciences historiques de Belgique.

2866. Recherches biographiques sur trois peintres flamands du quinzième et du seizième siècle, par André van Hasselt. Anvers, 1849. In-8.

Ces trois peintres sont Roger van der WEYDEN dit Roger de Bruges, Roger van der WEYDEN de Bruxelles et Goswin van der WEYDEN.

2867. Cels (Josse B...). Quelques pages de critiques à propos des recherches biographiques de M. André van Hasselt sur les van der **Weyden**, Gand. 1849. In-8.

2868. Roger van der **Weyden**, ses œuvres, ses élèves et ses descendants. Etudes sur l'histoire de la peinture au quinzième siècle, par Alphonse Wauters. Bruxelles, 1856. In-8.

Extr. de la Revue universelle des Arts.

2869. Roger van der **Weyden** et les tapisseries de Berne, par Alexandre Pinchart. Bruxelles, 1844. In-8.

Extr. des Bulletins de l'Académie royale de Belgique. 2e série, tome XVII, n° 1.

2870. Zeldzaame levensgevallen van Jacob Campo **Weyerman**. Amsterdam. 1736. In-8.

2871. — La Haye, 1756. In-8

2872. — Augmenté sous le titre de Leven... Amsterdam, 1762. In-8.

2873. — Traduit en allemand. Francfort et Leipzig. 1764. In-8.

2874. Notice sur la vie et les ouvrages de **Wicar**, peintre d'histoire, par J... C.. Dufay. Lille, 1844. In-8, port.

Extr. des Mémoires de la Société royale de Lille.

2875. Catalogue des dessins et objets d'art légués par J. B. **Wicar**. Lille.

1856. In-8 (précédé d'un notice sur Wicar).

2876. L'enfance de Jésus, tableaux flamands, poëme tiré des compositions de Jérome **Wierix**, par L. Alvin, avec quatorze planches et une notice biographique sur les trois frères Wierix, graveurs du seizième siècle. Lyon et Paris, 1860. In-8, fig.

2877. L'atelier de **Wiertz**, par M. La Garde. Bruxelles; 1856. In-12.

2878. Catalogue raisonné du Musée **Wiertz**, précédé d'une biographie du peintre, par le Dr L. Watteau. Bruxelles et Leipzig, 1861. In-8.

2879. Le Triomphe du Christ. A mon ami **Wiertz**, au sujet de son tableau exposé en 1845 (Pièce de vers signée : J. Brot). Paris, 1862. In-8.

2880. The life of sir David **Wilkie** ; with his journals, Tours, and critical remarks on works of art, and a selection from his Correspondance, by Allan Cunningham. London,1843. 3 vol. in-8.

**Wilkie**(D.).Voyez **Raimbach**(A.).

2881. Catalogue de tableaux, dessins, estampes... provenant du cabinet de J. G. **Wille**, graveur. Paris, 1784. In-8.

2882. Catalogue d'estampes anciennes et modernes du plus beau choix et dans la plus parfaite conservation, par F. Basan, provenant du cabinet de M. W. (**Wille**). Vente à Paris le 11 décembre 1786. In-8.

2883. Notice sur Jean-Georges **Wille**, graveur, par C. Lecarpentier (Rouen). S. d. In-8.

2884. Le graveur en taille-douce. — Catalogue de l'œuvre de J. G. **Wille**, par Charles Leblanc. Leipzig, 1847. In-8.

2885. Mémoires et Journal de Jean-Georges **Wille**, publiés d'après les manuscrits autographes et annotés par Georges Duplessis, avec une préface par Edmond et Jules de Goncourt. Paris, 1857. 2 vol. in-8.

2886. Some account of the life of Richard **Wilson**, esq. R. A. with testimonies to his genius and memory, and remarks on his landscapes... Collected and arranged by T. Wright. London, 1824. In-4, port.

2887. Britton (J.). On the paintings and merits of R. **Wilson** and particularly on a full length portrait of J. H. Mortimer. London , 1842. In-4.

2888. Carton (Charles). Notes biographiques sur P. de **Witte** (Pedro Candido). Bruges, 1843. In-8.

2889. Anton. **Woensam**, von Worms, Maler und Xylograph zu Köln. Sein Leben und seine Werke. Eine Kunstgeschichtliche Monographie von J. J. Merlo. Leipzig, 1864. In-8. Extr. de *Naumanns Archiv.*

2890. Die Gemälde des Michel **Wohlgemuth** in der Frauenkirche zu Zwickau. Im Auftrage des Königl. Sachsischen Alterthumsverein herausgegeben von Quandt. Dresde et Leipzig. 1839. In-fol.

**Wohlgemuth** (M.). Voyez **Durer** (A.).

2891. Hartenstein (Joh. Fried.) Leichenpredigt bei dem Tode J. **Wollaib's**. Ulm, 1726. In-4.

2892. Levensschets van Pieter Cristoffel **Wonder** ; eene bijdrage aan de nagedachtenis van wijlen dien Kunstschilder gewijd, door A. Cock. Utrecht, 1852. In-8.

2893. Ueber die composition in Philip **Wouvermans** Gemälden (vom Maler Ernst. Kämmerer). Leipzig,1789. In-8, fig.

2894. Elmes (J.). Memoirs of the life and Works of sir Christopher **Wren**, with a brief view of the progress of architecture in England, from the beginning of the reign of Charles I to the end of the seventeenth century ; and an appendix of authentic documents. London, 1823. In-4.

2895. Sir Christopher **Wren** and his Times, with illustrative Sketches and anecdotes, by James Elmes. London, 1852. In-8.

2896. Melchior **Wyrsch** et les peintres bysontins, par Francis Wey. Besançon, 1860. In-8.

Extr. des *Mémoires de la Société d'Émulation du Doubs*. Cette notice a paru également dans le journal *le Pays*. (16 juillet et 1 août 1860).

2897. Notice sur D. **Zampieri**, dit le Dominiquin, par C. F. L. Lecarpentier. Rouen. 1812. In-8.

2898. Ueber Bartholomæus **Zeitblom**. Maler von Ulm, als Kupferstecher, von Ernst Harzen. Leipzig, 1860. In-8.

Extr. de *Naumann's Archiv*.

2899. Memorie di Marco **Zignani**, incisore, dettate da sua moglie. S. l. n, d. In-8, port.

**Zingaro** (il) voyez **Solario** (A. de).

2900. **Zix.** Notice par le baron P. R. de Schauenburg. Strasbourg, 1861. In-8.

Extr. du *Bulletin de la Société pour la Conservation des Monuments historiques d'Alsace*.

2901. Description (par M. de Piles) de deux ouvrages de sculpture qui ont appartenu à M. Le Hay, faits par M **Zumbo**, gentilhomme Sicilien et qui se voient actuellement chez M. Houstoul, peintre... S. l. n. d. (Paris, 15 mars 1777), In-12.

---

# II

# BIOGRAPHIES GÉNÉRALES

## I

BIOGRAPHIES DES ARTISTES.

### I

#### GÉNÉRALITÉS

[Nous avons classé les ouvrages dont nous donnons la liste dans l'ordre chronologique de publication en groupant naturellement autour de la première édition les éditions successives du même ouvrage.]

2902. Baglione (Giovanni). Vite de' pittori, scultori, architetti ed intagliatori del pontificato di Gregorio XIII dal 1572 fino ai tempi del papa Urbano VIII nel 1642. Roma, 1642. In-4.

2903. — Seconde édition. Roma, 1649. In-4.

2904. — Troisième édition. Napoli, 1733. In-4.

2905. — Quatrième édition. Napoli, 1743. In-4.

2906. Félibien (André). Entretiens sur la vie et les ouvrages des plus excellents peintres anciens et modernes. Paris, 1666-1688. 5 vol. in-4.

2907. — Paris, 1685. 5 vol. in-4.

2908. — Londres, 1705. 4 vol. in-12.

2909. — Amsterdam, 1706. 4 vol. in-12.

2910. — Entretiens sur la vie et sur les ouvrages des plus excellents peintres anciens et modernes, avec la vie des architectes, par M. Félibien. Trévoux, 1725. 6 vol. in-12.

2911. — Traduction italienne. Venezia. 1755. In-8. fig.

2912. Le vite de' pittori, scultori, ed architetti moderni scritte da Giov. Pietro Bellori. Roma, 1672. In-4. fig.

2913. — Roma, 1728. In-4, fig

2914. — Pisa, 1821. 3 vol. In-8.

2915. Baldinucci ( Filippo ) Notizie de' professori del disegno, da Cimabue in qua (dal 1260 sino al 1670). Firenze, 1681-1728. 6 vol. in-4.

2916. — Le medesime notizie, accresciute di annotazioni da Dom. Mar. Manni. Firenze, 1767-1774. 21 parties. In-4.

2917. — Troisième édition commencée à Turin, par Giuseppe Piacenza, en 1768 et 1770, et continuée de 1813 à 1817. Torino. 5 vol. in-4.

2918. — Con nove annotazioni e supplementi per cura di F. Ranalli. Firenze, 1846-1847. 5 vol. in-8.
Cet ouvrage de Baldinucci a été réimprimé avec les autres opuscules du même auteur à Milan en 1808, en 14 vol. in-8 dans la collection des classiques.

2919. Joachimi de Sandrart, a Stockau.... Academia nobilissimæ artis pictoriæ... Noribergæ, 1683. In-fol., port.

2920. L'abecedario pittorico dall' autore (Antonio Pellegrino Orlandi) contenente le notizie de' professori di pittura, scoltura ed architettura.... Bologna, 1704. In-4.

2921. — Bologna, 1719. In-4.
C'est un exemplaire de cette édition que Mariette a annoté.

2922. — Firenze, 1731. In-4.

2923. — Napoli, 1733. In-4.

2924. — Venezia, 1753. In-4.

2925. — Napoli, 1763. In-4.

2926. Seri degli uomini i piu illustri nella pittura, scultura ed architettura, con i loro elogi e ritratti incisi in rame. Firenze, 1769-1775. 12 vol. in-4, fig.

2927. Supplemento alla serie dei trecento elogi ed ritratti degli uomini i piu illustri in pittura, scultura e architettura, o sia Abecedario pittorico dall' origine delle belle arti a tutto l'anno 1775. Firenze, 1776. 2 parties, in-4.

2928. Abecedario de P. J. Mariette et autres notes inédites de cet amateur sur les arts et les artistes, ouvrage publié d'après les manuscrits autographes, conservés au cabinet des estampes de la Bibliothèque Impériale et annoté par MM. Phil. de Chennevières et Anat. de Montaiglon. Paris, 1851-1862. 6 vol. in-8.

2929. Vite de' pittori, scultori ed architetti moderni, scritte... da Lione Pascoli. Roma, 1730, 2 vol. in-4.

2930. Dictionnaire des artistes, par l'abbé de Fontenai. Paris, 1767-1777. 2 vol. in 12.

2931. — Paris, 1782. 2 vol. in-8.

2932. Fuessli (J. R.). Allgemeines Künstler-lexicon. Erster Band. A. Z. Zurich, 1771-1779. in-fol. et aussi : nouvelle édition (sans changements). Zurich, 1811. In-f°.

29 3 — Fuessli (H. H.). IIer Band und Zusätze von 1780-1805. Abth. 1-12 (le 7e cahier a un supplément). Zurich, 1806-1821. — Neue Zusätze oder IIe Suppl. Partie I. Zurich, 1824. 13 parties in-f°.

2934. Vite de' pittori, scultori ed architetti che hanno lavorato in Roma, morti dal 1631 sino al 1673 di G. B. Passeri. Roma, 1772. In-4.

2935. Gallerati (Francesco). Istruzione intorno alle opere de' pittori nazionali ed esteri, esposte in pubblico nella città di Milano, con qualche notizie degli scultori ed architetti ; parte prima. Milano, 1777. In-8.

2936. Kleines Künstler-lexikon, oder raisonnirendes Verzeichniss der vornehmsten Maler und Kupferstecher, von A. Elwert. Giesen, 1785. In-8.

2937. Vies des fameux architectes et sculpteurs, depuis la renaissance des arts, avec la description de leurs ouvrages, par M, D... (Dargenville). Paris, 1787. 2 vol. in-8.

2938. Allgemeines Künstler-lexicon, oder Lebensbeschreibung 223 berühmter Kunster, Maler, Kupferstecher, etc. Nebst Anzeige ihrer Werke. Augsbourg, 1797. 4 vol. in-8.

2939. Originalzüge aus dem Leben merkwürdiger Künstler. Budissin, 1797. In-8.

2940. Oswald (Christian Carl). Beiträge zu Künstlerbiographien. Leipzig, 1800. In-8.

2941. Willingen (Adriaan van der). Woordenboek der Kunstschilders.... Haarlem, 1816. In-8.

2942. A biographical and critical dictionary of painters and engravers from the revival of the art under Cimabue, and the alledged discovery of engraving by Finiguerra, to the present time. With the ciphers, monograms and marks, used by each engraver; and an ample list of their principal works. Together with indexes, and an account of the painters of antiquity by. Mich. Bryan. London, 1816. 2 vol. in-4, port.

2943. — Nouvelle édition, revue par George Stanley. London, 1853. In-4.

2944. Ticozzi (Stefano). Dizionario dei pittori.... dal rinnovamento delle belle arti fino al 1800. Milano, 1818. 2 vol. in-8.

2945. — Milano, 1830-1834. 4 vol. in-8, port.

2946. Elenco di Tutti gli pittori, scultori, architetti... esistenti in Roma l'anno 1824. Roma, 1824. In-32.

2947. Chronologische Uebersicht der berühmtesten Maler, von der Wiederherstellung der Kunst bis zum Ende des 18ten Jahrhunderts, nach den Schulen und nach Jahrhunderten eingetheilt; aus dem Französischen übersetzt... von Johann Christian Iken. Brême, 1824. 3 tableaux. in-folio.

2948. Elmes (James). The arts and artists or anecdotes and relics of the schools of painting, sculpture and architecture. London, 1824-1825. 3 vol. in-8, port.

2949. The Connoisseur's Repertorium, ora universal record of painters, engravers. sculptors and architects, by Thomas Dodd. Manchester, 1825. In-8.

2950. Neudörffer, (J.) Nachrichten von den vornehmsten Künstlern und Werkleuten, so innerhalb hundert Jahren in Nürnberg gelebt haben, 1546, nebst der Fortsetzung von A. Gulden 1660. (Herausgegeben von F. Campe.) Nuremberg, 1828. In-12, fig.

2951. Gould (J.). Biographical dictionary of painters, sculptors, engravers, and architects, from the earliest ages to the present times; interspersed with original anecdotes... with an appendix, and Reminiscences of eminent painters, by C. J. Nieuwenhuys. London, 1835. 2 vol. in-8.

2952. — Nouvelle édition. London, 1838. 2 vol. in-12.

2953. Neues allgemeines Künstlerlexicon, oder Nachrichten von dem Leben und den Werken der Maler, Bildhauer, Baumeister, Kupferstecher, etc.; bearbeitet von G. K. Nagler. Munich, 1835-52; 22 vol. in-8.

2954. Galerie des artistes, ou portraits des hommes célèbres dans la peinture, la sculpture, la gravure et la musique, pendant les trois siècles de la Renaissance. Paris, 1836, in-8, port.

2955. Furio (A.). Diccionario historico de los illustres professores de las bellas artes en Mallorca. Palma, 1839. In-16.

2956. Biografia degli artisti. Venezia, 1840. In-4. (La préface est signée F. de Boni).

2957. Marchese (P. L. Vinc.). Memorie dei piu insigni pittori, scultori, architetti Domenicani, con aggiunta di alcuni scritti intorno le belle arti. Firenze, 1845-1846. 2 vol. in-8, fig.

2958. — Seconda edizione. Firenze, 1854. 2 vol. in-12.

2959. Biographical and critical dictionary of painters, engravers, sculptors and architects, from ancient to modern times, by Shearjashub Spooner. New-York, 1853. In-12.

2960. Brunn (Dr H.). Geschichte der griechischen Künstler. Brunswick, 1853. In-8.

2961. Müller. Die Künstler aller Zeiten und Völker oder Leben und Werke der berühmtesten Baumeister, Bildhauer, Maler.... von den frühesten Kunstepochen bis zur Gegenwart, fortgesetzt von Dr Klunzinger. Stuttgart, 1854-1861. 3 vol. in-8.

2962. Silvestre (Théophile). Histoire des artistes vivants, français et étrangers. Études d'après nature. Introduction et catalogues, par M. L. de Virmond. Paris, 1857. 11 part. In-8.

## II

### ARTISTES FRANÇAIS

2963. Dictionnaire des artistes de l'École française au XIXᵉ siècle : peinture, sculpture, architecture, etc.. par Gabet. Paris, 1831. In-8.

2964. Recueil des notices historiques, lues dans les séances publiques de l'Académie royale des beaux-arts, par A. Chr. Quatremère de Quincy. Paris, 1834. In-8.

2965. — Suite du recueil de notices historiques, lues dans les séances publiques de l'Académie royale des beaux-arts à l'Institut, par M. Quatremère de Quincy. Paris, 1837. In 8.

2966. Mémoires inédits sur la vie et les ouvrages des membres de l'Académie royale de peinture et de sculpture, par Dussieux, Soulié, de Chennevières, P. Mantz et A. de Montaiglon. Paris, 1854. 2 vol. in-8.

2967. Les artistes français à l'étranger, par Louis Dussieux. Paris, 1852. In-12.

2968. Les artistes français à l'étranger, recherches sur leurs travaux et sur leur influence en Europe, par Dussieux. Paris, 1856. In-8.

2969. Histoire des artistes du Gard, par Michel Nicolas. Nîmes, 1859. In-12.

2970. F. Halévy. — Souvenirs et portraits, études sur les Beaux-Arts. Paris, 1861. In-8.

2971. Artistes orléanais, peintres, graveurs, sculpteurs, architectes. — Liste sous forme alphabétique des personnages nés pour la plupart dans la province de l'Orléanais, suivie de documents inédits par H. H*** (Herluison). Orléans, 1863. In-8.

## III

### ARTISTES ITALIENS

2972. Le vite de più eccellenti architetti, pittori et scultori italiani, da Cimabue in sino a' tempi nostri, descritte in lingua toscana, da Giorgio Vasari, pittore Aretino... in Firenze 1550. 3 parties In-8.

2973. Le vite de' più eccellenti pittori, scultori e architettori, scritte da M. Giorgio Vasari, pittore et architetto Aretino, di nuovo dal medesimo riviste et ampliate con i ritratti loro e con l'aggiunta delle vite de' vivi, e de' morti dall' anno 1550 in sino al 1567. Fiorenza, 1568. 3 vol. In-4.

2974. — Bologna, 1647. 3 vol. In-4.

2975. Vite de' più eccellenti pittori scultori e architetti scritte da Giorgio Vasari, pittore e architetto Aretino corrette da molti errori e illustrate con note (da Giovanni Bottari) Roma 1759-1760. 3 vol. In-4 port.

2976. — Livorno. 1767-1772. 7 vol. in-4, fig.

2977. — Firenze. 1771. 7 vol. in-8.

2978. — Siena. 1791-1798. 11 vol. in-8.

2979. — Milano. 1807. 16 vol. in-8.

2980. — Firenze. 1822-1823. 6 vol. in-18.

2981. — Venezia. 1828. 20 vol. in-16.

2982. — Firenze. 1838. 2 vol. in-8, fig.

2983. — Firenze. 1846-1857. 13 vol. in-12.

Le 14ᵉ et dernier volume de cette excellente édition est attendu depuis longtemps avec impatience et devrait, si l'on en croit l'éditeur M. Lemonnier, paraître très-prochainement.

2984. Vies des peintres, sculpteurs et architectes les plus célèbres par Giorgio Vasari, peintre et architecte Arétin, traduites de l'italien (par Lebas de Courmont.)... Paris, 1803-1806. 3 vol. in-8, port.

Cette traduction n'a pas été continuée.

2985. Vies des plus célèbres peintres, sculpteurs et architectes, par Giorgio Vasari, traduites et annotées par Léopold Leclanché et commentées par Jeanron. Paris, 1839-1842. 10 vol. in-8, port.

2986. Les arts italiens en Espagne, ou histoire des artistes italiens qui contribuèrent à embellir les Castilles. Rome, 1825. In-fᵒ.

Cet ouvrage parut simultanément en français et en espagnol.

2987. Alcuni documenti artistici non mai stampati (1454-1565) Matteo Pasti e Leon Battista Alberti, — Benozzo Gozzoli, — Filippino Lippi, — Pietro Perugino, Alessandro Baldovinetti, — Domenico Lampsonio. Dedicati al Marchese Gino Capponi di Zanobi Bicchierai, Pratese. Firenze 1855. In-8.

Per le nozze della nob. Donzella Bianca Gentile Farinola Fiorentina col Nobil Giovanni Luigi Vaj. Pratese.

2988. Bassano. — Notizie intorno alla vita e alle opere de' pittori, scultori e intagliatori della città di Bassano, racc. da Giambattista Verci. Venezia, 1775; In-8.

2989. Bergamo. — Vite de pittori, scultori et architetti Bergamaschi, scritte da Francesco Maria Tassi. Bergamo, 1793. 2 vol. in-4.

2990. — Bergamo, 1797. 2 vol. in-4.

2991. Bologna. — Amorini (A. Bolognini). Vite dei pittori ed artefici Bolognesi. Bologna, 1841-1843. 2 vol. in-8.

2992. Città di Castello. — Istruzione storico-pittorica per visitare le chiese e palazzi di Città di Castello, colle memorie di alcuni artefici del disegno che in detta città fiorirono, compilate dal Cav. Giacomo Mancini. Perugia. 1837. In-8, port.

2993. Cremona. — Zaist (Giambattista). Notizie pittoriche de' pittori, scultori ed architetti Cremonesi, opera postuma data in luce da Anton. Maria Panni, con appendice d'altre notizie. col discorso d'Aless. Lamo, intorno alla scoltura e pittura, col parere di Bernard Campo sopra la pittura. Cremona, 1774. 2 vol. in-4.

2994. Este (États d'). — Gli Artisti italiani e stranieri negli stati Estensi. — Catalogo storico corredato di documenti inediti par G. Campori. Modena, 1855. in-8.

2995. Ferrara. — Catalogo istorico de' pittori e scultori Ferraresi, e delle opere loro, da Cesare Cittadella. Ferrara, 1782-1783. 4 parties en 2 vol. in-8, fig.

2996. Ferrara. — Vite de' pittori e scultori Ferraresi da G. Barufaldo. Ferrara. 1844-1846. 2 vol. in-8.

2997. Frioul. — Storia delle belle arti Friulane, scritta dal conte Fabio di Maniago. Udine, 1853. In-8, fig.

2998. Genova. — Le vite de' pittori, scultori et architetti Genovesi e de forestieri che in Genova operarono con alcuni ritratti, opere postumo di Raf. Soprani, aggiunta la vita dell' Autore, per op. di G. Nic. Cavana. Genova, 1674. In-4, fig.

2999. — Genova, 1768. 2 vol. in-4, fig.

5000. **Liguria**. — Notizie dei professori del Disegno in Liguria della fondazione dell' Accademia. Opera del Cav. Avv. Federigo Alizeri... Genova, 1864. In-8.

3001. **Mantoua**. — Memorie Biografiche poste in forma di dizionario dei pittori, scultori, architetti ed incisori Mantovani per la più parte sconosciuti, raccolte dal fu Dott. Pasquale Coddè. Mantoua, 1837. In-8.

3002. **Mantoua**. — Delle arti e degli artifici di Mantoua, notizie raccolte ed illustrate con disegni e con documenti di Carlo d'Arco. Mantoua. 1857-1858. 2 vol. in-4, fig.

3003. **Marca d'Ancona**. — Memorie storiche delle arti e degli artisti della Marca d'Ancona, del Marchese Amico Ricci. Macerata, 1834. 2 vol. in-8.

3004. **Messina**.— Memorie de' pittori Messinesi e degli esteri che in Messina fiorirono. Messina, 1821. In-8, fig.

3005. **Messina**. — Intorno le Belle arti, e gli artisti fioriti in varie epoche in Messina, ricerche di Carmelo la Farina. Messina, 1835. In-8.

3006. **Modena**.— Raccolta de' pittori, scultori et architetti Modenesi più celebri, ... per don Lodov. Vedriani da Modena. Modena, 1662. In-8.

3007. **Napoli**. — Vite de' pittori, scultori ed architetti Napolitani non mai date alla luce da autore alcuno, scritte da B. de Dominici. Napoli. 1742-1743. 3 vol. in-4.

3008. **Napoli**.— Grossi (Giamb. Genn.). Biografia degli uomini illustri nelle arti dipendenti dal disegno del regno di Napoli, ornata de' loro ritratti. Napoli, 1820. In-4.

3009. **Orvieto**. — Valle (della). Indice degli artefici impiegati nel duomo d'Orvieto. Roma, 1791. In-4, fig.
Extr. de la Storia di quel duomo.

3010. **Perugia**. — Vite de' pittori, scultori ed architetti Perugini, da Lione Pascoli. Roma, 1732; in-4.

3011. **Siena**. — Documenti per la storia dell'arte Senese, raccolti ed illustrati da C. Milanesi. Siena, 1854-1856. 3 vol. in-8.

3012. **Treviso**. — Memorie Trevigiane sulle opere di disegno, da Fr. Dom. Maria Federici. Venezia, 1803. 2 vol. in-4.

3013. **Urbino**. — Lazzari (archipr. D. Andrea). Dizionario storico degli illustri professori delle belle arti della città d'Urbino. Urbino, 1800. In-4.

3014. **Venezia**. — Vite dei più celebri architetti, e scultori Veneziani che fiorirono nel secolo XVI, scritte da Tommaso Temanza. Venezia, 1778. 2 vol. in-4.

3015. **Verona**. — Pozzo (Fr. Bartolomeo Conte dal). Le vite de' pittori, degli scultori, et architetti Veronesi : con la narrativa delle pitture e sculture, che s'attrovano nelle chiese, case e altri luoghi publici e privati di Verona e suo territorio. Verona. 1718. In-4.

## IV

ARTISTES ALLEMANDS, SUISSES, DANOIS, NORWÉGIENS, SUÉDOIS ET POLONAIS.

3016. Meusel (J. G.) Teutsches Künstler-lexikon, nebst einem Verzeichniss schenswürdiger Bibliotheken, Kunstsammlungen, etc., in Teutschland. Lemgo, 1778-1789. 2. vol. in-8.

3017. — 2° édition augmentée. Lemgo, 1808-1809. 3 vol. in-8.

3018. Neu-Mayr. Artisti Alemanni, dalla lettera A alla D inclus. Venezia, 1819. 2 vol. in-8.

3019 Nilson(Christoph Andreas). Ueber deutsche Kunst, oder biographisch-technische Nachrichten von den vorzüglichsten Meistern in der Malerei, dem Kupferstechen und der Formschneidekunst. Augsb., 1833. In-8.

3020. Raczyncki (Le comte A.). Dictionnaire d'artistes, pour servir à l'histoire de l'art moderne en Allemagne. Berlin, 1842. In-8.

3021. **Augsbourg**. — Sletten (Paul, van). Nachricht von den noch jetzt lebenden Künstlern in Augsburg. Augsbourg, 1768. In-4.

3022. **Augsbourg**. — Sletten (Paul, van). Kunst-, Gewerbs- und Handwerksgeschichte der Reichstadt Ausburg. Augsbourg, 1779-1788. 2 vol. in-8.

3023. **Bamberg**. — Jaeck (Heinrich Joachim). Leben und Werke der Künstler Bambergs. Erlangen, 1821-1822. 2 vol. in-8. fig.

3024. **Bavière**. — Lipowsky (F. J.). Baierisches Künstler-lexikon. München, 1810. 2 vol. in-8. front.

3025. — Seconde édition. Munich, 1818. 2 vol. in-8.

3026. **Bohême**. — Allgemeines historisches Künstler-lexicon für Böhmen und zum Theil auch für Mähren und Schlesien, gesammelt und bearbeitet von Gottfried Johann Dlabacz. Prague, 1815. 2 vol. in-4.

3027. **Cologne**. — Kunst und Künstler in Köln. — I. Nachrichten von dem Leben und Werken kölnischer Künstler. — II. Die Meister der Altkölnischen Malerschule... von Joh. Jac. Merlo. Cologne, 1850-1852. 2 vol. in-8, fig.

3028. **Danemark. Norwége.** — Maler-Billedhugger-Kobberstik - Bygnings og Stempelskiocrer Kunstens Historie, i Kongerigern Danmark og Norge, of Niels Henrich Weinwich. Copenhague, 1811. In-8.

3029. **Danemark. Norwége. Suède.** — Dansk, Norsk og Suensk Kunstner-lexicon af N. H. Weinwich. Copenhague, 1829. In-8,

3030. **Düsseldorf.** — Königswinter(W. M. von). Düsseldorfer Künstler aus den letzten fünfundzwanzig Jahren. Leipzig, 1854. In-8.

3031. **Francfort-sur-le-Mein.** — Kunst und Künstler in Francfurt am Main vom dreizehnten Jahrhundert bis zur Eröffnung des Städel'schen Kunstinstituts von Friedrich Swinner. Francfurt, 1862. In-8.

3032. **Munich.** — Artistisches München im Jahre 1835, oder Verzeichniss gegenwärtig in Baierns Hauptstadt lebender Architekten, Bildauer, Tondichter, Maler, Kupferstecher, Lithographen, etc., aus den von ihnen selbst entworfenen oder revidirten Artikeln zusammengestellt, etc. Herausgegeben von A v. Schaden. München, 1836. In-8.

3033. **Nuremberg.** — Doppelmayr(J. G.). Historische Nachricht von den Nürnbergischen Mathematicis und Künstlern... Nuremberg, 1730. In-f°.

3034. **Nuremberg.** — Geschichte der Nürnbergischen Maler - Akademie. zum Gedächtniss ihrer hundertjährigen Dauer entworfen. Altdorf, 1762. In-4.

3035. **Nuremberg.** — Die Nürnbergischen Künstler, geschildert nach ihrem Leben und ihren Werken. Nuremberg, 1822-1830. 4 livr. in-4°.

3036. **Pologne.** — Notizie di medici, maestri di musica e cantori, pittori, architetti, scultori ed altri artisti in Polonia e Polacchi in Italia, raccolte da Sebastiano Ciampi. Lucca. 1830. In-8.

3037. **Salzbourg.** — Pilwein (Benedict). Biographische Schilderungen, oder Lexicon Salzburgischer, theils verstorbener, theils lebender Künstler. Salzbourg, 1821. In-8.

3038. **Suisse.** — Geschichte der besten Künstler in der Schweiz, von J. Gasp. Fuessli. Zurich, 1755-1766. 2 vol. in-8. Port.

3039. — Deuxième édition. Zurich, 1769-1779. 5 vol. in-8. Port.

3040. **Tirol.** — Lemmen (Jacob van). Tirolisches Künstler-lexicon, oder kurze Lebensbeschreibung jener Künstler, welche geborene Tiroler waren, oder in Tirol sich aufgehalten haben. Inspruck, 1830. In-8.

3041. **Ulm.** — A Weyermann. Neue historisch - biographisch - artistische

Nachrichten von Gelehrten und Künstlern... aus der vormaligen Reichstadt Ulm. Stettin, 1829. In-8.

V

## ARTISTES BELGES ET HOLLANDAIS

3042. Het Gulden Cabinet vande edel vry Schilder const inhoudende den lof van de vermarste Schilders, Architecten, beldthowers van dese eerw dor Corn. de Bie nots totlier. Anvers, 1661. In-4, fig.

3043. Houbraken (A.). De groote Schouburgh der Nederlantsche Konstschilders en Schilderessen, etc. (de 1476 à 1613). Amsterdam, 1718. 3 vol. in-8.

3044. — 2ᵉ édition. La Haye, 1753. 3 vol. in-8, fig.

3045. De levens Beschryvingen der Nederlandsche Konstschilders en Konstschilderessen, met een uytbreyding over der Schilderkonst der Ouden, door J. Campo Weyerman, Konstschilder. La Haye, 1729-1769. 4 vol. in-4, fig.

3046. De nieuwe Schouburg der Nederlandsche Konstschilders en Schilderessen; door Johan Van Gool. La Haye, 1750. 2 vol. in-8. port.

3047. Mander. Leven der Nederlandsche en Hoogduitsche Schilders, door de Jongh. Amsterdam, 1764. 2 vol. in-8, fig.

3048. Histoire des peintres des Pays-Bas, depuis le milieu du quinzième siècle, par Roland van Eynden et Adrien van der Villigen. Harlem, 1816-1840. 4 vol. in-8. (en Hollandais).

3049. Annalen der Niederländischen Malerei und Kupferstecherkunst, von Rubens Abreise nach Italien his Rembrants Tod, von Georg Rathgeber. Gotha, 1839. In-fᵒ.

3050. De Levens en Werken der Hollandsche en Vlaamsche Konstschilders, Beeldhouwers, Graveurs en

Bouwmeesters, van het begin der vijftiende eeuw tot heden door J. Immerzeel Jᵒʳ... uitgegeven door M. C. H. Immerzeel en C. Immerzeel. Amsterdam, 1842-1843. 3 vol. in-8. Port.

3051. — Seconde édition. Amsterdam, 1855. 3 vol. in-8.

3052. Baert (Philippe). Mémoires sur les sculpteurs et architectes des Pays-Bas, publiés par Frédéric-Auguste-Ferdinand-Thomas de Reiffenberg, s. l. n. d. (Bruxelles, 1847). In-8.

*Extr. des Bulletins de la Commission royale d'histoire en Belgique.*

3053. Die Malerschule Hubert's van Eyck, nebst deutschen Vorgängern und Zeitgenossen. Offentliche Vorlesung, gehalten von H. G. Hotho. Berlin, 1855-1858. 2 vol. in-8.

3054. Les Artistes belges à l'étranger. Etudes biographiques, historiques et critiques, par E. Fetis. Bruxelles, 1857-1865. 2 vol. in-8.

3055. De Levens en Werken der Hollandsche en Vlaamsche Konstschilders, Beeldhouwers, Graveurs en Bouwmeesters, van den vroegsten tot op onzen tijd; door Christiaan Kramm. Amsterdam, 1864. In-8. Port.

3056. **Bruges.** Galerie d'artistes brugeois ou biographie des peintres, sculpteurs et graveurs célèbres de Bruges, par Oct. Delepierre. Bruges, 1840. In-8.

VI

## ARTISTES ANGLAIS

3057. Cunningham (A.). The Lives of the most eminent british Painters, Sculptors and Architects. London, 1830-1831. 6 vol. in-12.

3058. Hamilton (G.). Gallery of British Artists, from the Days of Hogarth to the present Time... Paris, 1839. 4 vol. in-8.

3059. Thornbury (W.). British artists from Hogarth to Turner, being a series of biograph. sketches. London, 1860. 2 vol. in-8.

3060. — Deuxième édition. London, 1861. 2 vol. in-8.

## VII

### ARTISTES ESPAGNOLS ET PORTUGAIS

3061. An account of the Lives and Works of the most eminent Spanish Painters, Sculptors and Architects, and where their several performances are to be seen. Translated from the musaeum Pictorium of Palomino Velasco. London, 1759. In-8.

3062. Las vidas de los pintores y estatuarios eminentes Espanoles, por Ant. Palomino Velasco. London, 1742. In-8.

3063. Histoire abrégée des plus fameux peintres, sculpteurs et architectes espagnols, traduit de l'espagnol de D. Ant. Palomino Velasco. Paris, 1749. In-12.

3064. Diccionario historico de los mas illustres professores de las bellas artes en Espana, compuesto por Juan Agustin Cean Bermudez. Madrid, 1800. 6 vol. in-8.

3065. Stirling (W.). Esq. Annals of the artists of Spain. London, 1848. 3 vol. in-8. Port.

3066. Des arts et des artistes en Espagne jusqu'à la fin du dix-huitième siècle, par E. Laforge. Lyon, 1859. In-8.

3067. **Portugal**. Dictionnaire historico-artistique du Portugal, par le comte A. Raczynski. Paris, 1847. In-8.

Le même auteur a publié également l'ouvrage suivant dans lequel se trouvent des renseignements biographiques sur les artistes portugais: *Les arts en Portugal, lettres adressées à la Société artistique de Berlin, et accompagnées de documents....* Paris. 1846 in-8.

## II

### BIOGRAPHIES DES PEINTRES.

#### I

### GÉNÉRALITÉS

3068. Vite de' pittori antichi scritte da Carlo Dati. Firenze, 1667. In-4.

3069. — Milano, 1806. In-8. Port.

3070. Dissertations sur les ouvrages des plus fameux peintres avec la description du cabinet de Mgr le duc de Richelieu et la vie de Rubens (par Roger de Piles). Paris, 1681. In-8.

3071. Abrégé de la vie des peintres, avec des réflexions sur leurs ouvrages et un traité du peintre parfait, de la connaissance des desseins, et de l'utilité des estampes (par Roger de Piles). Paris, 1699. In-8.

3072. — Paris, 1715. In-12.

3073. — Amsterdam et Paris, 1767. In-12.

3074. Historie und Leben der berühmtesten Europäischen Maler, so sich durch ihre Kunststücke bekannt gemacht, samt Reflexions darüber, etc., wobei auch der Nutzen und Gebrauch der Kupferstiche, etc., von R. de Piles (traduction allemande par Paul Jacob Marperger). Hambourg, 1710. In-8.

3075. Ritratti di alcuni celebri pittori del secolo XVII, disegnati e intagliati in rame dal cavaliere Ottavio Lioni... con le vite de' medesimi... scritte da G. P. Bellori. Roma, 1731. In-4. Port.

3076. Tables historiques et chronologiques des plus fameux peintres anciens et modernes, par Ant.-Fréd. Harms. Brunswick, 1742. In-f°.

3077. — Seconde édition. Brunswick, 1750. In-f°.

3078. Abrégé de la vie des plus fameux peintres, avec leurs portraits, les indications de leurs principaux ouvrages, quelques réflexions sur leurs caractères et la manière de connaître les dessins et les tableaux des grands maîtres, par A. J. Dezallier Dargenville. Paris, 1745-1752. 3 vol. in-4.

3079. Abrégé de la vie des plus fameux peintres, avec leurs portraits gravés en taille-douce, les indications de leurs principaux ouvrages... et la manière de connaître les dessins et les tableaux des grands maîtres, par M*** des sociétés royales des sciences de Londres et de Montpellier (Dezallier d'Argenville). Paris, 1752. 4 vol. in-8.

3080. D'Argenville (A. J. Dezallier). Leben der berühmtesten Maler, nebst Anmerk. über ihren Charakter, der Anzeige ihrer vornehmsten Werke und einer Anleit. die Zeichnungen und Gemälde grosser Meister kennen zu lernen. Aus dem Franz. übersetzt von Dr J. J. Volkmann. Leipzig, 1767-1768. 4 vol. in-8.

3081. Tooneel der uitmuntende Schilders van Europa (enthaltend italienische Maler), verrykt met hunne afbeeldzels in fraaije Konstplaaten (vom Maler P. C. La Fargue geätzt) uit het Fransch vertaald verbeterd en grootelyks vermeerderd (door J. van Gool). La Haye, 1752. In-8.

Traduction de l'ouvrage de Dezallier Dargenville. C'est le seul volume qui ait paru.

3082. Catalogue raisonné des tableaux du Roi, avec un abrégé de la vie des peintres, par Lépicié. Paris, 1752, 2 vol. in-4.

3083. La vie des peintres flamands, allemands et hollandais, par J. B. Descamps. Paris, 1753-1763. 4 vol. in-8, fig.

La vie des peintres de Descamps mit, comme on le voit, dix ans à paraître, et lorsque le quatrième volume vit le jour, les deux premiers étaient épuisés. Ch. Ant. Jombert qui était l'éditeur de cet ouvrage, fit réimprimer les deux premiers volumes. On reconnaît la bonne édition aux épreuves des portraits qui

sont beaucoup meilleures et à un signe matériel plus aisé à constater; dans la bonne édition les lettres initiales gravées sur bois sont enchâssées dans des petits ornements; dans l'édition suivante ces mêmes lettres sont isolées.

3084. Voyage pittoresque de la Flandre et du Brabant, par J. B. Descamps. Paris, 1769. In-8, fig.

Ce volume se réunit d'ordinaire à l'ouvrage précédent.

3085. La vie des peintres flamands et hollandais, par Descamps, réunie à celle des peintres italiens, par d'Argenville. Marseille, 1840. 5 vol. in-8. port.

3086. Pilkington's (M.). Dictionary of painters, extracted from the most authentic writers who have treated on the subject of painting, in latin, italian, spanish, english, french and low dutch, to which are added two Catalogues of the disciples, of the most famous masters, and of those painters, who imitated the works of the eminent masters so exactly, as to have their copies frequently mistaken for originals. London, 1770. In-4.

3087. The Gentleman's and Connoisseur's Dictionary of painters, by Pilkington; a new edit, with supplement. London, 1798. In-4.

3088. A. Dictionary of painters, from the year 1250 to 1767 by the rev. M. Pilkington. London, 1805. In-4.

3089. Pilkington (M. A.). General Dictionary of painters... from the revival of art of painting by Cimabue, to the present Time. New edition. London, 1824. 2 vol. in-8.

3090. A General Dictionary of Painters : containing Memoirs of the lives and works of the most eminent Professors of the art of Painting, from its revival, by Cimabue, in the year 1250, to the present time, by Matthew Pilkington, A. M. A new edition, revised and corrected throughout, with numerous additions, particularly of the most distinguished artists of the British School. London, 1829. 2 vol. in-8.

3091. A general Dictionary of Painters by M. Pilkington. A new edition, corrected and revised, with an introduction, hist. and crit. and 26 new lives of artists of the british School, by A. Cunningham. London, 1840. In-8.

3092. A general Dictionary of painters, containing Memoirs of the lives and works of the most eminent professors of the art of painting... by Matthew Pilkington... with an introduction by Allan Cunningham. A new edition, corrected and revised by R. A. Davenport. London, 1852. In-8, port.

3093. Extrait des différents ouvrages publiés sur la vie des peintres, par M. P. D. L. F. (Papillon de la Ferté). Paris, 1776. 2 vol. in-8, fig.

3094. Biographical Memoirs of extraordinary painters, by William Beckford. London, 1780. In-8.

3095. Abrégé de la vie des peintres, dont les tableaux composent la galerie de Dresde, avec les détails de tous les tableaux. Dresde, 1782. In-8.

3096. Vite dei pittori Antichi Greci e Latini, compilate dal P. M. Guglielmo della Valle. Siena, 1795. In-4. fig.

3097. Observations sur quelques grands peintres, par Taillasson. Paris, 1807, In-8.

3098. Alexandre. Abrégé de la vie des peintres, des écoles allemande, flammande, etc. Bruxelles, 1807. In-8.

3099. Künstler Gallerie, oder Biographien und Characterschilderungen berühmter Maler, etc. Zurich, 1807. In-8, port.

3100. Galerie des peintres célèbres, avec des remarques sur le genre de chaque maître, par E. Lecarpentier. Rouen et Paris, 1810-1821. 2 vol. In-8.

3101. Reynolds (sir J.). Characters of the most celebrated painters in Italy. (With Life of Raphaël). London, 1816. In-8.

3102. Handbuch für Gemäldesammler und diejenigen welche Gemäldegallerien besuchen, oder Lexicon der Maler und der Malerei... Quedlinburg, 1824. In-8.

3103. Winckelmann (ludwig van). Neues Maler-Lexicon, zur nahern Kenntniss alter und neuer guter Gemälde ; herausgegeben von Joseph Heller. Augsbourg, 1830. In-8.

3104. Boye (Fredrik). Mälare-lexicon til begagnande säsom Handbook for Konstidkare och Taflesamlare. Stockholm, 1833. In-8, port.

3105. Neues Maler-lexikon, zum Handgebrauch für Kunstfreunde nebst Monogrammen. Herausgegeben von F. Campe. Nurnberg, 1833. In-12.

3106. A Review of the lives and works of some of the most eminent painters: with remarks on the opinions and statements of former writers, by C. J. Nieuwenhuys. London, 1834. In-8.

3107. Biographical memoirs of extraordinary painters, by the author of «Vathek» (Backford). London, 1834. In-12.

3108. Smith (J.). A catalogue raisonné of the works of the most eminent Dutch, Flemish, and French painters; with a copious description of their principal pictures, a reference to the galleries and private collections in which they are contained, names of their engravers, etc., with a supplement. London, 1839-1842. 9 vol. in-8.

3109. R. von Rettberg. Chronologische Tabelle der Maler seit Cimabue's Zeiten bis zum Jahre, 1840. Hanover, 1841. 13 planches in-folio.

3110. Histoire des peintres de toutes les écoles, depuis la Renaissance jusqu'à nos jours. Texte par M. Charles Blanc et par divers écrivains spéciaux. Illustrations par les plus habiles artistes dessinateurs et gra-

— 138 —

veurs ..Paris, Renouard, juillet 1849-1866. In-4.

> École française. 3 vol. (152 livr.)
> École hollandaise. 2 vol. (102 liv.).
> École flamande. 1 vol. (61 livr.).
> Ecole anglaise. 1 vol. (33 livr.).
> École espagnole, 8 livr.
> École italienne, 93 livr.
> École allemande, 14 livr.

3111. Dictionnaire historique des peintres de toutes les écoles, depuis les temps les plus reculés jusqu'à nos jours..., par Adolphe Siret. Bruxelles et Leipzig, 1848. In-4.

3112. — Deuxième édition. Bruxelles, 1862-1866. In-8.

3113. Modern painters, by John Ruskin. London, 1853-1860. 3 vol. in-8.

3114. Heinrich (F. O.). Leben und Werke der Berühmtesten Maler aller Zeiten und Länder. Berlin, 1854. In-8,

Le second titre porte : Die berühmtesten Maler der Italianischen Schule.

3115. Timbs (J.). Anecdote biography. Hogarth, Reynolds, Gainsborough, Fuseli, Lawrence, and Turner. London, 1860. In-8.

II

## PEINTRES FRANÇAIS

3116. Vies des premiers peintres du Roi, depuis Le Brun jusqu'à présent (par Lépicié). Paris, 1752. 2 vol. in-12.

3117. Les trois siècles de la peinture en France, ou Galerie des peintres français, depuis François Ier jusqu'au règne de Napoléon, par Gault de Saint-Germain. Paris, 1808. In-8.

3118. Recherches sur la vie et les ouvrages de quelques peintres provinciaux de l'ancienne France, par de Pointel Chennevières. Paris, 1847-1865 4 vol. in-8, fig.

3119. La peinture française au XIXe siècle. — Les chefs d'école, David, Gros, Géricault, Decamps, Meissonnier, Ingres, H. Flandrin, E. Delacroix, par Ernest Chesneau. Paris, 1862. In-12.

III

## PEINTRES ITALIENS

3120. Memoirs of the early Italian Painters, and of the progress of painting in Italy, from Cimabue to Bassano. London, 1845, 2 vol. in-8.

3121. — Seconde édition. London, 1858. 2 vol. in-8.

3122. — Troisième édition, revised throughout by the Author, with much additionnal matter. London, 1859. 2 vol. in-8.

3123. Études sur le génie des peintres Italiens, par M. Antoine Fleury. Lyon et Paris, 1845. In-12.

3124. Biographical catalogue of the Principal Italian painters...by a Lady. Edited by Ralph Wornum. London, 1855 In-8.

3125. Synoptische Tabellen der vorzüglichsten Maler der Italienischen Schulen ausgefuhrt von L Weyssenhoff. Dresden, 1864. In-8.

3126. **Bologna**. — Felsina pittrice, vite de pittori Bolognesi, da C. C. Malvasia. Bologna, 1678. 3 vol. in-4, fig.

Le tome III de cet ouvrage porte le le titre suivant : *Vite di pittori Bolognesi non descritte nella Felsina pittrice,* da Luigi canonico Crespi. Roma, 1769. In-4. fig.

3127. Osservazioni sopra il libro della *Felsina pittrice,* per difesa di Rafaello da Urbino, dei Caracci, e delle loro scuola, pubblicate e divise in sette lettere da D. Vincenzo Vittoria... Roma, 1703. In-8.

3128. Lettera familiari scritte ad un amico in difesa del conte Carlo Cesare Malvasia, autore della *Felsina pittrice,* da G P. Cavazzoni Zanotti. pittore. Bologna, 1705. In-12.

3129. Dialoghi di un amatore della verità scritte in difesa del terzo tomo della *Felsina pittrice*. Bologna, 1770. In-4.

3130. Lettere di Giov. Lodov. Bianconi sopra il libro del Crespi intitolato tomo terzo della *Felsina pittrice*, Milano, 1802. In-8. fig.

3131. Malvasia (Car. Cor.). *Felsina pittrice*. Vite dei pittori Bolognesi, con aggiunte, correzioni e note inedite dell' autore medesimo e di G. P. Zanotti a di altri scrittori viventi con gli oposculi pubblicati contra ed a favore di questa opera. Bologna, 1841. 2 vol. in-8.

3132. **Frioul**. — Della pittura Friulana saggio istorico, del conte Girolamo de' Renaldis. Udine, 1798. In-4.

3133. **Lendinara.**— Del genio de' Lendinaresi per la pittura e di alcune pregevoli pitture di Lendinara (di P. Brandolese). Padoua, 1795. In-8.

3134. **Messina**. — Hackert (Filippo). Memorie de' pittori Messinesi, scritte da Gaetano Grano. Napoli, 1792. In-4.

3135. — Seconde édition. Messina, 1821. In-8.

3136. **Perugia**. — Memorie de' pittori Perugini, del secolo XVIII, compilate da B. Orsini. Perugia, 1802. In-4.

3137. — Seconde édition. Perugia, 1806. In-8.

3138. **Siena**. — Le pompe Sanesi, overó Relazione degli huomini e donne illustri da Siena (col catalogo e vite dei pittore Senesi), scritta da Isidoro Ugurgieri Azzolini. Pistoja, 1649. 2 v. in-4.

3139. **Venezia**. — Le maraviglie dell' arte, overó le vite degl' illustri pittori Veneti, e dello stato ; descritte dal cavaliero Carlo Ridolfi. Venezia, 1648. 2 part. in-4, fig.

3140. — Padoua, 1835-1837. 2 vol. in-8.

3141. **Venezia**. — Longhi (Alessandro). Compendio delle vite de' pittori Veneziani istorici i piu rinomati del presente secolo, con suoi ritratti tirati dal naturale. Venezia, 1762. In-folio, fig.

## IV

### PEINTRES RUSSES ET POLONAIS

3142. Histoire des peintres et de la peinture en Russie, par A. N. Andrews. Saint-Pétersbourg, 1857. In-8 (en russe).

3143. Slownick Malarzow Polskich... (Dictionnaire biographique des peintres polonais et artistes étrangers établis en Pologne), par Édouard Rastawiecki. Warschau, 1850-1857. 3 vol. in-8, port.

## V

### PEINTRES BELGES ET HOLLANDAIS

3144. Balkema (C. H.). Biographie des peintres flamands et hollandais qui ont existé depuis Jean et Hubert Van Eyck jusqu'à nos jours. Gand. 1844. In-8.

3145. The early Flemish Painters : Notices of their lives and works by J. A. Crowe and G. B. Cavalcaselle. London, 1857. In-8.

3146. Les anciens peintres flamands, leur vie et leurs œuvres, par J. A. Crowe et G. B. Cavalcaselle, traduit de l'anglais par O. Delepierre... annoté et augmenté de documents inédits par Alex. Pinchart et Ch. Ruelens. Bruxelles. 1862.— 1865. 2 vol. in-8.

3147. **Bruges**. — Les peintres Brugeois, par Alf. Michiels. Bruxelles, 1846 ; in-12.

3148. **Gand**. — Recherches sur les peintres Gantois des xiv° et xv° siècles, indices primordiaux de l'emploi de la peinture à l'huile à Gand, par Edmond de Busscher. Gand, 1860. In-8, fig.

## VI

### PEINTRES ANGLAIS

3149. Anecdotes of painters who have resided or been born in England with critical remarks on their productions, by Edward Edwards. London, 1808. In-4, portr.

## VII

### PEINTRES ESPAGNOLS

3150. Cumberland (R). Anecdotes of éminent painters in Spain during the 16 th and 17 th Centuries, with cursory remarks upon the present state of arts in that Kingdom. London, 1782. 2 vol. in-16.

3151. Dictionnaire des peintres espagnols, par F. Quilliet. Paris, 1816. in-8.

3152. Dictionary of Spanish painters... from the XIVth to the XVIIIth century, by A. O'Neill. London, 1833-1834. 2 vol. in-8, fig.

3153. Notices sur les principaux peintres de l'Espagne, par Louis Viardot. Paris, 1839. In-8.

3154. Vie complète des peintres espagnols, par Et. Huard. Paris, 1839-1841. 2 vol. in-8.

3155. Les peintres espagnols; études biographiques et critiques sur les principaux maîtres anciens et modernes, par Charles Gueulette. Paris, 1863. In-18.

## III

## BIOGRAPHIES DES SCULPTEURS

3156. Memorie degli intagliatori moderni in pietre dure, cammei, e gioje, dal secolo XV fino al secolo XVIII, da Giulianelli. In Livorno, 1753. In-8.

3157. — Seconde édition. Venezia, 1753. In-4.

3158. Tuscan Sculptors : Their Lives, Works and Times, by Ch. Perkins. London, 1865. 2 vol. in-4, fig.

## IV

## BIOGRAPHIES DES ARCHITECTES

3159. Recueil historique de la vie et des ouvrages des plus célèbres architectes, par Félibien. Paris, 1687. In-4.

3160. — Amsterdam, 1706. In-12.

3161. — London, 1706. In-12.

3162. Milizia. Le vite dei più celebri architetti d'ogni nazione, e d'ogni tempo; precedute da un Saggio sopra l'architettura. Roma, 1768. In-4.

3163. — Traduction anglaise by Mrs. E. Cresy. London, 1826. 2 vol. in-8.

3164. Milizia. Memorie degli architetti antichi e moderni. Parma, 1781. 2 vol. in-8.

3165. — Bassano, 1785. 2 vol. in-8.

3166. — Parma, 1787, 2 vol. in-8.

3167. — Bologna, 1827. 2 vol. in-8.

3168. Vies des architectes anciens et modernes qui se sont rendus célèbres chez les différentes nations, traduits de l'italien, par M. Pingeron. Paris, 1771, 2 vol. in-12.

3169. Quatremère de Quincy (A. Ch.). Histoire de la vie et des ouvrages des plus célèbres architectes du XIe siècle jusqu'à la fin du XVIIIe siècle. Paris, 1830. In-8.

3170. — Traduit en allemand, par Frédéric Heldmann. Darmstadt, 1831. 2 vol. in-8.

3171. Notice historique sur la vie et les ouvrages de quelques architectes français du XVIe siècle, par Callet père. Paris, 1842. In-8, fig.

3172. — 2e édition. Paris, 1843. In-8, fig.

3173. Les grands architectes français de la Renaissance, P. Lescot, Ph. de l'Orme, J. Goujon, J. Bullant, les Ducerceau, les Metezeau, les Chambiges,... par Adolphe Berty. Paris, 1860. In-8.

## V

## BIOGRAPHIES DES GRAVEURS

3174. Le peintre-graveur, par Adam Bartsch. Vienne, 1803-1821. 21 vol. in-8 et un atlas in-4.

3175. Suppléments au *Peintre-graveur* de Adam Bartsch, recueillis et publiés, par R. Weigel. Leipzig, 1843. In-12.

3176. Zusätze zu Adam Bartsch's le *Peintre-graveur*, von Joseph Heller. Bamberg, 1844. In-12.

3177. Zusätze zu Adam Bartsch's, le *Peintre-graveur*, von Jos. Heller. Nuremberg, 1854. In-12.

3178. Dictionnaire des artistes dont nous avons des estampes, par le baron de Heineken. Leipzig, 1778–1780. 4 vol. in-8. Front.

L'impression de ce dictionnaire s'est trouvée interrompue par la mort de Heineken à la lettre *Diz*; le manuscrit de l'auteur existe à la bibliothèque de Dresde.

3179. A biographical Dictionary containing an historical account of all the engravers... ; by Joseph Strutt. London, 1785. 2 vol. in-4, fig.

3180. Ottley (Will. Young). Notices of engravers and their works, being the commencement of a new Dictionary, which it is not intended to continue containing some account of upwards of three hundred masters, with more complete catalogues of several of the more eminent than have yet appeared and numerous original notices of the performances of other artists hitherto little known. London, 1831. In-8.

3181. Dictionnaire des graveurs anciens et modernes, par F. Basan, 1767. 3 vol. in-12.

3182. — Deuxième édition. Paris, 1789. 2 vol. in-8, fig.

3183. — Troisième édition. Paris, 1809. 2 vol. in-8, fig.

Cette édition diffère fort peu de la précédente. On s'est contenté seulement de changer le titre, et d'intercaler au commencement la notice historique de Choffard sur l'art de la gravure en France.

3184. Dictionnaire des graveurs anciens et modernes, par Basan. Bruxelles, 1791. 3 vol. in-12

3185. Notizie istoriche degl'intagliatori. Opera di Gio. Gori Gandellini, Sanese. Siena, 1771. 3 vol. in-8.

3186. — Nouvelle édition. Siena, 1771-1816. 15 vol. in-8.

3187. A Chronological Series of engravers from the invention of the art to the beginning of the present century. Cambridge, 1770. In-8.

3188. Le Peintre-graveur français.,. par Robert Dumesnil. Paris, 1835-1865. 9 vol. in-8.

3189. Le Peintre-graveur français continué, par M. Prosper de Baudicour. Paris, 1859. 2 vol. in-8.

3190. Artistes graveurs en taille-douce, XIXe siècle. Extrait de la taille-douce en 1857, par Léon Tacquenet et Felix Hadingue. (Paris, 1857.) In-8.

3191. Iconographie lilloise. Graveurs et amateurs de Lille, par Arthur Dinaux. Valenciennes (1841). In-8. fig.

Extr. des *Archives du nord de la France et du midi de la Belgique.*

3192. Recherches sur quelques artistes Lorrains. Claude Henriet, Israel Silvestre et ses descendants, par Ed. Meaume. Nancy, 1852. In-8.

3193. Notice sur les artistes graveurs de la Champagne, lue dans la séance du 1er juillet 1857, par M. le baron Chaubry de Troncenord. Châlons, 1858. In-8.

Ce travail a donné naissance à la brochure suivante : *Un mot sur la gravure et cet art en Champagne* à propos de la brochure de M. le baron Chaubry de Troncenord, intitulée : *Notice sur les artistes graveurs de la Champagne*, par M. Max Sutaine. Reims 1860. In-8.

3194. Di cinque valenti incisori Mantovani del secolo XVI e delle stampe da loro operate. Memoria di Carlo d'Arco. Mantoua, 1840. In-8.

3195. Intorno tre celebri intagliatori in legno Vicentini. Memoria di Giambatista Baseggio. Bassano, 1839. In-8.

3196. — Edizione seconda con emendazioni e giunte. Bassano, 1844. In-8.

3197. Lettera di Michel-Angelo Gualandi e risposta di Andrea Tessier intorno agli artisti Giov. Gherardini, Ugo da Carpi e Franc. Marcolini. Venezia, 1857. In-8.

3198. Anecdotes of painting in England by Horace Walpole. Strawberry-Hill, 1762-1771. 5 vol. in-4. port.

3199. — Seconde édition. Strawberry-Hill, 1765-1771. 5 vol. in-4. port.

3200. — Troisième édit. London, 1782. 5 vol. in-8, port.

3201. — Quatrième édition. 1786. 5 v. in-8, port.

3202. — Autre édition. London, 1794. In-8, port.

3203. — Autre édit., with considerable additions, by the Reverend J. Dallaway. 1826-1828. 5 vol. in-8, port.

3204. — Autre édit., by Raph. N. Wornum. 1849. 3 vol. in-8, port.

3205. Passavant (J. D.). Le peintre-graveur, contenant l'histoire de la gravure sur bois, sur métal et au burin, jusque vers la fin du XVIe siècle; l'histoire des nielles, avec complément de la partie descriptive de l'essai sur les nielles de Duchesne aîné, et un catalogue supplémentaire aux estampes des quinzième et seizième siècles du Peintre-graveur de Adam Bartsch. Leipzig, 1860-1864. 6 vol. in-8.

3206. Notice sur quelques graveurs Nancéiens du XVIIIe siècle et sur leurs ouvrages, par M. Beaupré. — Dominique Collin. — Y. D. Collin. — Hœrpin. Nancy, 1862. In-8, facsimile.

3207. Notices sur quelques artistes français, architectes, dessinateurs, graveurs du XVIe au XVIIIe siècle, par H. Destailleur. Paris, 1863. In-8.

3208. Der deutsche Peintre-graveur oder die deutschen Maler als Kupferstecher nach ihrem Leben und ihren Werken... von Andreas Andresen, unter Mitwirkung von Rud. Weigel. Leipzig, 1864-1805. 2 vol. in-8.

3209. Die deutschen Maler-Radirer (peintres-graveurs) des neunzehnten Jahrhunderts. Bearbeitet von Andreas Andresen. Leipzig, 1866. In-8.
Il n'a encore paru de cet ouvrage que la première livraison du premier volume.

# TABLE DES MATIÈRES

---

## I

# III

# IV

# V

PARIS. — IMP. SIMON RAÇON ET COMP., RUE D'ERFURTH, 1,

---

**LA GRAVURE FRANÇAISE AU SALON DE 1855.** Paris, 1855. In-12. . 1 fr.

**LE LIVRE DES PEINTRES ET GRAVEURS,** par MICHEL DE MAROLLES. Nouvelle édition. Paris, 1855. In-12.. . . . . . . . . . . . . . 5 fr.

**MÉMOIRES ET JOURNAL DE J. G. WILLE,** graveur du roi. Paris, 1857. 2 vol. in-8. . . . . . . . . . . . . . . . . . . . . 15 fr.

**LES GRAVEURS SUR BOIS CONTEMPORAINS.** Paris, 1857. In-8. . . . 2 fr.

**NOTICE SUR LA VIE ET LES TRAVAUX DE GÉRARD AUDRAN.** Paris, 1858, broch. in-8. (*Épuisé*).

**CATALOGUE DE L'ŒUVRE D'ABRAHAM BOSSE.** Paris. 1859. Gr. in-8. 10 fr.
Tirage à part, à très-petit nombre de la *Revue universelle des Arts.*

**LE DÉPARTEMENT DES ESTAMPES A LA BIBLIOTHÈQUE IMPÉRIALE.** Paris, 1860. In-8. . . . . . . . . . . . . . . . . 2 fr.
Extrait de la *Gazette des Beaux-Arts.*

**HISTOIRE DE LA GRAVURE EN FRANCE,** depuis l'origine jusqu'à la fin du XVIIIe siècle. Ouvrage couronné par l'Institut de France (Académie des beaux-arts). 1 vol. in-8 de plus de 400 pages.. . . . . . . . . . . . . . . . 8 fr.
Pour la France, 60 c. en plus par la poste.
Il a été tiré quelques exemplaires sur papier vergé dont le prix est de. . . . . . 15 fr.

**ESSAI DE BIBLIOGRAPHIE,** contenant l'indication des ouvrages relatifs à l'histoire de la gravure et des graveurs. Paris, 1862. In-8 de 48 pages. . . . . . . . 2 fr.

**ESSAI D'UNE BIBLIOGRAPHIE GÉNÉRALE DES BEAUX-ARTS.** — Biographies individuelles. —. Monographies. — Biographies générales. Paris, 1866. In-8 de 144 pages.

---

# CATALOGUE GÉNÉRAL

DES

# VENTES PUBLIQUES DE TABLEAUX ET ESTAMPES

## DEPUIS 1737 JUSQU'A NOS JOURS

CONTENANT :

1° Les prix des plus beaux Tableaux, Dessins, Miniatures, Estampes, Ouvrages à figures et sur les Arts ;

2° De Notes biographiques formant un Dictionnaire des Peintres et Graveurs les plus célèbres de toutes les Écoles ;

### Par M. P. DEFER

EN VENTE : Ire partie. ESTAMPES, 4 livraisons. } Prix de chaque livraison : 5 fr.
— IIe partie. TABLEAUX, 4 — }

Cet ouvrage contient, dans les huit livraisons déjà parues, les Biographies et le Catalogue des principales productions de plus de mille peintres et graveurs, classés sous les lettres A. B et C, ainsi que l'indication de plus de quinze cents ouvrages sur les Arts et Catalogues de ventes importantes.

**La quatrième livraison de chaque partie (TABLEAUX et ESTAMPES) vient de paraître.**

PARIS. — IMP. SIMON RAÇON ET COMP., RUE D'ERFURTH, 1.

www.ingramcontent.com/pod-product-compliance
Lightning Source LLC
Chambersburg PA
CBHW070802290326
41931CB00011BA/2113